KB202131

계급, 문화, 언어

기업공간에서의 의미의 정치

박해광 지음

한울
아카데미

국립중앙도서관 출판시도서목록(CIP)

계급, 문화, 언어 : 기업공간에서의 의미의 정치 = Class, cul-
ture and language : the politics of meaning at organizations
/ 박해광 지음. -- 서울 : 한울, 2003
      p. ;   cm

참고문헌과 색인수록
ISBN   89-460-3070-4 93330

331-KDC4
301-DDC21   CIP2003000084

서문

최근의 사회학적 작업에서 눈에 띄는 변화 중 하나가 언어에 대한 관심의 확대인 것 같다. 언어가 의사소통 '수단'이라는 것은 매우 자명한 사실이지만, 언어가 의사소통 수단 이상의 것이라 한다면 이것이 제기하는 논점은 매우 다양하며 좀더 심층의 문제들을 지칭하는 것이다. 즉 언어는 어떤 사회적 사실을 보여주는 지표가 될 수도 있고, 사회적 사실의 언어적 차원을 보여주는 것일 수도 있으며, 나아가 그 자체가 하나의 사회적 사실이 되기도 한다. 또한 언어현상 자체에 대한 관심이 아닌, 언어와 결합된 사회적 사실에 대한 관심은 기존의 사회학이 간과해왔던 문제영역을 발굴하고 이를 논쟁의 영역으로 끌어들이는 효과도 가진다.

사회학은 언어 자체보다는 언어와 사회라는 관계에 더 관심을 가진다. 소쉬르(Saussure) 언어학을 계기로 언어연구는 언어학(linguistics) 혹은 기호학(semiotics)이라는 학문체계로 발전해왔다. 소쉬르의 일반언어학은 한 언어공동체를 지배하는 언어현상의 일반성을 탐구하고 그 법칙을 확립하고자 한 시도였다. 그러나 이후의 언어학 발전과정은 역설적이게도 언어현상이 언어적 한계 속에 갇혀 있지 않음을 증명해온 과정이라 보아도 무방할 것이다. 특히 최근의 담론이론이나 화용론은 문장 단위에 제약되는 언어학의 한계를 뛰어넘어, 언어의 실제 사용이나 담론의 해석을 통해 언어를 사회의 한 부분으로 확고히 위치시키면서 '언어와 사회'라는 큰 주제를 확립하고 있다. 즉 언어는 사회적 현상이며, 언어와 사회는 서로 소통하며 영향을 미치고 있는 것이다.

이러한 일반적 전제하에서 나는 계급, 문화와 언어가 공유하는 접점들에 특별히 관심을 가지고 있다. 그것은 두 가지 이유 때문인데, 하나는 지금까지 계급과 생산체제에 대한 분석이 언어와 문화의 차원에 대한 분석을 상대적으로 소홀히 해왔다는 것이다. 계급은 사회의 객관적 위치나 생산관계를 통해서만 규정되는 것이 아니라, 언어나 문화와 같은 비물질적 실체를 통해 적극적으로 자신을 구성한다. 이런 주장은 일찍이 톰슨(Thompson)이나 호가트(Hoggart) 등의 문화연구에 의해 제기되어왔지만, 계급 연구에서 언어와 문화의 차원에 대한 본격적인 연구는 아직 이루어지지 못하고 있다. 또 하나의 이유는 좀더 적극적인 의미에서, 언어와 문화라는 차원이 중요한 사회적 계기로 작용하고 있다는 인식 때문이다. 언어와 문화는 사회적 사실의 단순한 반영물이 아니다. 대중문화 혹은 문화산업이라는 형태로 전개되는 대중조작이나, 정보화가 초래한 기호의 분출과 의미과잉 등의 사회적 변화는 언어와 문화의 차원이 인간생활을 결정하는 본질적인 기능이 되어가고 있음을 예증하고 있다. 이런 현상은 우리 사회에서 기업문화 현상을 통해 잘 설명될 수 있다. 1980년대 이후 기업 조직에서 일어난 큰 변화 중의 하나가 문화에 대한 관심의 증대이며, 기업문화에 대한 논의가 분출하고 경쟁적으로 좋은 기업문화를 배우고 도입하려는 노력들이 시도되었다. 특히 1980년대 후반부터 본격화된 신경영전략은 기업의 문화적 통합을 중요한 목표로 삼고 있다. 기업 언어와 상징의 관리를 통해 기업 정체성(corporate identity)을 확립하려는 시도와, 다양한 문화관리 기구들의 도입을 통해 기업에 순응적인 노동자 정체성을 구성하려는 노력이 문화적 통합의 주된 부분이 되고 있다. 그래서 사보나 다양한 텍스트들을 통해 기업 이념을 유포하고, 이벤트나 의례 등을 통해 정서적 친밀감을 높이고자 하는 기법들이 널리 모색되고 있는 것이다. 또한 다른 기업에 대한 벤치마킹을 통해 유효한 문화적 요소를 찾아내고 이를 접목하려는 노력 역시 이루어지고 있다. 이런 현상은 기업공간에 대한 기능적이고 합리적인 가정에 중대한 수정이 이루어지고 있음을 함축하며, 언어적이고 문화적인 실체에 대한 실용적인 관심이 증대하고 있음을 보여주는 것이다. 이러한 점에서 본다면 기업이라는 공간은 단순히 경제적 합리성의 원칙에 의해서만 움직이는 조직이 아니다. 경제적 합리성의 영역이 투입과 산출이라는 효율성의 원리에 의해 움직인다면, 언어는 이 원리를 중심으로 의미작용의 영역을 구성한다. 여기에는 의미의 산출과 재생산, 지배적 가치의 생산, 정당성의 구성, 저항 언어의 형성 등 복잡한, 이른바 의미의 정치가 작용하고 있다. 기업조직은 곧 복잡한 의미의 망이며, 이 망을 따라 기호와 상징들이 산포해 있다. 그래서 문화와 언어는 기업공간의 의미작용의 영역을 좌표화하고, 그 속에서 작동하는 의미의 정치를 이해하기 위한 키워드가 되는 것이다.

또한 언어와 상징의 차원은 개인의 의식과 태도에 관련된 중요한 변수이기도 하다. 고전적인 문제의식에서 이데올로기는 '사람의 의식과 인식을 움직이거나 혹은 가로막는 비물질적 실체'로 이해되어왔으며, 궁극적으로 행위와 제도의 성격을 규정하는 것으로 보았다. 그러나 이런 이데올로기 개념은 그 모호성과 측정 불가능성 등의 이유 때문에 개념적 유효성을 상실해왔다. 언어와 담론의 차원을 도입함으로써 이런 모호성은 극복될 수 있으며, 그 현실화의 효과도 측정할 수 있게 된다. 담론은 이데올로기를 물질화하는 장이기 때문이다.

이런 점에서 담론은 단순한 언어적 반영물이 아니라, 현실을 해석하고 규정하며 재해석함으로써 현실을 구성하고 또 재구성하는 적극적인 힘이다. 언어는 일반적으로 사회적 의사소통을 가능하게 하는 수단으로 이해되지만, 담론은 언어에 부착되어 있는 중립적 도구의 이미지를 거부한다. 언어학적 전통은 주로 언어와 언어사용에 가해지는 제약을 언어 내적인 것에 한정하고, 언어 자체는 중립적으로 것으로 간주하는 경향이 있다. 그러나 언어에 부과되는 사회적 제약은 담론 형태를 통해 사회적 힘으로 전화한다. 그 이유는 담론이 '언어 기능의 수행', 즉 언표행위 및 언표된 것 모두를 지칭하는 개념이기 때문에, 여기에는 발화자와 청자, 맥락이라는 사회적 요인들이 전제될 수밖에 없기 때문이다. 그래서 언어는 그 실제적인 사용에서 정치적이고 권력적인 차원을 갖게 되는 것이다. 예를 들면 한 사회에 통용되는 공식 언어의 경우도 여러 방언들과의 관계를 통해 지배적 권력에 속하는 언어가 된다. 당연한 것으로 수용되는 언어는 그 자체가 권력작용이 됨으로써 권력을 실질적으로 행사하지 않더라도 사람들이 그 속에서 스스로 권력의 담지자가 되는 결과를 만들어낸다. 또한 한 재벌 총수가 전경련 모임에서 '권리'라는 표현을 썼을 경우와 노동자 파업 현장에서 '권리'라는 표현을 썼을 경우 그 의미는 완전히 다르다. 이때의 의미 차이는 어떤 맥락에서 어떤 방법으로 누구에 의해 말이 쓰이느냐에 의해 결정된다. 이런 차원의 언어 제약은 언어 내적이라기보다는 외적인 것이며, 따라서 언어사용을 지배하는 약호(code)는 언어적인 것이 아니라 사회적인 것이라 할 수 있다.

담론이 가지는 사회적 힘은 여러 방식으로 표출될 수 있다. 예를 들면 복잡한 의학용어는 의사라는 집단을 배타적으로 인정하게 만든다. 이때 의학용어들은 그 자체로서 의사 외부의 집단들이 언어장으로 진입하는 것을 배제하는 힘을 행사한다. 또 한편에는 전형적인 설득의 수사들이 존재한다. 따라서 담론분석은 언어가 산출하는 상이한 의미와 효과에 대한 분석, 그리고 언어사용이 매개하는 권력적 작용, 그리고 담론의 형태로 현실화된 이데올로기에 대한 분석의 세 가지 차원을 포괄한다고 볼 수 있다.

그러나 필자는 담론을 특권화하는 포스트마르크스주의적 경향에 대해서는 비판적인 거리를 견지한다. 현실이 담론화함으로써 의미를 지니게 될 때에도 현실은 여전히 그 자체의 의의와 효과를 가지기 때문이다. 즉 담론은 사회 총체에서 하나의 차원을 차지할 뿐이며, 담론이 현실을 대체하는 담론주의는 이론적 현실적으로 설득력이 없다고 간주한다. 이런 비판은 보드리야르(Baudrillard)와 같은 포스트모던적 경향에도 마찬가지로 적용될 수 있다.

이렇게 나열된 필자의 문제제기와 관심은 일견 혼란스럽고 생소해 보일 수도 있다. 그러나 나는 이러한 접근이 계급, 문화와 언어, 그리고 지배의 현상을 이해하는 유효한 접근법이라 믿는다. 필자는 다음과 같은 점을 기업공간에 한정하여 밝혀보고자 했다.

첫째, 동의(consent)를 획득하고 자연화하는 권력의 존재론을 이데올로기와 담론이라는 문제설정을 통해 밝히고자 한다. 지배담론은 특정의 의미작용을 통해 지배적인 해석의 질서를 형성해가며, 이를 통해 대중을 의미작용의 질서 속에 편입시키고 실천들에 동의하도록 만든다. 담론은 주어진 현실을 당연시되는 세계로 수용하도록 영향을 미치며, 이런 점에서 현실을 당연시하고 자연화하고자 하는 권력의지나 다름없다. 따라서 지배담론에 대한 분석은 당연시되고 동의를 생산하는 권력작용의 방식을 해부하여 보여준다.

둘째, 담론과 담론적 실천이 가지는 사회적 의미를 밝히고자 한다. 담론은 단순히 사회적 사실의 부수적 현상이나 반영물이 아니라, 사회적 현실을 산출하는 적극적인 힘이다. 그렇지만 동시에 담론은 사회적인 것과의 연관과 그 제약 속에서 존재한다. 이러한 긴장적 연관을 유지하면서 담론적 실천의 의미를 해명할 필요가 있다.

마지막으로, 지배와 피지배 혹은 저항의 변증법을 검토해볼 것이다. 저항적 실천은 지배의 외부에 존재하는 것이 아니라 지배의 공간 내에서, 그 효과 속에서 존재한다. 노동자 담론의 성격을 분석함으로써 이러한 문제를 밝힐 수 있을 것이다.

이러한 문제의식에 따라 이 책은 크게 세 부분으로 구성된다. 첫번째 부분은 계급과 언어, 문화, 그리고 이데올로기의 상호관계를 검토하고 쟁점들을 부각시키기 위한 이론적 검토에 해당된다. 1장 「계급과 언어」에서는 언어를 단순한 계급적 편차로 이해하는 사회언어학적 가정을 넘어서 언어와 의미작용이 계급구성의 구조적 요인임을 주장하고 있다. 2장 「담론, 권력, 이데올로기」에서는 계급, 언어, 이데올로기와 권력의 연관을 해명하기 위한 다양한 이론들과 쟁점들을 검토하고 있다. 아울러 언어를 분석대상으로 삼는 다양한 방법론에 대해 검토하고 있다. 두번째 부분에서는 지배계급의 언어인 경영담론에 대해 분석한다. 3장 「신화로서의 경영담론」과 4장 「지배언어는 무엇을 말하는가」 그리고 5장 「지배담론의 화용적 특성」이 이에 해당된다. 이것은 지배담론의 텍스트 분석에 해당되지만, 그 차원을 내용, 구조와 형식으로 더 정교화하여 이해하고자 하였다. 지배담론을 이해하기 위해서는 무엇보다 그 텍스트의 분석에 충실해야 하기 때문이다. 마지막 부분은 지배계급의 언어와 대칭관계에 있는 노동담론을 분석한다. 즉 6장 「노동자 담론: 순응, 저항, 타협」 및 7장 「지배담론의 효과: 노동자 담론과 계급적 태도」를 통해 노동자 담론의 특성과 그 속에 내재한 지배담론의 흔적들을 추적하고자 한다. 여기서 노동자 담론은 직접적인 저항담론으로 등치되는 것이 아니라, 지배담론의 효과 속에서 존재함을 밝히고자 했다. 적극적인 저항담론에 대한 고민은 이후의 과제라고 여긴다. 마지막 8장 「저항담론과 의미의 정치에 대하여」는 추가적 쟁점들을 확인하고 이를 이론화하여 이후의 필자의 과제를 자임하는 부분이다. 또한 이 연구가 우리 사회에 던지는 함의들을 간략히 정리하고 있다.

끝으로, 이 책이 출판되기까지 도움을 주신 분들에게 감사의 마음을 전하고 싶다. 스승으로서 모범을 보여주셨던 송복 선생님, 항상 조언을 아끼지 않고 도움을 주셨던 유석춘 선생님과 김용학 선생님, 비판적인 감시자이자 조언자의 역할을 해주신 신병현 선생님과 조돈문 선생님께 감사를 드린다. 또한 토론자의 역할을 자임해주셨던 김왕배 선배님, 이경용 선배님, 조명우 선배님께도 감사드린다. 문화연구 시월 식구들에게도 깊이 감사한다. 세미나를 통한 자극이 필자의 연구에 항상 신선한 활력소가 되었음을 밝히고 싶다. 이종구 선생님과 이영환 선생님을 비롯한 사회문화연구소 선생님들께도 고마움을 전하고 싶다. 마지막으로 출판을 허락해준 도서출판 한울 여러분께도 감사를 전한다.

2002년 승연관에서
박해광

차례

제1장 계급과 언어

1. 왜 계급과 언어인가?

이 연구는 계급별로 차별적인 언어의 특징을 밝히는 사회언어학적 연구와는 거리를 둔다. 사회언어학은 계급방언(class dialectic)의 존재양상들에 대한 흥미로운 결과들을 보여주지만, 이것은 계급과 언어의 연관에 대한 본질적인 특징과 그것의 사회적 의미를 제대로 드러내지 못한다. 그 주된 이유는 사회언어학의 본래적 관심이 사회적인 것(the social)에 있다기보다는 언어에 있기 때문이다. 이와 달리 이 연구의 관심은 '계급'이라는 개념 범주 속에 포함되는, 다양한 영역들에서 드러나는 언어적 형태라는 사회적 사실에 있다. 이를 다른 방식으로 표현한다면 계급적 언어현상이 아닌, 계급적 언어작용 혹은 의미작용에 대한 관심이라 할 수 있을 것이다. 의미작용(signification)은 사회적인 의미를 생산하고 이를 통해 사실을 특정방향으로 지시하는 사회적 실천이다. 언어사용 속에서 사회적 힘들이 작용하며, 그렇기 때문에 언어사용의 양상들에는 이러한 권력과 계급, 구조의 흔적들이 존재한다.

그렇지만 언어는 사회적인 것과 직접 대응되는 외부의 어떤 실체로 취급되어선 안된다. 사회적 대상과 언어라는 이분법적 사고는 언어가 사회적 사실의 반영이거나 혹은 언어가 사회적 사실을 생산한다는 재현적 개

넘으로 귀결되어버린다. 이는 무엇에 우선성을 두는가를 통해서만 구별될 뿐, 언어 속에 용해된 사회, 사회 속에서의 언어사용의 특징을 보여주는 데 부적절한 방법이다. 윌리엄즈(Williams)가 지적하듯이 "언어에 대한 정의는 …… 명백히 세계 내의 인간들에 대한 정의이다(Williams, 1993: 32)." 따라서 언어는 세계에 대한 정의방식이자 동시에 그 수단이며, 이 때문에 언어는 사회와 언어가 결합된 혼성적 실체가 된다. 이러한 정의는 미묘한 긴장을 내포하며, 이를 또다른 언어로 명확히 정의내리는 것은 쉽지 않은 일이다. 그래서 오히려 언어와 사회라는 결합관계를 중요한 사회적 분류, 즉 계급과 권력(지배-복종) 관계 속에서 드러내 보이는 것이 적절한 방법이 될 수 있다.[1]

이 연구가 일차적으로 관심을 두는 대상공간은 기업이다. 기업은 억압적 협동조직체로 정의될 수 있는, 계급투쟁의 핵심장소이다(Dahrendorf, 1979: 283). 서로의 계급적 이해가 다름에도 불구하고 자본가와 노동자가 '협동'이라는 규칙 속에서 움직여야 하는 특수한 공간이 바로 기업이다. 이 때문에 기업공간의 언어사용은 계급이라는 분류체계의 효과가 매우 가시적이고 때로는 폭력적인 양상으로 드러나며, 다른 어떤 곳에서보다 계급의 전형적인 의미작용 실천과 전략이 구사된다. 따라서 기업공간에서 유포되고 있는 계급언어들은 사회의 전형적인 계급언어 지형을 보여주며, 아울러 의미작용을 통한 계급적 대립과 투쟁의 전략들이 현실화되는 방식을 드러내준다.

이 장에서는 먼저 계급과 언어라는 주제에 대한 접근들을 간략히 검토하고, 이러한 주제를 기업공간으로 하강시킴으로써 제기되는 쟁점들을 검토 분석하고자 한다. 그리고 이를 통해 언어 텍스트 분석을 계급연구의

---

1) 계급을 분류(classification)로 정의하는 것은 구조(structure) 개념에 근거한 것이다. 계급은 사회의 중추적인 분류체계이며, 이런 의미에서 '계급구조'로 명명될 수도 있다. 이 때문에 이 연구는 톰슨(Thompson)과 같은 과정으로서의 계급 개념을 강조하는 견해와는 거리를 둔다. 형성(making)의 관점은 계급이라는 실체를 해명하는 중요한 단서들을 제공함에도 불구하고, 과정과 궤적을 지나치게 강조하며, 과정이 아닌 한 시점에서 실체로서의 계급의 존재를 인정하지 않기 때문에, 분류의 사회적 효과를 간과하는 문제가 있다.

주요한 접근법으로 위치지을 수 있는 방법, 그리고 그것이 가지는 현실적 함의들을 정리해보고자 한다.

2. 계급언어 현상

1) 계급방언

계급방언(class dialectic) 연구는 사회언어학의 중요한 연구영역의 하나로, 계급간의 상이한 언어사용, 특히 특징적인 어휘나 용법에 주목하는 연구 영역이라 할 수 있다. 사실 이러한 관심은 계급이라 호칭되는 특정 인구집단 사이의 언어사용의 특성에 대한 관심을 반영하는 것으로, 계급개념이 함축하는 구조적 불평등과 위계화의 관념은 본질적인 관심에서 제외된다. 그럼에도 불구하고 계급방언이라는 언어학 영역에 주목하는 이유는, 언어사용의 특성에서 드러나는 계급적 차이는 결국 계급의 구조적 차이의 한 부분으로 위치할 수 있으며, 이 차이는 사회학적으로 재해석될 여지들이 크기 때문이다.

전형적인 계급언어는 계급구분이 신분질서와 같이 뚜렷이 구조화되어, 언어 자체가 완전히 다른 경우에서 찾을 수 있다. 예컨대 조선사회에서는 양반과 상민, 왕과 관련된 어휘들이 완전히 구별되었고, 하층계급에 의한 상층 언어사용은 사회적으로 금지되었다.[2] 그러나 이러한 카스트 제도는 봉건적 질서에 속하는 것이며, 신분적으로 구조화되어 있지 않은 오늘날의 계급현상과는 다른 것이다. 근대사회에서 신분제도가 대부분 없어졌음에도 불구하고 계급간 언어차이가 여전히 존재 혹은 재생산되고 있음을

---

2) 궁중어휘는 특히 앞에 어(御)나 용(龍)이라는 형태소를 포함하는 것을 특징으로 한다. 즉 임금의 옷은 어복(御服), 임금의 신은 어혜(御鞋), 임금의 얼굴은 용안(龍眼) 등이 그것이다. 또한 밥의 경우, 임금은 수라, 양반은 진지, 하인은 입시 등으로 구분되어 사용되었다.

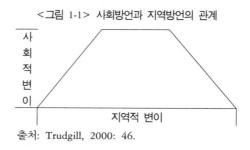

<그림 1-1> 사회방언과 지역방언의 관계

출처: Trudgill, 2000: 46.

지적하는 것이 바로 계급언어의 문제라 할 수 있다.[3]

트루길(Trudgill)은 계급방언을 더 큰 범주인 사회방언(social dialect) 개념 속에 포함시키는데, 사회방언이란 "사회계급, 연령, 성별, 종교, 인종 등의 사회적 요인에 의해 분화된 방언"을 의미한다(이익섭, 1994: 80). 원래 언어 학에서 방언연구는 지리적 분화에 대한 관심에서 시작되었기 때문에, 지역방언과 사회방언의 관계 자체가 하나의 관심사가 될 수 있다. 트루길은 이 양자의 관계를 <그림 1-1>과 같은 도식을 통해 설명한다.

그림에서 알 수 있듯이 사회계급은 상층으로 갈수록 지역방언을 극복 하고 전국적으로 통용되는 표준어를 사용한다.[4] 이러한 계급별 언어사용 의 차이는 실제 많은 조사 연구에서도 뚜렷이 드러나고 있다.

계급방언 연구 중 대표적인 것이 라보프(Labov)의 『뉴욕시 영어의 사회 계층』(1966)이라 할 수 있을 것이다. 라보프는 언어의 자음 변이형이 계급 별로 어떻게 실현되는가에 관심을 두었다. 특히 영어의 /r/ 발음이 계급과 관련이 있다는 가설을 세우고 이를 조사한 결과, 발음에서 r이 실현되는 경우는 하층으로 갈수록 현저히 낮다는 사실을 발견했다.[5] 이와 유사하

---

3) 물론 근대사회에서 계급적으로 구분되는 어휘사용이 완전히 사라진 것은 아니다. 1950년대 영국에는 상층계급에만 통용되는 어휘들이 여전히 있었다고 한다. 예컨 대 sitting room(lounge), lavatory(toilet), relations(relatives) 등이 그것이다. 이익섭, 1994: 93.

4) 예컨대 scarecrow(허수아비)라는 표준어에 대해 영국 지역방언은 bogle, shay, mawpin, mawkin, bird-scarer 등의 다양한 표현형이 존재한다. Trudgill, 2000: 46.

5) r이 실현되지 않는 비율은 상층이 38%, 중간층 49%, 그리고 하층은 83%였다. 하

<표 1-1> Norwich와 Detroit에서의 -s 비사용

노리지		디트로이트	
중중류계급	0%	중상류계급	1%
중하류계급	2%	중하류계급	10%
상위노동계급	70%	상위노동계급	57%
중위노동계급	87%	하위노동계급	71%
하위노동계급	97%		

출처: Trudgill, 2000: 50.

게 트루길은 영국 노리지(Norwich) 주민과 미국 디트로이트(Detroit) 흑인들의 발화에서 /-s/가 실현되는지를 조사했다. 그 결과, 계급들간에 -s가 사용되지 않는 비율은 역시 뚜렷하게 차이를 보였다.

이러한 결과를 통해 트루길은 언어자료가 계급의 존재를 보여주는 지표가 되며, 또한 개인 언어사용이 소속집단을 유추할 수 있는 근거가 된다고 주장한다(Trudgill, 2000: 50-51).

인간의 언어사용이란 한 사회성원들에게 공유되는 단일한 언어를 전제하지만, 언어사용 자체가 하나의 문화라는 점에서 그 하위집단별 문화적 변형, 즉 언어사용의 편차들이 발생하는 것은 어쩌면 당연한 것이다. 때문에 계급방언 연구는 계급이라는 사회적 집단의 차이에 따른 언어차이를 단순히 보여주는 이상의 함의를 가지기 힘들다. 하지만 우리는 또한 계급이라는 개념이 단순히 사회집단들 중의 하나가 아니라, 복잡한 사회적 힘들의 작용에 의해 존재하는 구조임을 알고 있다. 계급은 착취의 경제적 관계이기도 하고, 권력이나 생활양식의 차이이기도 하며, 문화적 차이이기도 하다. 이런 점에서 계급'언어'에 방점을 찍는 사회언어학적 접근과 달리, '계급'언어에 주목할 필요가 있다.

지만 라보프의 조사는 엄밀히 말해 발화 당사자의 계급적 차이를 조사한 것은 아니다. 라보프는 뉴욕 내의 백화점들 중 상층, 중간층, 하층이 주로 가는 백화점을 선정한 후, 이들 백화점에 근무하는 점원들의 발음에서 r이 실현되는가를 관찰하였다.

2) 계급과 계급약호

계급과 언어의 관계에 주목하지만 '계급'에 보다 방점을 찍고 있는 사
람 중의 하나가 바로 번스타인(Bernstein)이다. 그의 계급약호(class code) 개
념을 중심으로 계급적 언어란 무엇인지를 검토해보자. 원래 약호라는 개
념은 전신(電信)의 규칙을 의미하는 것으로, 메시지를 부호화(encoding)하고
해독(decoding)하는 규칙체계를 지칭하는 것이라 할 수 있다. 즉 약호는
'기호의 제약적 규칙의 총체'를 의미하며, 동의를 얻은 변형 혹은 명료한
규칙들의 집합으로 그것들에 의해 메시지가 한 재현에서 다른 재현으로
전환된다. 또한 약호는 발화 혹은 메시지에 대비되는 것으로, 이는 파롤
과 랑그의 관계와 유사한 것으로 이해되기도 한다. 주지하듯이 소쉬르는
언어가 개인의 언어사용인 파롤(parole)과, 그것을 제약하는 사회적 규칙인
랑그(langue)의 결합에 의해 구성되는 것으로 이해했다. 즉 파롤은 개인적
변이태로 존재하지만, 이것은 항상 개인의 언어사용을 지배하는 랑그의
제약 속에서만 이루어지며, 따라서 언어학의 임무는 언어사용의 편차들을
이해하기보다는 그것을 지배하는 랑그의 법칙을 찾아내는 것에 있다고
보았다.

이러한 파롤/랑그 관계로부터 유추해본다면, 메시지 혹은 담론에 대한
독해는 그 사용을 지배하는 규칙인 약호에 대한 이해가 중요한 과제가 됨
을 짐작할 수 있다. 즉 약호는 의미구성의 규칙인 동시에 형성된 의미를
해석하는 규칙이기도 한 것이다. 이런 맥락에서 번스타인은 약호 개념을
도입한다.[6] 사회화는 인간이 한 사회 내에서 성원으로 살아갈 수 있도록
여러 사회적 규칙과 규범을 배우고 내면화하는 과정이다. 이것은 언어차
원에서 본다면 언어약호(code)를 배우고 내면화하는 과정이 된다. 번스타
인에 의하면 이 학습과정을 통해 얻어지는 약호는 '제한된 약호(restricted

---

6) 번스타인은 약호를, 의미가 사회적으로 구조화되는 것, 그리고 그 의미가 다양하
   지만 서로 관련된 문맥의 언어로 실현되는 것을 나타내는 개념으로 규정한다.
   Bernstein, 1993: 215.

<표 1-2> 세련된 약호와 제한된 약호

세련된 약호	제한된 약호
중류층	노동자계층
문법이 복잡	문법이 단순
다양한 어휘	한결같은 어휘
복잡한 문장구조	짧고, 반복되는 문장들
형용사와 부사의 주의깊은 사용	형용사와 부사를 거의 사용 않음
수준 높은 개념화	수준 낮은 개념화
논리적	감정적
수식어의 사용	수식어를 거의 사용하지 않음
약호를 의식하고 사용	약호를 의식치 않고 사용

출처: Asa Berger, A., 1997: 37.

code)'와 '세련된 약호(elaborated code)'로 구분된다. 제한된 약호란 언어상
황이 매우 예측적이어서 발화자와 수신자가 대화의 진행을 의례적으로
알 수 있도록 하는 약호이다. 제한된 약호에 의한 대화는 대체로 추상화
의 수준이 낮고 구체적인 어휘를 사용하며 낮은 개념화를 포함하며, 상호
적 관계가 강한 상황에서 이용된다. 반면 세련된 약호는 매우 개인적인
언어사용을 지배하며, 높은 개념화와 다양한 어휘사용을 특징으로 한다
(Bernstein, 1973: 76-80). 번스타인의 약호 구분은 이러한 약호의 내면화가
사회적 위치의 차별을 반영하여 형성된다는 점을 보여주는데, 이는 특히
계급적 차별에서 두드러지게 드러난다. 버거(Asa Berger)는 계급약호로서의
세련된 약호와 제한된 약호를 <표 1-2>와 같이 요약해 보여주고 있다.

　이때 두 약호는 또한 보편적이고 특수적인 성격에서도 대별된다. 즉 제
한된 약호는 동년배 유아집단이나 범죄자 집단, 결혼한 부부의 대화 등과
같이 친밀성이 높고 대화 자체가 정형화된 상황에서 모두 발견되는, 보다
보편적인 성격을 띤다. 반면 세련된 약호는 발화자와 수신자 모두의 특성,
그리고 대화상대에 대한 지향이 강하여 예측하기 어려운 독특한 언어사
용이 이루어지는 특성을 보인다. 이런 점에서 두 약호의 관계는 위계성을
띤다고 볼 수 있다. 즉 세련된 약호는 전형적이고 친밀하며 의례적인 언
어사용의 상황에 더하여, 개인의 언어사용이 보다 높은 수준에서 구사할

수 있는 약호라 할 수 있다. 계급약호의 존재는 계급적 차이를 보여줄 뿐만 아니라, 나아가 계급적 차별을 생산하는 구조가 됨을 보여준다. 그리고 이러한 차별은 곧 권력의 차이이기도 하다.[7]

계급 주체의 측면에서 본다면, 하층계급일수록 언어의 이러한 위계성을 내면화하며, 이를 자신의 종속적 위치라는 정체성의 한 계기로 포함한다. 작업장 담론에 대한 연구결과들이 예외없이 지적하는 것은, 노동자들이 관리자들에 대해 언어적 차별화를 '낮은' 방식으로 이용한다는 사실이다. 즉 비어나 속어, 은어 등의 형태로 관리자를 표현하고 이를 통해 내부의 동질성을 확인하지만, 실상 이러한 언어사용에는 수준 높은 언어구사를 하지 못한다는 비하의 관념이 전제되어 있다. 또한 지배계급의 위치는 종속적 계급에 대해 차별적 언어생산의 권한을 누리는데, 이것은 곧 사물을 특정한 방식으로 정의내리는 권한이 된다. 이러한 정의내리기 방식은 주체와 타자(others)의 관계를 성립시키며, 종속계급을 타자로 위치짓는 작용을 한다.[8]

계급이 언어사용의 차별을 생산하는 경계가 된다는 사실은 단순히 사회방언학적 문제 이상의 쟁점을 제기한다. 이것은 계급이라는 구조적 불평등 현상이 언어사용과 체계적으로 연관되어 있으며, 언어가 불평등구조의 한 요소로 존재함을 말해주는 것이다. 고들리에(Godelier)가 지적하듯이 권력과 언어는 단순히 언어적 표지의 문제가 아닌, 언어를 통해 복잡한 방식으로 권력이 표출되고 구조화되는, 다양한 층위의 문제들을 포함한

---

7) 권력과 언어의 관계는 …… 단순히 어떤 차이에 대한 언어상의 표지만은 아니다. 그것의 심층적인 뜻은 언어를 통하여 사물의 숨겨진 핵심에로의 접근이다. 따라서 그것은 사물에 대한 권력이며 아울러 사물에 대한 권력을 통한 인간에 대한 권력이기도 하다(Godelier, 1993: 167).

8) 타자를 생산하는 것은 담론이 가장 일반적으로 보여주는 권력작용이라 할 수 있다. 예를 들면 야겔로(Yaguello)는 불어에서 여성은 남성에 비해 열등하거나 특이한 존재로 그려지는 다양한 어휘들로 표현됨을 지적하고 있다. 또한 조페(Joffe)는 초기 AIDS의 출현시 그 책임을 소수 하층의 타자들로 돌리는 다양한 담론들, 즉 게이 돌림병, 아프리카 유행병 등의 담론들이 만들어졌음을 지적하고 있다(Yaguello, 1993: 179-181; Joffe, 1999).

다.9) 즉 말이 권력이 되는 방식, 계급언어가 계급지배로 전화하는 과정 등에 대한 검토가 요구되는 것이다. 다음 절에서는 의미작용(signification)10)를 중심으로, 계급과 언어의 문제를 검토해볼 것이다.

3) 의미작용과 구별짓기

언어와 계급에 대한 최근의 관심은 언어(기호)와 의미가 사회적인 것과 맺는 관계를 보다 강조하고 있다. 언어를 통한 의미작용은 특정한 사회적 실천으로 이해되며, 여기에는 의미를 통한 차이의 생산과 재생산, 의미-컨텍스트 연관 하에서의 의미실천 작용이 내포되어 있다는 인식이 전제되어 있다(Scott, 1995: 155). 이러한 접근은 언어사용의 차이에 주목하는 사회언어학적 접근과는 구별되며, 언어를 통해 구성되는 의미세계와 그것이 생산하는 '차이'를 강조하는 특징을 가진다.11) 따라서 이런 시각에서 언어는 특정한 계급적 현실을 구성하는 한 차원으로 이해될 수 있다. 즉 계급은 은유들의 수사적 복합체와 인과적 추론, 상상적인 구성물들 속에 새겨지고 그를 통해 구성되는 현실인 것이다(Scott, 1995: 156).

계급과 의미작용이라는 주제는 이미 1960년대부터 '문화'라는 개념에 포함되어 주목받아왔다. 이른바 문화연구 접근은 '한 사회의 문화—즉 문화의 텍스트적 형태나 기록된 행위들—를 분석함으로써, 그 사회의 문화적 작품과 실천행위들을 만들고 소비하는 사람들이 공유하는 행동과 사상의 유형을 재구성'하고자 시도하였다(Story, 1999: 71). 초기 문화연구에

---

9) 예컨대 여성들이 알지 못하는 남성 암호어의 사용은 사물에 대해 권력을 확보하는 것이다. 또한 동시에 권력을 확보한 언어는 피지배자의 동의마저 포함한다 (Godelier, 1993: 167-170).

10) 기호학에서 의미작용이란 랑그와 파롤의 결합에 의해 의미가 생산되는 과정을 말한다.

11) 소쉬르(Saussure)에 의하면 언어는 차이에 의해 구별된다. 언어는 서로 다른 사물들에 대한 지칭체계로서 구별되는 것이 아니라, 서로 다른 기호이기 때문에 차이를 가지게 되는 것이다. 이런 점에서 언어를 통한 의미구성의 본질은 차이의 체계를 생산하는 데 있다고 볼 수 있다.

서 계급은 의미실천의 주체이자 핵심범주로 기능하고 있다. 예컨대 톰슨 (Thompson)은 계급이란 어떤 사람들이 물려받았거나 공유한 공통의 경험 을 통해 자기들 사이에서나 자신들과 다른 관심을 가진 다른 사람들에 대 항하여 이해관계의 정체성을 느끼거나 표현하는 과정에서 발생하는 것으 로 봄으로써 계급 구성의 의미작용 차원을 강조한다(Thompson, 2001). 이 것은 많은 부분 문화연구가 마르크스(Marx)의 문제의식과 연관되어 있음 을 보여주는 것으로, 의식형태와 사회경제적 조건의 연관을 강조하는 마 르크스의 사유구조12)가 깊이 투영되고 있음을 확인할 수 있다. 하지만 문 화연구에서 강조되고 있는 의미와 문화는 개별적이고 경험적인 것으로, 의미작용 실천들이 엮어내는 복잡한 갈등의 그물망에 더 관심을 가진다. 이런 시각은 마르크스적인 것이라기보다는 그람시(Gramsci)적인, 혹은 그 람시에 대한 특정한 재해석을 통해 얻어진 것이다. 그람시의 헤게모니 (Hegemony) 개념은 마르크스의 토대/상부구조에 대응하는 개념으로 설정 되지만, 마르크스가 상부구조가 토대에 제약되는 측면을 강조한다면, 그 람시(혹은 그람시적 해석)는 헤게모니를 경제적 구조로부터 상대적으로 자율 적인 경험과 실천의 영역으로 이해한다(Agger, 1991: 28). 즉 문화란 이런 경험적인 의미투쟁의 공간이며, 다양한 실천을 통해 그 지형도가 완성되 는 불확정의 장인 것이다. 그리고 그람시주의적 문화연구는 이러한 의미 들의 투쟁을 통해 새로운 정치적 가능성의 확장을 기대한다.

　호가트의 『읽고 쓰는 능력의 이용(The Uses of Literacy)』는 이런 관점에서 고유한 노동자계급 문화와 저급한 대량생산 문화의 갈등을 연구의 중심 에 놓고 있다. 예컨대 자생적 노동자 문화에서 "예술은 부차적인 것이고 놀이"이지만, 대량생산된 오락은 "무책임하고 대리만족"에 불과하며 결 국 노동계급의 건강한 문화를 파괴하는 것이다(Storey, 1999: 73). 호가트는 이런 갈등을 다소간 도식적인 대립, 즉 자생적이고 건강한 공동체주의 문

---

12) "인간의 두뇌 속에서 만들어지는 환상들 역시 항상 생활과정, 즉 경험적으로 확
　　인 가능하고 물질적 조건들에 연결되어 있는 인간의 생활 과정의 필연적인 승화
　　물이다(Marx & Engels, 1988: 49)."

화와, 여기에 유입되는 새롭지만 소비적인 문화를 대비시키고 있다. 이 새로운 문화는 "풍요로운 삶의 가능성을 제공하지 못하며 모든 것이 너무나 얄팍하고 무미건조"하다. 이른바 대량생산 문화 혹은 문화산업은 대중들에게 사이비 개성을 부여하지만 실제로는 획일화로 귀결시키는 대중기만에 다름아닌 것이다. 이러한 시각은 문화산업에 대한 경멸과 우려를 부각시키고 있는 호르크하이머와 아도르노(Horkheimer & Adorno)의 문화산업론과 그 궤를 같이한다(Horkheimer & Adorno, 1995). 하지만 호가트는 문화를 '정신의 고양'으로 이해하는 좌파 리비스주의와는 거리를 두고자 하는데, 그 이유는 실질적인 대중문화가 성립되었음을 수용해야만 한다는 신념 때문이다. 문화연구의 하나의 커다란 전환이 있었다면 그것은 문화에 대한 수용자의 주체적 이해를 강조하는 수용자 이론의 대두라 할 수 있는데, 호가트에게 이미 이러한 주체적 수용자론의 단초가 발견된다. 노동자계급은 단순히 문화를 수동적으로 받아들이기만 하는 것이 아니라, 그것을 계급적 경험 속에서 새롭게 재해석하는, 즉 소비자가 아닌 생산자라는 것이다.13) 대중문화에 대한 태도에서 발견되는 이 긴장은 문화연구의 큰 장점이자 그 한계이기도 하다. 하지만 계급이라는 구조적 범주 속에서 의미실천이 교차되는 다양한 모습들을 추적하고자 하는 문화연구의 시도는 계급과 언어라는 주제에 대한 새로운 해석 가능성을 열고 있다.

　의미작용 실천이 계급구조와 직접 결합되어 있음을 보여준 흥미로운 연구로 부르디외(Bourdieu)를 들 수 있다. 부르디외의 연구주제는 크게 계급, 문화와 권력으로 요약될 수 있는데, 그는 사회공간을 장(場, champ)으로 이해하는 독특한 접근법을 적용하고 있다. 장이란 구조화된 힘들의 공간으로, 불평등하게 구조화되어 있지만 항상 힘들간의 투쟁으로 인해 변

---

13) "사람들은 이 가요들을 꼭 부르거나 들을 필요가 없으며, 많은 사람들은 그렇게 하지 않는다. 그러나 그렇게 하는 사람들도 원래 그 노래보다 더 낫게 만드는데 …… 사람들은 그들 자신의 방식으로 이들을 새롭게 해석하는 것이다. 그러므로 구매량이 보여주는 것만큼 사람들이 많은 영향을 받는 것만은 아닌 것이다"(Hoggart, 1958: 181).

화하는 과정에 놓여 있으며, 구조를 변화시키기 위한 다양한 전략들이 활용되는 공간이라 할 수 있다(Bourdieu, 1998: 70). 그리고 이 장에서의 전략적 행위를 규정하는 매개물이 바로 자본인데, 이것은 경제자본, 문화자본, 사회자본 등으로 대별된다. 하지만 이 장은 무차별적인 다양성에 의해 지배되는 것이 아니라 일정하게 구조화된 형태를 띠게 되는데, 여기에 가장 큰 영향을 미치는 구조가 바로 계급이라고 이해한다. 즉 장 내의 실천을 지배하는 자본은 계급적인 경계선을 따라 분포하는 경향이 있는 것이다. 의미작용 하는 실천과 관련된 부르디외의 논의는 '상징권력(symbolic power)' 개념에서 가장 잘 드러난다. 상징권력은 언어적 형태를 띠고서, 의미생산을 통해 행사되는 권력을 말한다. 예컨대 문법적으로 옳은 말을 생산하거나, 일상어가 아닌 학술적이고 추상적인 언어를 구사할 수 있는 능력 혹은 예술품을 감상할 수 있는 능력 등은 그렇지 못한 사람들에 대해 권력으로 기능한다. 하지만 이 상징권력이 보통의 권력, 즉 베버(Weber)적 개념14)에서의 권력과 다른 것은 강제를 필요로 하지 않는다는 점에 있다. 상징권력은 피지배자의 동의와 인정을 포함하는 공모과정인 것이다 (Bourdieu, 1995: 117). 그리고 이 상징권력은 계급적으로 재생산되는 특징을 지닌다. 상징권력에는 제도화된 형태의 문화자본, 즉 자격증, 졸업장 등과 계급 혹은 세대를 통해 세습되는 계급적 감수성과 취향이 모두 포함된다. 즉 상징적 지배를 행사할 수 있는 능력은 곧 계급적으로 구분되어 재생산되는 상징자본에 의해 가능해지는 것이다.

따라서 부르디외는 언어를 의사소통의 중립적 도구나 단일한 언어시장을 가정하는 언어학적 전통에 대해 명백히 비판적이다. 소쉬르 이후의 언어학이 랑그를 밝히려는 형식주의적 성격을 띠게 되면서, 언어와 사회라는 관련을 연구관심에서 배제시켜버렸으며, 이상적인 언어공동체를 상정한다는 점에서 언어의 정치성 역시 탈색시켜버렸다는 것이 그의 지적이

---

14) 베버는 권력을, "한 개인이나 다수의 개인들이 어떤 사회적 행위에서 그 행위에 참여하는 다른 개인들의 저항에도 불구하고 자신의 의지를 실현시킬 수 있는 가능성"으로 정의한다(Weber, 1991: 131).

다.15) 이런 이유 때문에 부르디외는 언어학이 가정하는 언어사용의 상황, 즉 공식언어 자체에 대해 문제를 제기한다. 즉 공식언어란 언어공동체를 구성하는 언어일 뿐 아니라, 동시에 공식언어를 통해 표현되는 통일성, 지배적 언어시장을 의미한다. 즉 이것은 국가 형성의 과정과 결합되어 있으며, 방언과의 관계 속에서 특정 언어를 지배적 언어로 만들어가는 과정에 다름 아니다. 따라서 공식 언어란 곧 지배 권력인 것이다. "하나의 언어공동체로의 통합은 지배언어의 보편적 승인을 강제할 수 있는 제도들에 의해 끊임없이 재생산되는 정치적 지배의 산물로서, 언어적 지배관계를 성립시키는 조건이 된다(Bourdieu, 1995: 110)." 그렇기 때문에 무구한 언어란 존재할 수 없으며, 상징권력은 이러한 언어의 권력적 성격 때문에 주목되는 개념이다.

부르디외의 관심이 보다 흥미로운 지점은 이러한 언어의 권력적 성격을 그 자신의 독특한 장 개념과 연결시키는 부분이다. 지배적 공식언어, 즉 표준어의 성립은 또한 동시에 국민경제와 유사하게 단일한 언어시장의 형성을 의미하며, 방언을 표준어의 하위언어로 위치시킨다.16) 그러나 단일 언어시장의 형성이 즉각적인 언어적 지배를 보장하지는 못한다. 상징적 지배는 길고 느린 습득과정을 통해 미세하게 새겨진 성향으로 만들어진다. 즉 언어를 통한 상징적 지배 역시 아비투스(habitus)의 성립을 통해 이루어지며, 이런 점에서 언어장은 무의식적 성향을 통해 구별과 지배를 재생산하는 장의 특성을 공유한다.17) 또한 장은 시장의 특성을 가지기

---

15) "언어이론은 완전히 동질적인 언어공동체 내에서의 이상적인 화자·청자에 우선적인 관심을 갖는다. 이들은 자신들의 언어를 완벽하게 알고 있으며, 기억의 한계, 부주의, 주의나 관심의 전환, 그리고 언어지식을 활용하는 과정에서의 실수와, 문법적으로 말하면 비참여적인 효과에서 보호받고 있는 것이다(Bourdieu, 1995: 106).

16) 이것은 소쉬르 언어학이 가정하는 언어공동체 자체가 권력의 산물임을 지적함으로써 언어와 사회의 간극을 줄이고 있는, 부르디외 관심의 출발점이라 할 수 있다.

17) 사실상 아비투스 개념을 통해 부르디외는 상징적 권력이 행사되는 방식을 논의함에 있어 언어와 무의식적 관행의 차원을 오가고 있다. 예컨대 상대방을 바라보는 법, 앉는 법, 침묵하는 법 등의 성향들은 언어적인 것이 아니라 무의식적인 것

때문에, 언어시장 내에서는 구별의 이윤이 추구되고 보장된다. 부르디외
는 촘스키(Chomsky)의 언어능력(competence) 개념에 수정을 가하여, "사회
적 자본에 의존하면서 사회적 구별을 시차적 편차 혹은 본래의 상징적 논
리로 재해석하는, 또는 간단히 말해서 구별로 재해석하는 정당한 언어를
말하는 데 필요한 능력"으로 의미 전환시켜, 이런 능력이 언어시장에서
가지는 희소성의 이윤이 존재함을 지적한다.

언어를 통한 상징적 권력이 지배를 달성하는 수단의 하나가 바로 구별
의 이윤(profit of distinction)이다. 구별의 이윤은 주어진 언어적 자질의 수준
에 상응하는 생산물이 공급보다 낮다는 사실에 기인하며, 이 때문에 이윤
은 사회구조 내에서의 지위의 기능에 따라 합리적으로 분배된다. 이 속에
서 지배적 언어는 다른 언어능력들과의 관계 속에서 구별적 이윤을 보증
하면서 언어자본으로 기능하며, 그렇게 함으로써 이러한 지배능력을 소유
한 집단들이 공식시장 및 그들이 관계하고 있는 대부분의 언어적 상호작
용에서 이를 유일하게 정당한 것으로 강요하는 것을 가능하게 한다.[18]

부르디외에 있어 언어능력은 상징권력작용의 함수에서 예외적인 것이
아니다. 언어능력 역시 다른 차원과 마찬가지로 교육수준과 개인의 사회
적 궤적에 의해 결정된다. 즉 계급과 가족적 경험 속에서 형성되는 정당
하고 우수한 언어사용 능력의 획득이 언어 장에서의 계급적 구분선을 만
든다.

> 정당한 표현양식을 강요할 수 있는 독점적 권력을 획득하기 위해 전문화된 생
> 산의 장내에서 경쟁하는 다양한 권위들간의 끊임없는 투쟁을 통한 지속적인 창조
> 과정만이 정당한 언어와 그 가치의 영속성, 즉 정당한 언어에 대한 승인의 영속성
> 을 보장할 수 있다(Bourdieu, 1995: 128).

들이다.

18) 부르디외는 이러한 구별의 이윤을 통한 상징적 지배는 두 가지 언어 차원에서 동
시에 진행됨을 지적한다. 즉 정당한 일상적 담론의 생산의 장과, 공식화될 가치가
있는 문어적 담론을 생산하는 데 필요한 문화적 표현수단의 자본의 장이 그것이
다.

언어를 통한 지배는 공모라는 특정한 지배양식을 확립한다. 즉 지배는 피지배자의 동의와 참여를 그 필수적인 계기로 포함시킨다. 이런 점에서 언어는 이데올로기와 매우 유사하다. 르불(Reboul)에 의하면 폭력적 지배와 이데올로기적 지배는 체계적인 상관관계 속에 존재한다. 즉 "이데올로기는 합리성의 공간을 창조하는 것을 통해 사회구성원들로 하여금 의견을 달리하면서도 폭력을 쓰지 않을 수 있게 해주는데, 그것은 이들 사이의 불일치가 근본적으로는 평화적으로 극복할 수 있게 해주는 일치에 기초해 있기 때문이다(Reboul, 1994: 264)." 또한 이러한 공모를 통한 지배는 비언어적인 상징으로 확대될 수도 있다. 부르디외는 언어적인 특권에 대해 비판적인데, 그것은 언어학이 가정하는 언어적 차이가 사회학적 차이와 체계적으로 연관되어야 할 이유가 없다는 사회학주의적 편견이라 부를 수 있을 것이며, 그래서 비밀스런 코드라 얘기할 수 있는 관행들, 즉 상대를 응시하는 법, 앉는 법, 침묵하는 법 등에 오히려 주목하는 것이다(Bourdieu, 1995: 118-119).

하지만 부르디외의 논의로 직접 나아가기 직전에, 이 연구는 언어에 대한 연구를 보다 심화시킬 필요가 있다고 여긴다. 언어와 계급지배의 문제는 아직 적절히 해명되지 않았다. 계급지배는 언어를 통해서만 이루어지는 것이 아니라 특정한 계급적 상황과 조건과의 연관 하에서 가능한 것이기 때문이다. 따라서 계급적 조건과 언어의 연관을 계급, 특히 노동자계급의 조건 속에서 이해할 필요가 있다.

3. 언어와 계급지배

언어의 일차적 작용이 의미작용 실천에 있다는 시각교정은 사회적 상징과정을 밝히기 위한 중요한 출발점을 제공한다. 또한 이 상징과정은 실제적인 사회과정과 직접적으로 결합되어 있다. 나는 이 연구 전체를 통하여, 의미작용 실천을 추상하거나 절대화하려는 입장에 반대하며, 의미는

항상 사회적 실재와의 관계 속에서만 존재함을 보여주려 한다. 그 중요한
실재의 하나란 다름아닌 계급관계이며, 부르디외의 작업에서 나타나고 있
는 계급적 경계짓기의 문제를 넘어, 계급의 존재방식에 직접 연결되어 있
는 언어와 의미의 문제들을 검토할 것이다.

1) 통제, 동의, 문화

노동과정 이론(labor process theory)은 자본주의 사회의 물질적 생산과정
을 이해하기 위한 이론적 접근이지만, 그 이론적 발전의 궤적을 통해 발
견한 것은 노동력의 자발적 순응이 자본주의적 노동과정의 재생산에 필
수적인 계기라는 사실이다. 노동과정 이론을 규정하는 가장 핵심적인 두
개념이 바로 통제(control)와 동의(consent)로, 이 개념들은 또한 자본주의 사
회의 노동과정[19]을 이해하는 중요한 단서로 간주되어왔다. 그리고 노동
력의 자발적 순응은 이 동의와 연결되어 있다. 동의는 기업이 요구하는
선한 주체의 중요한 요건의 하나다. 따라서 통제와 동의를 핵심으로 하는
노동과정 이론에 대한 검토를 통해 동의 생산의 메커니즘을 이해하고, 이
것이 담론적 실천과 연관되는 지점을 확인하는 것이 필요하다.

통제와 동의는 자본주의 사회의 노동과정을 구성하는 두 축으로 이해
할 수 있다. 즉 노동과정은 자본가에 의한 통제에 의해, 그리고 다른 한편
에서 노동자들의 동의를 통해 유지, 재생산된다. 그러나 두 개념은 또한
서로 상반된 문제의식을 대변한다.

---

19) '자본주의 사회의 노동과정'과 '자본주의적 노동과정'은 엄밀하게는 서로 구분되
는 개념이다. 뷰러워이(Burawoy)는 브레이버만의 자본주의적 노동과정에 대한 이
론화를 비판하면서 자본주의 사회의 노동과정이라는 용어를 사용한다. 자본주의적
노동과정 개념은 노동과정을 착취관계로만 이해함으로써 이론적 폐쇄를 자초한다
는 것이다. 뷰러워이는 착취관계는 생산관계의 일부를 구성하며, 생산관계에는 경
영자-노동자 관계를 포함하는 생산 내 관계가 포함됨을 지적한다. 이것은 단순히
잉여추출의 문제뿐만 아니라 분배를 중심으로 한 정치적 이데올로기적 관계를 포
섭하기 위한 이론적 개방의 전략이라 할 수 있다(Burawoy, 1985: 23-24).

통제론적 접근은 통제를 자본과 노동의 적대적 이해관계 속에서 노동
과정의 유지와 재생산을 가능하게 하는 핵심요소로 이해하며,20) 노동과
정 이론을 이 통제를 가능하게 하는 요소들을 법칙적으로 구성하고자 하
는 시도로 정의한다.21) 기존의 노동과정 이론의 궤적은 크게 볼 때 통제
론적 전통에 속하는 것으로 보아도 큰 무리는 없어 보인다.22) 물론 이것
은 노동과정뿐만 아니라 노사관계 이론에도 그대로 적용된다.23) 통제 개
념은 노동력을 어떻게 효과적으로 관리하고, 노동자들의 저항을 어떻게
봉쇄할 수 있는가라는 문제의식을 대변한다. 곧 관리자들의 합리적이고
효과적인 전략들이 노동자들의 저항을 막고 동원을 이끌어냈다는 것이
이 통제 개념의 기본적인 문제설정이다. 통제에 대한 이론화는 마르크스
의 절대적 잉여가치 생산/상대적 잉여가치 생산 및 노동자의 형식적 종속
/실질적 종속에 대한 통찰을 그 출발점으로 한다.24) 노동일의 연장 및 절
약의 논리와 방법에 대한 마르크스의 이론화는 오늘날의 시간 및 동작연
구에 기초한 작업시간 설정의 메커니즘을 이해하는 데에도 여전히 유효
하게 적용되고 있다. 통제는 이런 동기들이 제도화된 것에 지나지 않는다.
그러나 마르크스에 있어 통제는 현실화된 형태, 즉 위계적 관리구조의 성

---

20) 이런 맥락에서 자본주의적 노동과정을 구성하는 요소로 노동수단, 노동대상, 노
동력의 3요소에 통제라는 요소를 덧붙일 수 있다.
21) 예를 들면 브레이버만(H. Braverman)의 이론은 통제의 핵심을 '테일러리즘
(Taylorism)'으로 이해하고, 이 테일러리즘의 요소들을 자본주의적 노동과정의 법
칙으로 정립시키려는 시도라 할 수 있다. Storey, 1983: vii.
22) 스토리(J. Storey)는 통제론적 전통을 마글린(S. Marglin, 1971)-스톤(C. Stone,
1973)-브레이버만(H. Braverman, 1974)-프리드만(A. Friedman, 1977)으로 이어
지는 계보를 형성하는 것으로 본다. Storey, 1983: vii.
23) "노사관계론은 노동관계(work relation)의 통제과정에 대한 이론이다(Hyman,
1975: 12)."
24) 절대적 잉여가치 생산과 상대적 잉여가치 생산은 노동일을 둘러싼 잉여가치 생
산의 논리를 말한다. 전자는 노동일의 절대적 연장을 통해, 그리고 후자는 노동일
내의 필요노동시간/잉여노동시간 비율의 조정을 통해 잉여가치 생산을 높이는 방
법을 의미한다. 한편 자본에 대한 노동자의 형식적 및 실질적 종속은 이 잉여가치
생산의 방법과 연결되어 있다. 상대적 잉여가치 생산이 지배적일수록 노동자의 실
질적 종속은 심화된다. Marx, 1990.

립, 중간관리자층의 형성 등이 없었던 역사적 미성숙으로 인해 명시적으로 이론화되지 않는다. 가장 체계화된 통제에 대한 이론은 브레이버만(Braverman)에서 찾을 수 있다. 브레이버만에 의하면 테일러주의(Taylorism)는 자본주의적 노동과정의 법칙이며, 그 핵심에는 통제가 있다. 여기서 통제는 어떤 것을 위한 수단이 아니라, 자본주의적 노동과정이 기술적 효율성과 위계적 관리구조 등을 통해 추구하는 목적으로서의 위상을 갖는다. 물론 이 통제는 자본주의적 축적과 결부되어 있다. 이런 생각은 테일러주의의 모든 특징들, 즉 노동자 기능과 노동과정의 분리, 구상과 실행의 분리, 관리자의 지식독점 등이 결국 노동자 및 노동과정에 대한 효율적인 통제를 위한 원리로 이해되고 있다는 점에서 확인된다(Braverman, 1990).

그러나 이 통제의 문제설정은 관리와 통제를 과잉합리화된(over-rationa-lized) 것으로 이해함으로써 관리자의 전략은 항상 투명하게 이해가능한 것으로, 또한 관리자의 지배는 항상 전일화(全一化)되는 특징을 가지는 것으로 암묵적으로 가정한다. 이때 통제 메커니즘 속에서 노동자의 저항의 문제는 '왜 저항하지 않는가'보다는 '무엇이 저항을 봉쇄하는가'라는 질문으로 대치된다. 뷰러워이(Burawoy)의 문제의식은 이 당연시된 통제 개념을 회의하는 데서 출발한다.[25] 그는 '자본가는 왜 통제하는가'라는 질문을 던짐으로써 통제가 자본가의 선험적인 이해관계로 전제될 수 없다는 사실을 제시한다. 노동력의 지출이 이루어지는 노동과정은 필요노동시간과 잉여노동시간으로 구성되는데, 이 잉여노동시간 부분의 가치가 노동자에게 지급되지 않음으로써 자본주의적 노동과정은 자본가에 의한 노동자 착취과정이 된다. 마르크스와 브레이버만은 모두 이 착취과정이 본원적으로 자본가와 노동자의 적대적 관계를 구성하는 것으로 이해한다. 그리고 노동자들에게는 이 부불노동 부분이 은폐됨으로써 노동과정의 착취도 은폐된다. 그러나 뷰러워이에 의하면 이 착취과정은 노동자들에 대해 은폐될 뿐만 아니

---

25) "만일 조직을 비역사적인 방식으로 설명하고 그것의 작동을 신비화하는 데에 기여해온 개념이 있다면 그것은 통제라는 개념이다(Burawoy, 1985: 39)."

라 동시에 자본가에게도 은폐된다. 부불노동 부분이 존재하게 되는 것은 우선 잉여가치를 생산할 수 있는 인간 노동의 특성에 기인하며, 다음으로 이 필요노동과 잉여노동으로 구성되는 노동일이 시·공간적으로 분리되지 않는다는 자본주의 하의 노동과정의 특성에 기인한다. 자본가와 노동자 모두에게 이중적으로 은폐되어 있는 자본주의 노동과정의 비밀은, 따라서 자본가와 노동자의 근원적인 적대관계를 승인한다 하더라도 현실의 적대관계, 그리고 자본가의 통제가 노동과정 속에서 전일화되는 이유를 설명해주지는 못한다. 이렇게 본다면 적대적 관계로부터 자신의 이해관계를 방어하기 위한 자본의 통제라는 개념은 현실적이기보다는 순수 이론적인 것에 지나지 않는다.

또한 브레이버만의 저작에 가해진 많은 비판 중 가장 빈번하게 제기된 것은, 자본주의적 노동과정 속에는 "관리자의 통제만이 존재할 뿐 노동자는 저항하지 않는 존재로 그려지고 있다"는 지적이다(Storey, 1983: 5). 이것은 뷰러워이가 지적하듯이 브레이버만의 이론적 전략이 노동과정의 객관적 측면에 국한하여 분석한다는 사실에서 비롯되는 필연적인 귀결이다. 따라서 브레이버만에 있어 노동자 저항의 문제는 또다른 이론화의 과제인 셈이다. 그러나 이 비판을 보다 적극적으로 수용한다면, 통제와 저항의 상호작용 자체가 전체 통제 시스템에 연결되어 있다는 것,26) 따라서 통제는 그 자체가 다양하고 불확실하며, 통제의 제도적 측면뿐 아니라 통제의 여러 측면들에 대한 이해가 필요하다는 문제의식으로 확장될 수 있다. 왜냐하면 통제는 단순한 강제와는 다른 것이어서 거기에는 결국 관리자와 노동자 간의 공모가 개입되어 있기 때문이다. 사실 기존의 통제 개념은 '강압적 지배'라는 관념을 암묵적으로 내포하고 있다. 이 때문에 존재하는 노동과정 및 노사관계의 관행을 무차별적으로 지배의 수단으로 이해하는 논리적 오류를 범하게 된다. 또한 지배와 저항의 관계는 '자본주의적 노동과정 및 그 제도의 존속'을 둘러싼 게임으로 성급하게 결론내

---

26) "어떤 권력관계도 그것을 규정하는 관계의 일부분으로서 저항을 포함하고 있다"
(Sakolsky, 1994: 242).

려지며, 그 결과 자본주의 노동과정과 노동자 저항은 영합 게임의 관계로 설정되어버린다.

통제론적 전통이 이런 '억압적 지배' 가설에 의존하고 있는 반면, 동의에 주목하는 접근은 억압보다는 노동자의 (자발적이든 비자발적이든) 동의에 의해 노동과정 관행이 지속된다는 문제의식을 제시한다. '왜 저항하지 않는가'라는 질문은 노동자들로 하여금 '자신들의 비인간화에 동조하게 만드는 과정은 무엇인가'의 문제로 대치된다(Burawoy, 1985: 90). 그리고 초점은 자본주의 노동과정의 존속을 둘러싼 게임으로부터 일상적 동의의 재생산으로 옮겨진다. 동의에 대한 관심은 그람시로부터 일신되는 서구 마르크스주의의 전통을 반영한다. 그람시에 의하면 국가의 지적이고 도덕적인 지배로서의 헤게모니는 강제를 통해서가 아니라 대중의 설득과 교화를 통해 지배한다. 지배계급은 억압적 권력을 행사하기보다는 문화적·이데올로기적 기구를 통해 대중의 신념, 도덕, 가치체계에 침투하는 방법을 구사한다. 헤게모니에 의한 이데올로기적 지배는 헤게모니 자체가 지배계급이 소유한 도구라기보다는, 그 자체가 투쟁의 대상이 된다. 그래서 투쟁의 결과로 만들어진 헤게모니가 자연스러운 승인을 받게 됨으로써 오히려 위력적인 지배 방식이 된다.[27] 이런 문제의식은 뷰러워이에 의해 작업장으로 옮겨진다. 작업장은 그 자체 내에 "노동자들을 한 계급의 구성원이 아닌 개인으로 존재하게 하고, 노동과 자본의 이해관계 및 노동자와 관리자 간의 이해관계를 조정해내며, 갈등과 경쟁을 재구획해내는(Burawoy, 1985: 30)" 메커니즘이 지배하는 공간이다. 이 공간 속에서는 억압적 관리와 통제보다는 이데올로기를 통한 자발성의 생산이 지배적이 되며, 노동과정의 객관적 장치들보다는 노동자들의 주관적 측면들이 보다 중요해진다. 뷰러워이는 '저항이냐 순응이냐'의 이분법으로부터 노동자들

---

27) 이데올로기의 이른바 '자연화'라는 특징은 이데올로기를 가장 위력적이게 만든다. 당연시되는 것은 도전에 직면하지 않기 때문이다. 바르트(Barthes)는 자연화한 이데올로기를 '신화'라 명명하고, 이 신화가 광고로부터 텍스트, 의상유행에 이르기까지 어떻게 사회 전체를 지배하고 있는가를 보여준다. Barthes, 1995.

의 주관적 측면과 심리상태들이 자본주의 재생산의 한 계기로서 전체 시스템에 통합된다는 재생산의 문제의식으로 초점을 이동시킨다. 이때 헤게모니는 노동자 동의의 기초를 만들어내는 조건들의 총체로 이해되며, 이 헤게모니를 가능하게 하는 노동과정의 관행들 중 한 전형을 작업장의 게임에서 찾는다. 개수작업(piece-work) 작업장에서 흔히 발견되는 완수게임(making-out game)—노동자들의 경쟁적인 초과달성 게임—은 단순한 경제적 보상만으로는 설명되지 않는데, 뷰러워이는 이것이 노동자들의 주관적이고 심리적인 요인들, 즉 피로 감소, 시간 때우기, 지루함의 탈피 등의 요인이 결합된 결과로 설명한다.[28] 그 결과 게임에의 참여는 게임이 존재하는 노동과정 자체에 대한 동의로 이어진다.[29]

뷰러워이의 문제의식이 노동자의 일상적이고 주체적인 경험으로 이동할 수밖에 없었던 것은 브레이버만의 통제 개념이 노동과정의 객관적 측면에만 주목함으로써 통제의 원인, 그리고 통제의 핵심을 제대로 설명할 수 없었다는 비판에서 출발하기 때문이다. 이 비판은 노동과정의 객관적 측면뿐만 아니라 그 정치적이고 이데올로기적 측면을 이해하지 않고서는 자본주의 사회의 노동과정을 제대로 이해할 수 없다는 주장으로 귀결된다. 사회 내에 정치가 존재하듯이 생산과정 내에도 정치가 존재한다는 이론적 유추를 통해 뷰러워이는 '생산의 정치(politics of production)'라는 개념을 제안한다. 즉 생산의 정치는 노동자들의 저항을 봉쇄하고 복종과 순응을 생산하는 이데올로기적 기구, 즉 공장체제(factory regime)를 의미한다. 이를 통해 생산과정 자체가 정치적 이데올로기적 계기들을 가짐을 주장한다.[30]

---

28) Burawoy, 1985: 85. 이런 점에서 뷰러워이는 메이요(E. Mayo)의 연구결과와 실상 동일한 결론을 내리고 있는 것이다.

29) "사람들이 게임에 참여하면서 동시에 규칙들을 문제삼을 수 없고, 규칙들에 대한 동의는 자본주의적 생산에 대한 동의가 된다(Burawoy, 1985: 92)." 또한 Edwards 의 책임자율성(responsible autonomy) 개념, 즉 노동자들이 자신의 필요, 능력, 의지를 반영하는 과정에 참여한다고 믿게 하는 것 역시 동일한 문제의식을 공유한다.

30) "첫째, 작업조직은 정치적 이데올로기적 효과를 가진다. 즉 사람들은 원료를 유

정치적이고 이데올로기적 계기들은 게임으로서의 일상적 노동과정 자체에 있다. 노동자들은 작업을 하나의 게임으로 구성하는데, 그 이유는 게임이 적응방식이며, 단조롭고 지겨운 노동과정을 완화시킬 수 있는 방법이기 때문이다. 게임은 노동에 대한 적응을 촉진하기도 하고, 반대로 생산성을 감소시키거나 시간을 낭비하는 상반된 효과를 가질 수도 있다. 그러나 뷰러워이가 주목하는 부분은 이 게임이 산출하는 결과가 아니라, 이데올로기적 전제조건들을 제공하는 것으로서의 게임 그 자체다. 즉 게임에 참여하는 것 자체가 생산관계들을 은폐하는 동시에 노동자들과 경영진의 이해관계를 조정하는 효과를 지닌다. 게임에 참여하는 것의 이데올로기적 효과는 '외부'조건들을 변화시킬 수 없고(즉 당연시된 세계) 변화하지 않는 것으로 받아들인다는 것이며, 작업의 맥락에 제공되는 극소의 선택권과 불확실성을 강조하는 것에 있다. 즉 게임은 필연을 자유인 것처럼 제시하는 이데올로기적 메커니즘이 된다(Burawoy, 1985: 53). 따라서 일상적 노동과정의 효과는 무엇보다 그것의 수용과 수행 자체가 정치적 이데올로기적 기구로 작용하여 주어진 조건들을 당연시하게 만드는 것에 있다는 사실이다. 이것은 바르트가 지적했듯이 자연화하는 신화에 다름아니다.

뷰러워이는 노동과정을 제도가 아니라 노동자들의 주관적 측면으로부터, 그리고 지배의 일상적 실천과 재생산의 측면에서 접근해야 한다는 문제의식을 제시함으로써 통제론적 접근을 혁신한다. 그럼에도 불구하고 뷰러워이의 논의 역시 동의를 전일적 지배의 한 형태로 이해한다는 점에서 여전히 통제론이 가지는 오류로부터 전적으로 자유롭지는 못하다.[31] 통

<hr/>

용한 물건으로 전환시키면서, 특정 사회관계에 대한 경험뿐만 아니라 특정한 사회관계 자체도 재생산한다. 둘째, 작업조직—즉 노동과정—과 더불어, 생산관계를 규제하는 독특한 정치적 이데올로기적 생산장치들이 존재한다. 생산체제, 또는 더 구체적으로 말해서 공장체제라는 개념은 생산정치의 이러한 두 차원을 모두 포함한다(Burawoy, 1985: 16-17)."

31) "우리는 생산목표에 대한 투쟁, 혹은 완수게임이나 여타 몇몇 게임들에 참여하느냐 그렇지 않느냐에 대한 투쟁을 거의 관찰할 수 없었다(Burawoy, 1985: 177)."

제와 동의는 어떻게 본다면 동일한 사건의 두 측면을 제시하는 것이다. 그람시가 국가를 억압적 권력과 헤게모니의 이중적 작용체계로 간주했던 것처럼, 자본주의적 노동과정은 억압적 통제와 동의형성 기제가 동시적으로 작용하는 체계로 보아야 한다. 뷰러워이의 논의가 드러내는 한계는 동의생산을 제도적 실천의 산물로 바라본다는 사실에 연유한다.

이런 점에서 '동의가 만들어진다'는 뷰러워이의 문제의식으로부터, 동의 형성에 주체들이 '공모한다'는 문제의식을 발전시킬 필요가 있다. 동의는 자발적으로 그리고 자연스러운 과정으로 이루어지며, 노동자들이 스스로 참여할 때 가능한 것이다. 이러한 문제의식의 지점에 담론과 이데올로기라는 새로운 문제틀을 삽입시킬 수 있다. 바르트가 신화의 특징을 자연화하는 것으로 규정하듯이, 노동자들의 자발성의 형성은 자연화한 이데올로기의 전형적인 한 과정이며, 이 과정은 노동자들이 스스로를 자유로운 주체로 오인하고 그것에 공모해 들어감으로써 가능해지는 과정이다. 따라서 동의의 문제는 동의를 생산하는 제도적 장치의 문제설정으로부터, 동의에 공모하는 주체의 형성, 그리고 그것을 자연스러운 것으로 만드는 이데올로기의 문제설정으로 이동해 간다. 이데올로기와 주체 및 담론이라는 문제설정은 주체가 이데올로기 속에서 형성된다는 사실, 그리고 이데올로기의 현실화된 형태로서의 담론적 실천과 그것의 효과를 환기시킴으로써, 작업장에서의 동의의 형성에 대한 새로운 접근을 가능하게 한다.

2) 작업장과 주체

노동을 통해 형성되는 정체성에 대한 논의는 지금까지 주로 산업심리학의 관심영역이었다. 이 관심은 작업현장 혹은 직업상황이 주체적 반응을 결정하는 문제에서 좁게는 심리학적 반응치와 그것을 생산성과 연관시키는 실용적 목적에 이르기까지 다양하지만, 이들 논의는 일과 주체 간의 직접적이고 연속적인 인과관계를 설정한다는 동일한 전제를 공유한다. 그러나 최근의 주체에 대한 관심은 이런 작업장 경험의 심리적 결과에 초

점을 맞추기보다는, 작업장을 둘러싼 이데올로기적 투쟁과, 이것과 연관
된 주체의 구성, 그리고 이 주체와 전체적 제도의 재생산의 문제에 초점
을 맞춘다는 점에서 사회심리학적 접근과는 구분된다. 여기서는 몇 가지
연구들을 간략히 검토하고, 그 함의와 유용성을 따져볼 것이다.

(1) 작업장과 정체성

작업장 경험이 노동자 정체성의 구성에 어떻게 작용하는가는 산업사회
학 및 산업심리학의 오랜 관심사의 하나였다. 메이요(Mayo)의 호손 실험도
역설적으로 작업능률이 작업장의 인간관계와 환경에 의해 영향을 받는다
는 사실을 밝힘으로써 작업장과 노동자 문화라는 인류학적 주제에 근접
하고 있다. 이 산업심리학적 관심사는 주체를 구성하는 요인이, 사회학에
서 주장되듯 초기 사회화냐 아니면 작업경험이냐, 그리고 노동이라는 경
험이 인성의 변화(personality change)를 야기하느냐라는 쟁점을 불러일으킨
다(Casey, 1995: 80). 예를 들면 라비어(LaBier)는 노동경험과 관리자의 관리
가 상호 결합되어 노동자로서의 인성을 결정하는 것으로 본다(LaBier,
1986). 일(work)은 단순히 직업적 지위가 아니라, '구조화되어 있는 실체'
로, 얼마나 밀접하게 감독을 받고 있는가, 그리고 가해지는 압력이 얼마
나 높은가의 문제를 포함하고 있다(Kohn & Schooler, 1980). 일을 구조화된
실체로 받아들인다면, 작업장 역시 하나의 사회심리적 구조(socio-psycho
structure)로 이해할 수 있다. 즉 노동자들에 대해 작업적응을 유도하고 그
작업에 맞는 인성들을 형성시키는 구조적 특징을 가진다.

그러나 이런 사회심리학 및 산업심리학적 논의들은 개인의 행동을 경
험으로부터 추상시키며, 결과적으로 개인을 사회구조적 맥락으로부터 추
상화시킨다는 한계를 가진다(Collinson, 1992: 23). 또한 작업장을 심리적 구
조로 이해함으로써, 작업장이 개인에게 가하는 요구와 개인의 인성과의
관계만을 특정화시킴으로써 노동자들이 자신의 정체성을 확보하기 위한
전략적 행위나 작업장의 압력이 가해지는 문화적이고 이데올로기적 수준
의 영향을 고려하지 못하고 있다. 이것은 노동자 정체성을 단지 작업장

요인의 결과로만 이해하는 한계에서 비롯되는 것이라 할 수 있다.

따라서 정체성은 단순히 외부적 경험에 대한 개인의 주관적 해석의 차원을 넘어서는 것이다. 타인들과 맺은 다양한 사회적 관계 속에서의 자신의 위치에 대한 감각을 부여해주고 하나의 개인으로서의 안정된 핵심을 가질 수 있게 해주는 것이 사회적 정체성이라 할 수 있고, 이런 점에서 정체성 개념은 특정 사회에 지배적인 질서 속으로 종속시키거나 문화적 행위 코드로 각인하는 메커니즘의 작동으로 이해해야 한다(신병현, 1998: 5). 그렇다면 이 정체성의 구성에 작동하는 지배질서와 문화적 코드는 무엇인가가 정체성의 문제를 해명하는 핵심적인 질문이 될 수 있으며, 작업장과 정체성이라는 명제는 곧 작업장 내에 존재하는 질서와 코드, 그리고 그 속에서의 개인의 행위의 함수관계로 이해될 수 있을 것이다.

이런 점에서 노동자계급 문화나 작업장의 문화적 실천과 관련하여 노동자 정체성을 이해할 것이 요구된다. 윌리스(Willis)는 직업 진입 이전의 학생들에게 있어 노동자계급 정체성이 어떻게 구성되는지를 보여준다. 역설적이게도, 윌리스는 작업장 내 노동자 정체성이 작업장 진입 이전에 학교에서 완성됨을 주장한다. 노동자 자녀들이 노동자로 성장하기까지 그들이 내면화하게 되는 노동자적인, 보다 엄밀하게는 노동자 남성의 정체성은 노동현장에서 획득되는 것이 아니라, 현장 이전의 학교에서 획득된다.32) 노동자 남성 정체성의 본질은 정신노동보다 육체노동을, 그리고 순응과 복종보다는 저항을 가치 있는 것으로 여기는 '사나이(Macho)' 되기다. 사나이가 되기 위해서는 자신을 학교의 지배로부터 방어하고 또다른 학생들과 구별되도록 특정화해야 하는데, 이는 주로 얌전한 학생과 구별되는 모습을 의도적으로 표출하고, 학교와 선생들에 대해 도전하고 저항

---

32) "각자의 지위와 정체의식은 (학교의) 집단 내에서 비공식적으로 형성되는데, 이는 학교에서 성장하여 구체화된 노동자계급 문화와 특히 남성성과 강인함이라는 주체 — 이는 그들의 자아를 매우 능동적이고 성취지향적으로 만드는 사회영역이다 — 에 원천을 두고 있는 것이지, 그들이 현장의 작업에 세세하게 관여하면서 생겨난 것이 아니다(Willis, 1989: 159)."

하는 것으로 나타난다. 이 학생들의 '반학교 문화'는 그 자양분을 자신의 부모들의 세계와 그 경험, 즉 노동계급의 작업장에서 가져온다.

윌리스는 간파와 제약의 변증법, 혹은 그 비극을 설득력 있게 제시한다. 반항적인 노동자계급 학생들은 학교라는 자본주의 제도의 계급적 성격을 이미 꿰뚫어보고 있고, 그것에 대해 거부하고 무시함으로써 저항한다. 이것은 학교라는 이데올로기 기구가 노동자계급 자녀들의 순응에 효과적이지 못함을 일단 보여준다. 일반화된 표준교육은 계급차별적이라기보다는 보편적 교육이념 속에 모든 개인들을 종속시킬 것을 욕구하기 때문이다. 그러나 이들 학생들이 선택하는 저항의 대안은 노동자, 영웅적인 남성 노동자상이며, 이를 통해 작업장 노동자로 인도된다. 그 결과는 다름아닌 계급적 경계와 노동력의 재생산, 그리고 계급질서의 재생산이다. 학생들은 자본주의 교육의 실상을 간파하고 있지만, 더 큰 이데올로기적 질서인 계급질서에 호명되어버린다. 이것이 간파와 제약의 비극인 것이다.

물론 여기에는 구분되어야 할 차원이 있다. 윌리스는 노동자 정체성을 계급적 경계에 대한 정체성으로 좁게 정의하고 있으며, 노동경험을 포함한 노동계급적 경험을 통해 구성되는 정체성의 문제를 다루지는 않는다. 학생들이 노동자상을 체화하게 되는 것은 성인 노동자들의 상, 보다 구체적으로는 아버지의 모습을 간접 경험함으로써이다. 따라서 윌리스는 실제 노동자계급의 세대간 재생산이 이루어지는 주된 장이 학교와 가족이라고 주장하는 셈이다. 영국 현대문화연구소(CCCS)의 하위문화 연구는 이 지점에서 중요한 접점을 제공해준다. 클라크 등(Clarke et. al.)의 연구는 청소년 하위문화는 부모 문화와의 긴장을 통해 그 주된 동력을 얻는다는 사실을 보여준다. 이것은 부모세대로부터의 분화와 절연의 욕구며, 차별화함으로써 극복하려는 노력이다(Clarke, Hall & Jefferson, 1996). 이런 점에서 윌리스는 노동자계급 내 세대간 차이를 지나치게 축소시키면서 동질적 재생산에 강조점을 찍고 있는 셈이다.[33] 이러한 윌리스의 주장이 경험적 진실을

---

33) 윌리스도 물론 이 세대간 차이를 '분화'라는 개념을 통해 설명하고는 있다. 그런데 노동자계급 내에서 부모세대와 다르고자 하는 청소년의 분화전략은 행태적 차

담고 있느냐의 문제와는 별개로, 윌리스의 논지는 노동의 경험을 통한 노동자계급의 재생산을 간과하고 있다는 점을 지적하고자 한다.

반면 노동자계급 문화에 대한 연구들은 노동자계급 문화의 상황제약적인 특성에 주목한다. 클라크 등에 의하면 노동자계급 문화는 지배문화 내에서 끊임없이 공간을 확보하고자 하는데, 이런 치열한 협상의 결과가 현재 존재하는 많은 노동자관련 제도들이다. 이런 제도들은 때로는 순응적이고 때로는 전투적이기도 하다. 그러나 이 협상은 '협상된' 지배체제로 귀결된다. 지배적 가치는 환경이나 제한된 기회로 인해 피지배계급에 의해 수정되는 것이지 거부되거나 반대되는 것은 아니다. 그러한 협상적 해결이 널리 보급되는 것은 노동계급이 수동적이거나 지배계급을 존경하기 때문이 아니라 그들의 시각 자체가 즉각적이고 실제적인 관심, 또는 구체적인 상황에 의해 제한받고 한계지어져 있기 때문이다(Clarke et al. ed., 1980).

콜린슨(Collinson) 역시 이런 정체성 전략의 역설적인 결과를 지적하고 있다. 관리자의 통제에 대한 노동자들의 정체성 방어전략인 무관심과 거리 두기는 관리자의 실천을 비판하지 못하고, 관리자와 자신의 경계를 긋는 것에 그침으로 인해 결과적으로 관리자의 실천을 정당화하고, 지배질서를 재생산하는 데 기여한다. 이러한 왜곡된 정체성 전략은 결국 남성성(masculinity)에 대한 문화적 투자를 통해 스스로를 보상받으려는 실천으로 나타난다. 남성성에 대한 투자는 노동자들이 자신의 주체를 안정화시키고, 그들만의 영웅적인 세계를 구성하기 위한 의미 있는 행동으로 이해된다. 그러나 동시에 이것은 "통제되고 상품화되고 계층화된 노동에서 유래하는 부정적 경험, 숨겨진 상처를 보상받기 위한 실천"에 다름아니다(Collinson, 1992: 78).

작업장과 노동자 정체성의 문제는 관심의 영역을 제도화되고 관료화된

별회를 통해서가 아니라 아버지와 아이가 공유하는 노동자 세계의 바탕 위에서, 그 모습을 공유함으로써 아이가 아버지의 경쟁자로 나서는 것이다. 따라서 실제적인 세대적 재생산은 정확히 노동자계급의 간접 경험 속에서만 이루어지는 것이 된다(Willis, 1989: 119-120).

조직적 실천보다는, 작업장 경험과 문화, 그리고 일상이라는 비공식적 영
역에 주목하도록 한다. 그리고 이러한 비공식적 영역은 곧 의미화의 영역
이며, 언표를 통해 의미들이 생산되고 유포되는 담론적 실천의 공간이다.
이런 이유 때문에 노동자 정체성에 대한 논의는 담론적 실천의 문제로 옮
겨간다.

(2) 담론적 실천과 주체 구성

전통적인 노동에 대한 시각은 상품을 생산하는, 물질적이고 사회적 과
정으로 보는 것이다. 그러나 최근 이 노동을 문화적 시각에서 조망하면서
그 핵심을 담론적 실천으로 보는 논의들이 등장하고 있다. 이것은 특히
기업문화론의 등장과 함께 기업의 문화적 실천, 의미생산과 기업담론의
확대 등의 변화에 대한 이론적 접근이라 할 수 있다. 케이시(Casey)[34]는 경
영혁신과 함께 수반되는 경영자의 담론적 실천이 노동자들의 담론적 정
체성을 어떻게 구성하는가를 밝히고자 한다. 기업의 담론적 실천은 의례
(ritual)와 상징(symbol)의 활용을 통해 순응적인 노동자 주체를 생산하는 데
그 목적이 있다. 대표적으로 활용되는 상징이 신기술 신화(new technology
myth)인데, 이러한 신화에는 전형적으로 새로운 의미작용들이 부가되고,
또 새로운 기업어휘들(corporate vocaburaries)이 활용된다.[35] 이러한 기업의
담론적 실천은 노동자들에게 그 기업에 소속되어 있다는 사실이 자부심
으로 의미작용하는 원천이 된다. 담론적 실천은 기업에 의해 실행될 뿐
아니라, 노동자들의 반응형태를 통해서도 나타난다. 담론은 결국 의미화
를 위한 실천 혹은 투쟁을 의미하며, 기업이 주체구성을 위한 체계적인
담론적 실천을 수행한다면, 노동자들은 그것을 주관적으로 재해석함으로
써 개인적인 실천전략들을 드러낸다.

따라서 담론적 실천들은 관료제적인 합법적 규칙과 대비되는, 비공식

---

34) C. Casey, *Work, Self and Society*, Routledge, 1995.
35) 케이시는 사례연구에서, 경영혁신 전략의 진행과 함께 팀(team), 가족(family), 고
   객(customer) 등의 새로운 언어사용이 이루어짐을 지적한다(Casey, 1995: 92).

적 규칙(informal rule)을 위한 투쟁이라 명명할 수 있다. 작업장 관행이 생산에 미치는 영향에 대한 연구들은, 이것이 작업장의 실제적 점유와 관련된다는 점에서 매우 중요한 문제임을 밝히고 있다. 비공식적 규칙의 형성은 결국 정당성을 위한 투쟁을 통해 누가 먼저 선점하느냐의 투쟁이 되며, 이를 위해 다양한 정당화의 근거들을 활용한다. 대표적으로 공평무사함(fairness), 생산성(productivity), 경영권(right to manage), 노동소유권(ownership of labor) 등이 그것이다(Armstrong et al., 1981: 34).

담론적 주체에 대한 논의들은 조직 내 담론적 실천의 결과 형성되는 개인들의 정체성 확보전략에 주목한다. 이것은 환경의 변화에 적응하려는 사회심리적 반응형태라 할 수 있는데, 톰슨과 맥휴(Thompson & McHugh)는 전형적으로 이런 정체성 전략이 세 가지 형태로 드러남을 지적한다. 그것은 조직에 전적으로 자신의 정체성을 투영하고 종속되는 경우(Organization man), 경영자에 대한 명백한 반대를 표시하는 경우(Opposition), 그리고 경영에 대한 관심을 철회하고 여가 등의 기업 외부의 일에 몰두함으로써 거리를 두고자 하는 경우(Distancing) 등이다.[36] 이런 개인의 대응전략(coping strategy)은 경영권력에 대한 명시적인 입장의 견지를 의미하는 것이지만, 동시에 관행에 대한 투쟁이기도 하다. 그러나 톰슨과 맥휴는 이 개인들이 어떤 대응전략과 생존전략을 취하더라도, 경영의 담론적 실천들은 조직을 위한 이미지들을 형성시키며, 주체들은 결국 이 이미지에 동화되어감을 지적하고 있다(Thompson & McHugh, 1990: 315). 이것은 담론과 주체의 문제가 명시적이고 의식된 수준이 아니라, 무의식적이고 암묵적인 차원에서 진행되는 것임을 보여준다.

콜린슨은 톰슨과 맥휴의 문제의식에 동의하면서도, 이들은 주체를 안정적인 것으로 가정한다는 점에서 한계를 가진다고 비판한다. 주체는 항상 불안정하며, 그것의 안정성을 찾아가는 문제틀이 개발되어야 한다는

---

36) Thompso & McHugh, 1990: 314. 또한 웩슬러(P. Wexler, 1992)는 이런 주체의 대응양식을 defensive self, divided self, depressed self, dispalyed self로, 케이시(C. Casey, 1995)는 defensive self, colluded self, capitulated self로 구분 개념화한다.

것이다(Collinson, 1992: 26). 이런 맥락에서 그는 담론과 주체라는 문제의식을 보다 확장시킨다. 작업장 내에서 주체는 그 불안정성을 극복하기 위한 전략들을 수행하는데, 이것은 주로 담론 및 담론적 실천을 통한 투자(invest)의 형태로 드러난다. 이른바 안정성 찾기(security-seeking)는 조직의 지배에 대해 자신의 정체성을 보존하기 위한 전략적 행위로, 대개 무관심하기, 지배하기, 복종하기의 세 가지 형태로 드러난다(Collinson, 1992: 31). 무관심하기는 "개인 및 집단이 자신들 스스로의 통제 하에 있음에 대한 확신, 즉 물화되고 안정적이며 확고한 자아-이미지에 몰입"하는 경우로, 이는 사회 및 조직 내에서 타인과의 공존을 거부하고 개인 정체성이 사회적으로 구성된다는 것을 무시하는 전략이다. 그러나 이런 안정화 전략은 "사회적 고립과 타인 또는 다른 위계집단 구성원들과의 상호작용 과정에서 지속적으로 위협받을 수밖에 없는, 즉 타인들에 의해 내려지는 정의에 대한 취약성을 대가로 불확실한 안정성을 확보하는 모순적인" 전략이다. 지배하기는 "자신이 아닌 다른 조직 성원들을 대상화시키고 통제하는" 전략으로, 타인들은 자신의 계획에 유용하거나 자신을 위협하는, 도구적인 것으로 취급된다. 그러나 이 지배하기 전략의 모순적인 결과는, 그것이 부정하는 타인들의 주체성이 언제나 한결같이 억압되지 않는다는 점에서 저항을 불러일으킬 수밖에 없다는 사실이다. 반대로 복종하기 전략은 "자신을 타인의 대상으로 바꾸어버림으로써 안정성을 제공받고자 하는 종속적 주체의 한 형태"다. 이것은 "자신의 창의성을 거부하고 타인의 바람이나 기대에 따라서만 행동하는 개인 및 집단에서 드러나는 유형으로, 이는 전적으로 자신의 정체성, 경험, 육체를 타인의 재량에 맡김으로써 오히려 역설적으로 자신의 종속성을 강화하는 결과를 초래할 수밖에 없는 자멸적인 전략"이다. 이러한 담론적 실천을 통한 주체의 안정성 추구전략은, 그러나 역설적으로 주체의 물질적·상징적 불안정성을 오히려 강화하는 결과를 초래한다. 예를 들면 무관심하기 및 거리 두기는 자신과 관리자의 관계를 철저히 부정함으로써 관리의 관행과 그 결과 주체의 종속을 재생산한다.[37] 나아가 이렇게 재생산되는 복종의 경험 자체도 노동자 주체에 있어 안정화를 위한 경험으로 관리된다. '노동자는 노동하고 관리자는 관리하면 될 뿐'이라는 태도는 이러한 담론의 역설적 결과를 무시함으로써 재생산된다.

노동자 정체성의 형성은 기업의 비공식적 실천의 영역에서 이루어지며, 이것은 관리적 실천과 노동자들의 주체성 안정화 전략이 공모한 결과다. 그리고 이 과정의 주된 실천형태가 담론적 실천이다. 담론적 실천은, 경영측에서는 새로운 언어와 회사언어의 형성을 통해 기업에 대해 순기능적인 주체를 형성시키고자 의도하며, 개인은 변화에 대한 정체성 안정화를 위해 대응전략을 표출한다. 그리고 이 담론적 실천의 과정은 무의식적인 과정으로, 톰슨과 맥휴가 지적하듯이 이미지와 언어를 통해 기업에 적응해버리는 결과를 가져온다. 일상적인 담론적 실천은 결국 자각적인 주체의 대응에도 불구하고, 지배권력으로 작용하고 있는 것이다.

이상을 통해 작업장은 그 자체가 하나의 의미실천의 장이며, 의미를 통한 지배와 공모가 담론의 형태로 끊임없이 형성 및 재형성되고 있음을 알 수 있다. 이 속에서 결과적으로 도출되는 것은 지배와 복종의 관계이며, 또한 작업장에 순응적인 주체의 형성이다. 그렇지만 동시에 의미를 통한 지배는 항상 내부에 주체의 저항을 포함하고 있음을 확인할 수 있다. 작업장, 담론 및 주체라는 문제설정은 통제와 동의라는 전통적인 노동과정이론을 혁신하고, 작업장 연구의 새로운 차원을 제시한다. 그러나 그것은 동시에 가보지 못한 길의 불확실한 결과들을 예견하는 것이기도 하다. 작업장의 담론적 실천이 가지는 효과에 대한 연구는 이제 시작단계에 있다. 그리고 이런 연구의 심화를 위해서는 '담론이란 무엇인가'에 대한 성찰 또한 필요하다.

---

37) 노동자 인터뷰에서 노동자들은 관리자를 'yes man' 'bad man' 등으로 호칭하는데, 이런 담론적 실천들은 관리자 지위에 대한 경멸과 거부를 담고 있지만, 관리자를 통한 엘리트 통제 시스템에 대한 비판으로 이어지지 못하고 개인에 대한 비난으로 끝남으로써 엘리트 지배를 정당화하고 또 생산 내 양극화된 사회관계를 정당화하게 된다는 것이다(Collinson, 1992: 59).

4. 맺는 말

소쉬르는 정당하게도 "언어가 사고체계를 규정한다"고 지적한다. 이것은 단지 개인적 수준에서뿐만 아니라 계급이라는 구조적 수준에서도 유효하게 작동한다. 그러나 개인적 수준에서 사고의 언어 구속성이 언어의 일반적 속성을 표현하는 것이라면, 계급이라는 층위에서 언어는 권력이라는 사회적 사실과 결합되어 완전히 새로운 질을 갖게 된다. 번스타인의 연구가 보여주고 있고, 또 부르디외의 연구가 결론내리고 있듯이, 언어는 계급적 분할을 만들어내고 유지하며, 그를 통해 지배-종속의 관계를 재생산하고 있는 사회적 장치인 것이다. 그러나 놀랍게도 우리 사회에서 계급언어에 대한 연구, 사회언어학이거나 사회학적인 연구는 거의 찾기 힘들다. 지식사회학적 측면에서 이 희소함 자체가 하나의 주제가 될 수 있을지 모르겠으되, 언어에 대한 지적 관심의 부재가 낳은 결과로 잠정적으로 결론내릴 수밖에 없다.

다시 강조하지만, 언어는 단순한 의사소통의 도구가 아니며, 또한 단순한 재현의 도구도 아니다. 다양한 연구들이 보여주고 있듯이, 언어는 계급구조의 재현물이 아니라 계급적 성층화의 본질적인 구조적 요소이다. 그러나 언어에 대한 이러한 통찰은 단지 시작을 위한 전제에 지나지 않는다. 나는 이 장에서 계급현상과 언어적 차별화의 연관, 그리고 언어와 계급지배를 몇 가지 방향에서 이론화해보고자 했다. 그것은 일반적인 방향에서 언어-사회의 구조적 연관을 확인하기 위한 것이며, 보다 구체적이라는 계급이라는 사회적 위계가 언어를 통해 어떻게 재생산되며, 역으로 언어는 이러한 사회적 위계를 어떻게 구조화하는가를 확인하기 위한 것이었다. 이러한 확인을 통해 이제 진행되어야 할 과제는, 언어의 작용양식과 권력의 문제, 즉 언어형태로 진행되는 의미의 정치를 이해하는 것이다. 이하의 장에서는 이를 기업공간에 한정하여 분석해보고자 한다.

제2장 담론, 권력, 이데올로기

1. 들어가는 말

　최근 담론에 대한 관심이 높아지면서 다양한 연구결과들이 제시되고 있지만, 이러한 담론분석을 통해 무엇을 보여주고 어떤 것을 증명할 수 있는지에 대한 체계적 진술은 아직 생산되지 못하고 있는 듯하다. 담론이 언어적 한계를 넘어 존재하는 어떤 대상을 지칭한다면, 담론분석에서의 방법론도 언어학이나 기호학과의 차별성을 고민해볼 필요가 있다. 또한 담론은 언어이자 또한 사회적 사실이며, 이런 점에서 담론연구는 사회라는 준거와의 체계적 연관을 사고하는 방향으로 정향되어야 할 것이다.

　담론이 단순한 언어적 표현 이상이라면, 그것은 무엇보다 권력과 이데올로기의 문제설정에 밀접히 닿아 있는 것이다. 말한다는 것은 곧 의미를 생산하는 것이며, 이것은 무엇을 의미하는가와 어떻게 의미를 만드는가에 의해 매우 다른 결과들을 만들어낼 수 있다. 예컨대 노동자들이 대규모 파업을 했다는 사실은 '정당한 권리주장의 행위'일 수도, '경제와 국가 신뢰에 부정적인 영향을 미치는 행위'일 수도 있다. 아무런 의미를 담지 않은 순수한 사실 자체란 존재하지 않는다. 담론은 이 사실에 특정한 의미를 부여하는 행위이자 방식이며, 이러한 의미화를 통해 존재하게 되는 사실이란 결국 어떤 의미가 지배적으로 작용했는가라는 권력의 문제가 됨을 쉽게 알 수 있다. 따라서 담론을 분석하는 일은 언어에 체계적으로 작용하고 있는 권력에 대한 분석의 문제를 우회할 수 없다.

또한 담론은 이데올로기와도 상관적이지만, 담론과 이데올로기의 연관은 보다 미묘하다. 담론을 권력작용이라 본다면, 이것은 많은 부분 이데올로기의 특징을 공유한다. 그러나 이데올로기 개념이 사실과의 관계에서 그 진실성을 숨기거나 호도하는 '거짓된 외양'의 관념을 내포하는 이분법에 기초해 있다면, 담론 개념은 이 실질과 외양의 양자에 모두 걸쳐져 있는 어떤 것이라 볼 수 있다. 즉 담론은 표현된 사실이라는 점에서 이데올로기와 유사하지만, 또한 표현되도록 만든 것 역시 담론이라는 점에서 이데올로기의 차원을 넘어선다.[1]

기존의 담론이론들에서 담론, 권력, 이데올로기는 그 개념적 유사성과 친화성에 근거하여 자주 다루어지고 있지만 체계적으로 분석되지는 않고 있다. 이런 점에서 이 장은 우선 담론, 권력, 이데올로기의 연관을 해명하는 것을 주요한 목적으로 삼고자 하며, 아울러 이러한 개념들이 보여줄 수 있는 이론적·방법론적 함의들도 검토하고자 한다. 이를 위해 먼저 담론이론의 쟁점들을 살펴보고자 한다. 여기서 검토하고자 하는 담론이론은 담론적 실천을 옹호하는 후기구조주의 및 포스트마르크스주의적 세계관과는 구별되는, 이론이자 방법론으로서의 담론분석을 지칭한다. 특히 포스트마르크스주의는 지칭체계로서의 언어가 가지는 특징을 사회적 사실로 등치시키는 방법론적 오류를 가지는데, 이것은 사회적 사실을 담론 혹은 텍스트로 이해하는 담론환원적 방법이다. 담론은 사회적 사실이지만, 담론과 구별되는 담론 외부라는 존재와의 연관성 속에서만 사회적 사실이 될 수 있다. 담론 외부를 인정하지 않는 텍스트주의적 세계관은 담론의 물질성, 나아가 사회적 물질성을 부정하고, 사회구조를 언어 놀이로 변조해버린다. 이런 점에서 담론이론에 대한 검토는 이러한 텍스트주의적 세계관에 대한 일정한 비판을 또한 함축한다.

---

1) 표현된 것과 표현하는 것, 즉 signifiant과 signifie의 구별은 이데올로기/사실의 관계와 유비되지만 양자를 포함하는 것이다.

2. 담론과 담론이론

반 다이크(van Dijk)에 의하면 담론은 언어사용(use of language), 믿음 및 인식의 교류(communication of beliefs and cognition), 그리고 사회적 상황 속에서의 상호작용(interaction in social situations)이라는 세 차원을 가진다. 이런 특성 때문에 담론에 대한 접근은 언어학적이고 사회과학적인 동시에 심리학적인 여러 학문들의 간학문적 접근을 요구한다고 지적한다(van Dijk, 1997). 즉 담론은 순수 언어적 현상만을 지칭하는 것은 아니다. 그러나 이런 담론의 다의적 특성은 동시에 담론이라는 대상이 가지는 분석의 어려움을 지적하는 것이기도 하다. 여기서는 먼저 담론이론의 궤적들을 간단히 살펴보고, 담론분석이 가지는 사회학적 함의와 유용성을 검토해볼 것이다.

1) 담론의 기호론

언어활동(language)은 인간에게만 고유한 것이다. 소쉬르(Saussure)는 이 언어활동이 그 내부의 두 요소에 의해 구성되는 것으로 보는데, 그것이 랑그(langue)와 파롤(parole)이다. 파롤은 언사(言辭) 즉 인간의 언어사용을 말하며, 랑그는 언어활동의 법칙에 해당된다. 인간이 파롤, 즉 언어사용을 수행하는 것은 개인의 자의성이나 자유의지에 따라 행하는 것이 아니라, 랑그가 규정하는 일정한 규칙을 통해서이다. 즉 랑그가 규칙이라면 파롤은 이 규칙의 결합과 적용에 해당된다. 소쉬르는 파롤이 엄격하게 언어적 한계 내에서, 즉 랑그의 제약 하에서 이루어짐을 강조한다. 그리고 이것은 기호가 기호적 체계 내에서만 존재할 수 있다는 원칙에서 본다면 타당한 지적이다.

그러나 의미작용(signification), 즉 의미의 사회적 생산이라는 측면에서 본다면 이 원칙은 제임슨의 용어를 빌리자면, '언어의 감옥(prison-house of language)' 속에 갇혀 있는 것이다. 기호는 의미의 생산을 가능하게 하는

필요조건이지만, 실제로 의미가 생산되어 현실화되는 것은 기호를 통해서
가 아니라 담론, 즉 구체적인 언어의 사용을 통해서다. 이런 의미에서 담
론은 기호학 체계의 위반을 통해서만 사회적 의미를 생산하게 된다.[2] 담
론은 의미생산의 체계이며, 의미는 실제적인 의미의 생성 혹은 사용에서
완성된다.[3] 기호는 이런 의미사용의 언어적 제약만을 가할 뿐이다. 의미
생산의 체계인 서술이나 서사 담론은 동시에 특정한 이야기 구성의 규칙
을 따른다. 즉 이들은 하나의 담론 텍스트[4]로 존재하며, 이로부터 랑그/
파롤 관계에서 랑그 혹은 약호(code)/담론(discourse) 관계로의 확장이 요구
되는 것이다.[5] 담론의 기호론은 기호의 구조를 서술의 구조로 확장하여,
수사학과 구분되는 담론의 기호학을 정립하고자 한다. 즉 담론의 기호학
은 서술에 존재하는 규칙성, 즉 서술의 문법을 발견하는 것을 목적으로
한다(소두영, 1993: 196).

　담론이 텍스트로 간주될 수 있는 최소한의 이유는 그것이 어떤 담론이
든 일정한 의미구조를 이루고 있거나 혹은 그것을 지향하고 있기 때문이
다. 즉 담론은 자기독백과는 달리 의미의 형성과 전달을 전제하는 개념이
다. 그리고 이런 완결적인 의미구조가 이루어질 수 있는 것은 담론을 구
성하는 체계의 규칙이 존재하기 때문이다. 이 랑그에 해당되는 담론의 규
칙을 밝히려는 노력이 담론의 기호론을 구성하는 주된 흐름이라 할 수 있
다.[6]

---

2) "기표는 그 체계를 넘어서고 위반한다(S. Cohan & L.M. Shires, 1997: 37)."
3) "담론이란 구체적이며 생생한 총체성 속에서의 언어이다. 말하자면 구체적 총체적
　현상으로서의 언어이다. 담론은 언표이다(Bakhtin, 1989)."
4) 텍스트는 흔히 두 가지 의미로 사용된다. 일반적으로는 텍스트란 "씌어진 담론
　(written discourse)"을 의미하며, 이 텍스트에 대비되는 것으로 말(talk)이 사용된다.
　또한 텍스트는 보다 심층적인 의미에서 '담론의 추상적 혹은 숨은 구조(abstract or
　underlying structure of discourse)'의 의미로 사용되기도 한다(van Dijk, 1997: 7).
5) 소두영은 유사하게 약호/담론의 관계를 주장한다(소두영, 1993). 그러나 바르트는
　랑그와 약호를 동일한 것으로 보는 것에 회의를 가진다. 그는 약호는 명시적인 규
　약인 반면, 랑그의 규약은 함축적인 것이라고 본다(Barthes, 1994: 93).
6) 엄밀하게 말한다면 담론과 텍스트는 동일하지 않다. 텍스트는 주체의 이데올로기
　적 재현과, 생산과 전달을 통제하는 다양한 담론들 간의 투쟁의 장이다. 예를 들

기호의 수준을 넘어 담론으로 기호학을 확장시키는 노력은, 그러나 아직 형성단계에 있다. 그 주된 이유는 담론들이 이차 의미에 기반하여 분화한 텍스트이기 때문에 기호학의 방법들을 적용시키는 데 어려움이 있기 때문이다. 그러나 프로프(Propp)의 민담 분석이나 수사법의 배열분석 등이 보여주듯이, 기호학적 원리들은 담론의 구조와 배열을 밝히는 데 유용한 방법론을 제공해준다. 이는 이후에 다시 살펴볼 것이다.

2) 언어·권력·이데올로기

담론과 이데올로기는 지극히 상관적이다. 이 모호한 명제는, 실은 담론과 이데올로기의 관계가 본격적으로 해명되지 않았음을 말해주고 있다. 일차적으로 담론은 이데올로기가 작동하는 핵심영역이라 할 수 있다.[7] 왜냐하면 이데올로기는 상징이나 의례, 혹은 이미지나 제도 등 다양한 형태로 표출되기도 하지만, 이데올로기가 사회 속에서 주로 작동되는 방식은 말해짐, 즉 담론의 유포라는 형태를 취하기 때문이다. 이데올로기는 언어적 형태로 표현됨으로써 자연스럽게 작용하며, 또한 담론을 통함으로써 권력으로 하여금 폭력에 의존하지 않을 수 있게 해준다(Reboul, 1994: 41). 언어가 가지는 중립성의 외양과 사고에 대한 언어의 존재 구속성이라는 특징은 본질적으로 이데올로기와 닮아 있다. 또한 알튀세르(Althusser)는 이데올로기의 물질성을 지적하는데, 이 물질성은 이데올로기가 기호로 인지될 때 자연스럽게 통합될 수 있다.[8] 그러나 이데올로기의 물질성은

면 서사 텍스트에는 사건의 주체인 이야기(stroy)와 서술의 주체인 말하기 간의 모순과 투쟁이 존재한다. 바르트는 이런 점을 가리켜 텍스트의 생산성으로 규정한다 (R. Barthes, 김희영 역, 『텍스트의 즐거움』, 동문선, 1997).

7) "(이데올로기의) 주요한 매체는 언어와 의식이다. 왜냐하면 의미가 부여되는 것은 언어를 통해서이기 때문이다(Hall, 1996: 76)."

8) "이데올로기를 담론적이거나 기호적인 것으로 간주하는 것 …… 이것은 그것의 물질성을 강조하는 동시에(왜냐하면 기호는 물질적 실체이기 때문에), 그것이 본질적으로 의미와 관련된다는 인식을 보존한다(Eagleton, 1994: 264)."

단순히 기호(언어)라는 물질적 형식성의 차원에 머물지는 않는다. 이데올로기는 "비담론적 실천들의 모체들 속에 각인된 담론적 실천을 통해 작동하는 것(Therborn, 1994: 117)"이라는 점에서 또한 물질적이다. 따라서 앞서 보았던 이데올로기적 국가기구를 통해 작동하는 이데올로기가 담론적 형태로 표현될 때 의식이나 관념보다는 이데올로기의 물질성 속에 보다 자신을 잘 표현하고 있음을 알 수 있다.

  담론이 이데올로기가 작동하는 중요한 영역이라고 한다면, 이데올로기가 담론 속에서 작용하는 방식, 그리고 담론이 이데올로기를 표현하는 방식을 질문할 수 있다. 이 문제는 또한 언어학과 담론이론을 경계짓는 뚜렷한 구분선이 되기도 한다. 소쉬르에 있어 언어는 순수하게 중립적이며, 언어 현상은 언어차원에 머무는 것이다. 언어적 질서는 언어 내적 규칙에 의해서만 지배될 뿐 언어 외부의 어떤 것과 연관되어 있지 않다. 이것은 소쉬르가 기호(sign)를 기표(signifiant)/기의(signifie)의 관계로 정의하는 데서 비롯된다. 기의는 개념에 해당되는 것이며, 기표는 이 기의의 청각영상으로 정의되어, 언어는 외부의 실재와 어떠한 연관도 가지지 않는다. 그렇기 때문에 언어현상은 사회적 실재로부터 무한히 자유롭게 존재할 수 있으며(즉 '기표의 놀이'), 언어들간의 차이, 즉 언어가치는 순수하게 언어들간의 차이와 모순율에 의해서만 지배받는다.

  그러나 담론이론은 언어는 결코 중립적이지 않다는 인식을 출발점으로 삼는다. 언어의 사용은 언제나 발화자와 수취인의 상황 전체를 반영한다. 야콥슨(Jakobson)은 전달기호론의 맥락에서 소쉬르의 랑그/파롤 관계에 대응하는 약호/메시지 관계를 성립시키면서 언어활동의 6가지 기능 도식을 제시한다.[9] 이 중 정동적 기능(fonction emotive)과 동능적 기능(fonction conative)은 화자와 청자 관계에서 양자의 태도와 위치를 고려하는 기능으로, 전자는 이야기 내용에 대한 화자의 태도를 직접 표현하는 감정적인 것, 그리고 후자는 메시지와 수신자 관계에서 수신자의 반응을 불러일으키는 기

---

9) 그것은 각각 지향 기능, 정동적 기능, 동능적 기능, 시적·미적 기능, 교화 기능, 상위언어적 기능 등이다.

능을 말한다.10) 야콥슨의 전달도식은 언어활동이 언어 그 자체의 의미나 형식을 넘어서 화자와 청자의 관계를 규정한다는 것을 보여준다. 바꾸어 말하면 언어는 단순히 수신자에게 '던져지는' 것이 아니라 이해를 요구하며, 이것은 발신자(화자)의 의도, 수신자(청자)의 상황에 대한 이해까지를 포함하는 것이다. 그렇기 때문에 메시지나 의미만을 독립적으로 다룬다면 담론이 전달되는 상황을 제대로 이해하기 어렵다.

의미작용에서는 더욱 언어적 한계를 넘어선다. 소쉬르는 외연의미와 함축의미(denotation/connotation)를 구분하는데, 외연의미란 "어휘적 단어가 가지고 있는 의미가 안정된 요소로, 언어공동체의 합의로 이루어지는 비주관적이고 담론 밖에서도 분석 가능한 기초언어, 혹은 일차적 언어"를 의미하며, 함축의미는 "주관적 의의를 담은, 문맥에 따라 바뀔 수 있는 수식언어, 혹은 이차적 언어"를 의미한다(소두영, 1993: 123). 간단한 예를 들자면, 비둘기는 '새'라는 생물학적 존재를 가리킴과 동시에 '평화'를 의미하기도 하는데, 새는 외연의미, 평화는 함축의미에 해당된다. 외연의미와 함축의미의 관계에서 외연의미는 함축의미에 대한 일차적 기호로 존재하게 된다. 기호가 함축의미화하는 순간부터 그 기호는 무한한 다의성 중의 가능성으로서만 존재할 뿐이다. 그리고 이런 다의성 중에서 어떤 의미가 선택되고 고착되는 것은 언어 내적 현상이 아니라 언어 외적이며, 권력작용에 의한 것이다. 이런 점에서 역설적으로 함축의미는 권력적 작용의 대상으로 존재한다. 자연언어(일차언어)에 대한 이차언어가 특정 의미로 고착되는 것은 권력작용이나 다름없는 것이다.

권력적 언어사용은 발화자의 위치와도 관련된다. 예컨대 샴페인을 선체에 던지며 '이 배를 퀸 엘리자베스라 명명하노라'고 말할 수 있는 사람

---

10) 이런 맥락에서 뷔이상스(E. Buyssens)는 전달행위를 "어떤 개인이 어떤 의식상태—곧 상대의 협조를 구하는 욕망—와 연결된 지각할 수 있는 사실을 인식하면서 어떤 다른 개인이 그 행위의 목적을 이해하고 그 자신의 의식 속에서 첫째 개인의 욕망을 재구성하게끔 그 사실을 실현하는 행위"라 규정한다. 즉 언어의 전달은 관계 전체의 고려, 그리고 수신자의 이해까지 고려하는 행위임을 주장한다(소두영, 1993: 85-89).

은 그 배의 선장에 국한된다. 어떤 표현은 특정한 사람에게만 특권적으로 주어진다. 이 명명의 가능성은 그 명명자가 위임받은 권력에 의해 결정된다. 즉 발화의 위치는 바로 권력의 위치이며, 발화된 내용, 즉 담론은 바로 권력작용이 되는 것이다. 따라서 이런 맥락에서 담론이론은 기호학적 맥락에서의 분석대상[11]에 대한 문제라기보다는 '접근의 방법'에 관련된 것이라 보는 것이 더 타당하다.[12]

이데올로기가 언어 속에서 작용하는 전형적인 방식은, 사실적으로 또는 당연한 것으로 보이는 관념과 신념들을 합리적이고 상식적인 관찰의 결과로 향상시키는 것이다. 이것을 의미재현의 측면에서 본다면, 의미의 왜곡이나 변질이 아니라, 선택적인 의미재현의 방법을 말하는 것이다. 즉 이데올로기는 거짓말을 하는 것이 아니라 선택적으로 사실을 재현한다. 다음의 예를 보자.

눈 — 순백 — 좋음
눈 — 추위 — 나쁨

눈은 순백으로도, 그리고 추위로도 의미작용할 수 있다. 그러나 스키장 광고는 이 중 눈 — 순백 — 좋음의 의미를 선택적으로 재현한다.[13] 사실 일상언어에서 언표의 계열체적 배열은 한 언표에 다양한 의미들이 중첩되어 있음을 보여준다.[14] 그런 이유에서 특정단어에 특정한 의미가 결합

---

11) 즉 한 문장단위를 넘어선 문장들의 집합에 대한 분석을 말한다.
12) 권력적 언어사용에 대한 분석으로서의 담론이론은 따라서 비판적 성격을 분명히 하게 된다. 파울러(R. Fowler)는 담론이론을 언어학과 구별짓기 위해 '비판적 담론분석(critical discourse analysis)' 혹은 '비판적 언어학(critical linguistics)'이라 명명한다. 이에 대비되어 기존의 언어학은 '기능적 언어학(functional linguistics)'이라 명명된다(R. Fowler, 1996).
13) 나아가, 이런 함축의미가 사적인 연상이나 개인적 경험의 산물이 아니라 사회적으로 학습되고 친숙한 것이라는 점에서 궁극적으로 이데올로기로 볼 수도 있다(S. Cohan & L.M. Shires, 1997: 164).
14) 대표적으로 한 단어의 동의어와 반의어의 배열들을 들 수 있다. 동의어들은 미묘한 의미차이를, 그리고 반의어는 그 단어에 연결되어 있는 완전히 상반된 의미들

되고 통용되는 것은 순전히 우연적인 것으로 보일지도 모른다.[15) 그러나 푸코는 『지식의 고고학』에서 담론의 배열 자체가 특정의 질서를 가짐을 보여준다. 담론들에 부과되는 분류체계는 특정한 담론들의 권력을 산출하고 지지해준다. 의학적 담론들은 의사의 권위와 연결되어 있으며, 법정에서의 대화들은 법관들의 권력을 지지한다(Foucalut, 1992).

더 나아가 바르트는 언어체계 자체를 신화로 간주한다. 바르트에 의하면 현실은 '역사적'인 것임에도 불구하고 실제의 현실 속에서 '자연'과 '역사'는 끊임없이 혼동되며, 그 자연스러움 속에는 이데올로기적 남용이 감추어져 있다는 것이다.[16) 이 자명성과 자연스러움의 실체는 '탈정치화된 의미작용'에 다름아니다.[17) 바르트는 이데올로기라는 말 대신에 신화라는 개념을 사용하는데, 여기에는 몇 가지 이유가 있다. 우선 바르트에 있어 신화는 명백히 언어이기 때문에 기호학의 대상으로 정의된다. 즉 기호학적 체계에 의해 지배되지만, 어떤 대상, 즉 언어를 점령함으로써 기호학적 체계는 신화가 되는 것이다. 바르트가 제시하는 신화의 기호학적 체계는 사실 단순한 2차 의미화 혹은 함축의미에 지나지 않는 것이지만, 바르트는 이러한 의미의 분화 자체를 신화로 간주한다. 그 이유는 신화는 일차언어를 대상언어(langage-objet)로 하여 점령한 후 자연스러움의 상징을 만들어내기 때문이다. 이것은 바꾸어 말하면, 의미의 분화와 함축의미의 형성은 그 자체가 기호과정이 아니라 의미화의 과정이며, 이것은 곧 언어의 영역이 아닌 담론의 영역, 그리고 이데올로기의 영역임을 의미하는 것이다.

언어가 가진 중립성의 외양은 이데올로기 작용과 선택적인 친화성을 가지며, 이런 점에서 언어와 이데올로기를 경계짓는 것은 그리 쉬운 일이

을 보여준다.

15) 이것은 마치 소쉬르가 기표/기의의 결합을 자의적인 것으로 간주했던 것을 연상하게 한다.

16) R. Barthes, *Mythologies*, 1957년 서문, 정현 역, 『신화론』, 현대미학사, 1995.

17) R. Barthes, 1995: 70. 여기서 탈정치화란 조작성과 의도를 제거한 것처럼 보임으로써 자연스럽고 투명한 의미를 구성하는 것을 의미한다.

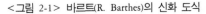
<그림 2-1> 바르트(R. Barthes)의 신화 도식

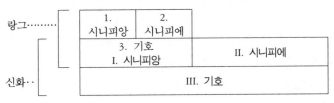

아니다. 이 연구는 권력적 언어작용과 관련이 있으며, 의미를 선택적으로 재현하는 담론을 이데올로기적 언어로 규정한다. 이러한 정의는 우상이라는 이데올로기의 고전적 관념을 보존함과 동시에 자연화하며, 자유의 외양을 띤 주체를 생산하는 이데올로기의 속성을 잘 보여줄 수 있다. 이런 규정을 따른다면 담론의 의미작용과 그 구조를 해부하는 작업은 곧 이데올로기 비판의 함의를 가지게 되는 것이다.

3) 화용의 정치학

언표[18]나 텍스트가 '무엇을 의미하는가', 그리고 그것은 참인가 거짓인가의 여부에 관심을 두는 것이 기존의, 특히 논리실증주의자들의 주된 관심이었다면, 오스틴(Austin)과 설(Searle)은 진술에 대한 진위 판별의 차원과는 다른, 말이 행위와 연결되어 있느냐 아니냐의 차원이 존재함을 논한다. 이것은 '말'한다는 사실이 말의 차원의 넘어 행위와 연결되어 있음을 밝혀주었다는 점에서 언어의 새로운 차원을 보여준다.

우선 오스틴은 진술문(constatives)과 수행문(performatives)을 구분한다. 진술문은 언표가 자신과 무관한 사실을 이야기할 경우를 말한다. 반면 수행문은 언표하면서 동시에 행위를 구성한다. 다음의 예를 보자.

---

18) 언어학적으로 언표란 대화상황에서 문장단위를 넘어서서 존재할 수 있는 발화자의 대화내용을 의미한다. 즉 상대방의 다음 발화를 위해 이루어지는 발화자의 발화내용이며, 이것은 언어학적 분석이 적용될 수 있는 가장 큰 단위라 할 수 있다.

(a) 창문이 열려 있다
(b) 회의를 시작합니다

'창문이 열려 있다'는 문장은 실제로 창문이 열려 있는가 아닌가의 진위가 관심이 되는 문장이다. 이것은 전형적인 진술문에 해당된다. 반면 '회의를 시작합니다'라는 문장은 두 가지 가능성을 가진다. 발화자가 회의의 의장이라면, 이 발화와 함께 회의가 실제 시작되므로, 이것은 언표와 함께 행위가 발생하는 수행문에 해당된다. 그러나 발화자가 회의의 개최에 영향을 미칠 수 있는 지위에 있지 않다면, 이것은 수행문의 형식을 취함에도 불구하고 사태의 변화를 가져오지 않는다. 이것은 수행문의 실패 상황이 된다.

이 두 경우는 무엇을 말해 주는가? 말함으로써 행위를 구성하는 수행문의 경우 그 발화자는 행위를 실현하거나 유발할 수 있는 권력을 지니고 있음을 보여준다. 이 때 발화는 그 발화자의 지위와 권력을 보여주는 한 지표에 다름 아니다. 진술문과 수행문의 구분은 일차적으로는 언어적 형식의 차이에 따른 것이지만,19) 그 차이는 절대적이지 않다. 다음의 경우를 보자.

(c) 창문이 열려 있다 (사건의 진술)
(d) 창문이 열려 있다 (행위의 요구)

(d)의 경우 상사와 부하직원이 모인 자리에서 상사가 부하직원에게 '창문이 열려 있다'고 발화한 경우, 이것은 창문이 열려 있는지의 여부를 진술하기 위한 발화가 아니라, '창을 닫아라'는 명령을 의미한다. 따라서 진술문과 수행문의 구분은 순수한 언어적인 것이라기보다는, 논리적이고 맥락적인 것이다.20) 수행문이 권력의 표현이라 해서 수행문 자체가 이데올

---

19) 오스틴은 수행문의 전형적인 언어적 형식을 일인칭, 단수, 현재, 직설법, 능동태로 제시한다(Austin, 1992: 25).
20) 오스틴도 수행문을 구성하는 동사들이 분류를 시도하지만, 이것이 어휘적 특성,

로기이거나 혹은 이데올로기적 작용을 하는 것은 아니다. 수행문은 단지
발화자의 위치, 즉 힘입고 있거나 기대고 있는 권위를 말해줄 뿐이다. 르
불(Reboul)은 따라서 순수한 수행문과 이데올로기적 수행문을 엄격히 구분
한다. 이데올로기적 수행문의 전형으로 르불은 1935년 '독일의 혈통과
명예의 존중을 위한 법'의 법률 초안을 제시한다(Reboul, 1994: 127-128).

> 독일 혈통의 순수성이 곧 독일 민족의 무궁함의 전제라는 확신을 깊이 인식하
> 고, 독일 민족의 장래를 보장하고자 하는 억누를 수 없는 의지에 고무된 제국의회
> 는 다음과 같은 법률을 만장일치로 채택했음을 이에 선포하는 바이다.
> 1. 유태인과 독일인 및 동화독일인과의 결혼을 금한다.
> 2. 유태인과 독일인 및 동화독일인과의 혼외관계를 금한다.

여기서 르불이 이데올로기적이라고 단언하는 부분은 이 괴상한 금지조
항들이 아니라, 금지조항을 이끌어내기 위해 사용된 전제들이다. 즉 독일
인=순수함, 유태인=불순함의 이데올로기적 전제들이 과학의 외양을 띠
고서 조항들을 정당화시키고 있다는 것이다. 이것은 뒤집어본다면, 순수
한 수행문 역시 존재할 수 없다는 것을 말해주는 것에 다름아니다. 앞서
보았던 예에서 '창문이 열려 있다'가 수행문이 되는 것은, 발화자와 수취
인에 있어 발화자의 언표가 명령이 되는 경우다. 이 언표가 연인 관계에
서 남자에 의해 이루어졌다면, 이것은 남자의 권위가 여성에 대한 명령을
정당화하는 이데올로기가 작동한 것에 다름아니다. 즉 진술문과 수행문의
구분이 논리적이고 맥락적인 문제였듯이, 순수한 수행문과 이데올로기적
수행문의 구분 역시 논리적이고 맥락적인 것에 불과하다.[21]
오스틴의 진술문과 수행문 구분은 언어와 언어 외적 효과와의 연결 가
능성을 제공함으로써 사회학적 분석의 가능성을 풍부히 제공하고 있다.
이 연구에서는 이 진술문과 수행문의 구분에 기초하여, 발화의 형식성이

즉 동사의 특성을 반영하는 것이 아니라는 점을 인정한다.
21) 이런 난점을 오스틴은 진술문과 수행문의 구분을 언어형식에서 찾으려 했다는
사실에 기인하는 것으로 본다. 그래서 오스틴은 결국 진술문과 수행문의 구분을
더 발전시켜, 언표적, 언표 내적, 언향적 발화의 세 가지로 구분하기에 이른다.

가지는 효과에 주목한다. 의미작용의 내용과 특정한 발화형식이 친화력을 가지며 결합되는 경향성이 존재한다. 그 결과 이런 결합에 의해 만들어지는 발화의 형식성은 언어의 한계를 넘어 사회적인 효과를 발생시킨다. 수행문의 언표는 오스틴이 밝히듯이 (영어의 경우) 특정한 동사들로 이루어지는 일인칭 현재 직설법의 형식을 띠는데, 이 수행문 문장은 권력적 언표들, 즉 이데올로기적 언표에 있어 항상 발견되고 반복된다. 르불은 이런 이데올로기적 언표가 현실에 대해 개입함으로써 어떤 효과를 유도할 때 그것은 주문(呪文)이 된다고 한다. 주문은 '기호가 아무것도 할 수 없는 사물들에 대해 기호에 따라 행동하도록 만드는 것'으로, 물질적 세계와 인간적 세계(즉 발화자와 수취인) 사이의 혼동에 기초한다. 이 주문적 언표의 효과는 그것이 의도하는 그대로 현실을 변화시키는 데 있다기보다는, 주문이 가지는 형식성이 반복됨으로써 가지는 효과다. 예를 들면 노사협상에서 경영자 측은 항상 임금협상이 이루어지는 상황에서의 기업경제를 위기상황으로 공표한다. 이런 경영자의 태도가 노동자측의 순응을 가져올 수도 또 거센 반발을 불러일으킬 수도 있지만, 그러한 형식성 자체가 반복됨으로써 발화된 수행문 자체가 지배적인 발화 형식으로 수용되는 결과를 가져온다.[22]

이데올로기와 관련하여 대부분의 경우 수행문이 이데올로기가 되는 것은 언표가 행위로 실현되지 않음에도 불구하고 행위를 표현하는 경우다. '5년 이내에 세계 일류 회사가 될 것입니다' '반드시 시장점유율 1위를 탈환해야 할 것입니다' 등의 수행문은 행위실현을 미래로 유보하면서 그 언표의 실현과 상관없이, 말함으로써 행위를 유발하고자 한다. 언표의 실현은 발화자의 권력에 의해 직접 실현되는 것은 아니다. 그러나 이런 수행문 형식은 반복을 통해 권력적 언표의 정당성을 인정하고, 이데올로기적 수행문에 대한 청자의 거리감을 해소한다.[23]

---

22) "주술적인 표현은 일반적으로 제의적이다. 달리 말하면 효과를 거둘 수 있기 위해서는 그것은 반드시 인정되고 규정된 말로 행해져야 하는 것이다. …… 그것을 효력이 있도록 만들어주는 것은 전언의 형식이다(Reboul, 1994: 126)."

화행이론은 발화와 행위의 상호연관을 보여줌으로써 언어의 권력작용에 접근하고자 하는 시도로 확장될 수 있다. 그러나 단순한 진술문/수행문의 구분은 사회학적 함의를 가지지 못한다. 그 구분은 문장의 구성방식에 직접적으로 의존하기 때문에[24] 진술이냐 아니냐, 혹은 문장이 행위와 결합되느냐 아니냐의 여부만을 보여줄 뿐이다. 따라서 진술문/수행문 구분은 사회학적 의미로 확장될 필요가 있는데, 이것은 맥락(context)과의 연관 하에서 의미론적 검토와 화용 형식의 효과에 대한 동시적 고려를 통해서 가능해진다. 즉 어떤 문장이 의미론적으로 의도된 내용을 포함하며, 그것이 수행문의 문장 구성으로 이루어질 때 이것은 어떤 결과를 요구하는 권력적 표현이 된다. 그리고 이런 권력작용이 화용의 형식으로서 반복됨으로써 주술적 수행문이라는 형식성의 효과를 가져올 수 있게 된다.

화용의 형식성은 수용자에 대한 효과 분석과의 중요한 접점을 제공한다. 의미작용이 기호체계의 바탕 위에서 이루어지는 것과 유사하게, 특정한 의미내용은 그 화용형식과 친화적으로 결합된다. 이것은 의미를 구성하는 방식의 일관된 방향을 지시하며, 그럼으로써 대안적 의미화의 가능성을 체계적으로 배제한다. 바꾸어 말하면 지배담론은 의미작용을 수행함에 있어 그 전형적인 담론 형식을 지님을 의미하며,[25] 이런 화용형식이 수용자들에게서 체계적으로 발견된다면, 그것은 곧 지배담론의 효과성, 이데올로기의 효과성을 입증하는 중요한 증거가 된다고 할 수 있다.

---

23) "요컨대 이데올로기적 담론의 상투화된 양상들은 단순히 사고의 게으름에서 기인하는 것은 아니다. 그 양상들은 합리적인 것과 주술적인 것 사이의 중간지역에 자리잡고 있는 이데올로기적 담론의 매우 특수한 속성에 의해 강요되는 것이다"(Reboul, 1994: 127).

24) 오스틴은 수행문을 구성하는 판정, 약속, 행사 등에 관련된 전형적인 동사들의 목록을 제시하고 있다(Austin, 1992: 181-200).

25) 예를 들면 '품질'이라는 어휘는 '높이다' '개선해야 한다' 등의 술어와 결합되는 것이 경영담론의 전형적인 화용형식이라 할 수 있다.

3. 담론, 이데올로기, 주체

이데올로기는 지금까지 현실의 왜곡, 관념과 의식에 대한 지배, 억압적
이지 않은 지배 등을 포함하는 개념으로 이해되어왔다. 마르크스의 이데
올로기 개념은 토대와의 관계 속에서 상부구조가 가지는 비현실성을 주
목토록 하기 위한 인식론적 고안물이었다. 이데올로기는 사회 내 적극적
계기로서라기보다는, 물질적 현실에 의해 부정되어야 할 소멸의 계기로
인식되었다고 할 수 있다. 그 결과 이데올로기는 경멸적 의미에서 환상적
인 것에 불과하며, 그것을 이데올로기로 존재케 하는 물질적 제도로 환원
될 수 있는 것으로 이해되어왔던 것이다.26) 이런 이유 때문에 이데올로기
는 사회 내에 그 독자적인 존재 근거를 부여받지 못한다.27) 이데올로기를
의식과 관련시키는 이런 전통은 마르크스의 허위의식(false consciousness) 개
념에 그 연원을 둔다. 허위의식은 지배 이데올로기에 대한 노동자계급 의
식의 관계를 규정하는 개념이며, 여기에 대응되는 개념으로 진정한 노동
자계급 의식이 존재한다.

그러나 이데올로기는 단순히 의식의 차원에만 머물지는 않는다. 이글
턴(Eagleton)은 이데올로기가 사고, 의식, 담론, 기호, 사상, 문화 등 얼마나
자의적이고 또 다양한 의미로 사용되는지를 보여준다.28) 이글턴은 이런

---

26) 이런 인식은 『독일 이데올로기』에서 '허위의식'이라는 개념으로 제시된다. 이데
   올로기는 일반이익을 표상하며, 이것이 지배적 권력과 무관하게 현상한다는 점에
   서 허위적인 가상이라는 것이다.
27) 이데올로기(ideology)는 이론의 역사를 가지고 있다. 하지만 이런 이데올로기론의
   역사는 이데올로기의 역사성을 말해주지는 않는다. 이데올로기는 현실과의 연관
   속에서만 작용하므로 그 자체의 역사를 가질 수 없다고 보기 때문이다. 이데올로
   기의 역사에 대해서는 Althusser, 1991을 참조할 수 있다.
28) 이글턴이 요약하고 있는 이데올로기 개념의 용법은 다음과 같다. ① 사회생활에
   있어 의미, 기호, 가치의 생산과정, ② 특정한 사회집단, 혹은 계급에 특징적인 일
   련의 생각, ③ 지배적 정치 권력을 정당화하는 것을 돕는 사고, ④ 지배적 정치 권
   력을 정당화하는 것을 돕는 잘못된 사고, ⑤ 체계적으로 왜곡된 의사소통, ⑥ 개
   인 주체에 특정한 위치를 부여하는 것, ⑦ 사회적 이해에 의해 동기화되는 사고
   형태, ⑧ 정체성 사상, ⑨ 사회적으로 필요한 환영, ⑩ 담론과 권력의 결합, ⑪ 의

이데올로기 개념의 혼돈과 자의성을 보여준 후, 이데올로기가 가지는 최소한의 특징들을 추출함으로써 이 자의성들을 제거해가는 접근법을 취한다. 너무 포괄적인 개념은 결국 아무것도 설명해줄 수 없기 때문이다. 이런 방법은 이 연구에서도 유용하게 적용될 수 있을 것으로 여겨진다.

1) 권력과 이데올로기

이데올로기는 무엇보다 권력의 지배와 관련되며, 권력작용의 특별한 어떤 방식을 지시한다. 그람시는 이데올로기를 독립적인 주제로 다루고 있지는 않지만, 그의 헤게모니 개념은 정확히 이데올로기의 문제를 가리키고 있다. 헤게모니는 '지적이고 도덕적인 지배'로 이해되는데, 이것은 그람시의 이른바 '역의 문제의식(reverse problematic)' 즉 '무엇이 혁명을 가능하게 하는가'가 아니라 '무엇이 혁명을 가로막고, 자본주의를 재생산하는가'라는 질문 속에서 중요한 지위를 부여받는다. 국가의 지배는 억압적 지배와 헤게모니적 지배 양자를 포함하는데, 현대 자본주의는 헤게모니적 지배를 전면에 내세우고 '총칼로 무장한' 억압적 지배를 그 배후에 숨긴다. 헤게모니적 지배란 강제가 아니라 지도, 배제가 아닌 동의의 생산이다. 그 결과 나타나는 지배질서에 대한 인정을 헤게모니는 일시적인 것이 아닌, 자연적이고 정상적인 것으로 만든다. 이러한 작용은 권력의 지배가 잘못된 관념의 유포에 의존하기보다는, 피지배계급을 지배구조의 힘과 사회적 권위를 뒷받침해주는 핵심적 제도와 구조 속으로 편입시킴으로써 달성되도록 한다(Clarke et al., 1996: 219-220). 그람시의 문제의식은 마르크스주의 내에서 전통적인 토대/상부구조의 이원성과, 토대 환원론적인 인식을 극복하고자 하는 노력을 보여준다.

식적 사회 행위자들이 그들의 세계를 이해하는 매체, ⑫ 행동지향적 신념체계, ⑬ 언어적 및 현상적 현실의 혼동, ⑭ 기호적 닫힘, ⑮ 개인이 사회구조에 대한 관계를 체험하는 필수적 매체, ⑯ 사회생활이 자연적 현실로 전환되는 과정(T. Eagleton, 1994: 16).

알튀세르는 나아가 이데올로기의 사회적 기능에 주목한다.[29] 그 결과
이데올로기는 자본주의의 재생산에 핵심적인 사회적인 계기로 수용된다.
(생산력과 생산관계를 포함한) 사회(구성체)는 생산을 수행함과 동시에 생산조
건을 재생산해야만 지속될 수 있는데, 이 재생산은 생산의 과정 그 자체
에서 자동적으로 주어지지 않는다. 이데올로기는 이 재생산을 보증하는
수단으로 존재한다. 만약 권력이 그 자체로 충분히 억압적이어서 다른 수
단의 도움을 필요로 하지 않는다면, 이데올로기의 기능은 존재하지 않을
것이다.[30] 이데올로기는 생산력 재생산에 있어 노동력 재생산의 교육적
기능으로,[31] 그리고 생산관계 재생산에서 국가기구(ISA)를 통해 개입한다.

풀란차스(Poulantzas)는 부르주아 이데올로기의 특징으로, 그 담론에서
모든 지배계급의 흔적이 부재하다는 점을 지적한다. 즉 부르주아 이데올
로기는 자신을 완전히 권력에서 자유로운 것으로 제시하는 지배담론의
형태이며, 이것은 부르주아 사회가 억압적 기제보다는, 사회 전체의 일반
적 이해를 대변하는 것으로 자신을 제시하는 경향이 있음을 보여주는 것
이다. 부르주아 이데올로기의 이러한 권력의 숨김은 과학의 가면 뒤에 정
치적 이해를 은닉하는 특정한 형식을 취한다. 풀란차스의 이런 정식화는
알튀세르의 국가론(국가=억압적 국가기구+이데올로기적 국가기구)이 오해되는
데 대한 이론적 수정이지만, 다소 과민한 반응으로 보인다.[32]

---

29) 이것은 흔히 구분하는, 중기 알튀세르에 해당된다. 초기 알튀세르는 이데올로기
에 대비되는 과학을 주장하며, 인식론적 단절을 강조한다.

30) 즉 이데올로기는 도전들에 저항할 수 있는 메카니즘에 다름아니다(Dant, 1991:
76).

31) "노동력 재생산은 노동력의 기술 재생산을 필요로 할 뿐만 아니라, 그와 동시에
기존 질서의 규칙들에 대한 노동력의 복종심 재생산도 필요로 한다. 즉 노동자들
의 지배 이데올로기에 대한 복종심 재생산 및 억압과 착취, 행위자들의 지배 이데
올로기에 대한 올바른 조작능력의 재생산도 필요로 한다는 뜻이다(Althusser,
1991: 140)."

32) 풀란차스는 이데올로기적 국가기구 개념이 무엇을 은폐하고 조작하기 위해 국가
가 일관된 지배담론을 생산한다는 관념을 내포하는 것으로 보지만, 알튀세르에 있
어 국가는 이미 계급의 이해관계가 충돌하는 장으로 개념화되기 때문에, 이런 반
응은 다소 과장된 것이라 할 수 있다. Poulantzas, 1994.

즉 이데올로기는 권력의 억압적 지배의 또다른 측면, 억압적이지 않은 지배 속에서 작동하는 사회적 기능의 하나이며, 권력의 작용을 숨기고 스스로를 보편적인 이해를 대변하는 것으로 주장하는 지배방식이다.[33] 그런데 알튀세르에 있어 이러한 이데올로기의 사회적 기능은 풀란차스가 지적하고 있듯이 (이데올로기적 국가기구의 존재에도 불구하고) '국가의 기능'이 아니다. 그렇다면 국가가 의식적으로 이데올로기적 수단을 동원하는 것이 아니면서 동시에 이데올로기가 사회의 재생산에 필수적인 계기로 존재하게 되는, 이 양자의 괴리를 어떻게 메울 것인가? 이 모순적인 진술은 이데올로기와 주체의 관계를 특정한 방식으로 설정함으로써 해결된다.

2) 이데올로기와 주체 구성

이데올로기가 끊임없이 의식이나 관념, 세계관이나 허위의식 등으로 이해되는 것은 결국 이데올로기가 이데올로기 내 개인들에 대해 가지는 효과의 특성에 기인하는 것으로 볼 수 있다. 알튀세르는 이를 2가지 명제로 집약하는데, 하나는 "이데올로기는 개인과 개인의 실제조건과의 가상적인 관계를 표현한 것"이라는 명제, 또다른 하나는 "이데올로기는 주체인 개인을 호명한다"는 명제가 그것이다. 첫번째 명제를 통해 알튀세르는 사람들이 이데올로기 속에서, 즉 가상적으로 체험된 인간과 세계의 관계 속에서 존재한다는 사실을 지적한다. 사람들이 생각하는 세계가 환상일 수도 실재일 수도 있지만, 중요한 것은 사람들이 그런 세계상을 갖게 되는 것은 가상적인 관계를 통해서다.[34] 즉 이데올로기는 "개념, 관념, 신화

---

33) 하버마스는 이데올로기가 "현대 과학의 외투를 입고 나타남으로써, 그리고 (형이상학적 체계라는 의미에서) 이데올로기 비판으로부터 그들의 정당성을 도출함으로써, 전통적인 권력의 정당화를 대체한다"고 지적한다(Habermas, 1970: 99).

34) 단적인 예를 들면, '경쟁회사와의 경쟁에서 이겨야 한다'는 경영자의 주장은, 경쟁관계라는 가상적 관계를 통해 노동자-회사-경쟁회사의 위치에 대한 인식을 부여한다. 두 기업의 관계가 실제로 경쟁적인가의 여부와 관계없이, 노동자들은 경쟁회사와 소속회사의 관계를 '가상적으로' 인식하게 된다.

혹은 이미지들로 구성되는 재현 체계(representation systems)"로, 이를 통해
인간들은 현실의 존재조건과 상상적 관계를 맺고 산다(Hall, 1996: 82). 따
라서 "인간을 형성시키고 그들의 존재조건의 요구에 부응할 수 있게 만
들기 위해서는 모든 사회에 (대중의 표상체계인) 이데올로기가 필수불가결"
한 것이다. 두번째 명제의 호명은 이데올로기의 생산성을 말해준다. 호명
(interpellation)은 개인을 '주체'로 만든다. 이것은 일종의 동일시 과정으로,
호명을 통해 개인은 사회 내의 특정 위치로 자연스럽게 편입되도록 하며
그렇게 함으로써 구성되는 주체와 사회의 관계에서 이데올로기를 은폐한
다.[35]

개인을 주체로 변형시킴으로써 이데올로기는 개인으로 하여금 스스로
'자유롭게' 사고한다는 관념을 만든다. 이 '자유로운 개인'은 이데올로기
의 호명을 통해 구성된 주체의 형태일 뿐이다. 호명의 주체는 이른바 주
체(subject)에 대비되는 대주체(Subject)로, 주체로 호명된 개인들은 신, 법,
동료관계, 가족 등의 대주체에 실질적으로 예속됨에도 불구하고 그 속에
서 자유롭다고 느낀다. 이데올로기는 은폐되는 것이 아니라 밝은 곳에 드
러나며, 드러남으로써 자연화된다.[36] 이데올로기가 자연화될 수 있는 것
은 그것이 인간들에게 '의식'되는 것이 아니라 마치 공기나 물처럼 무의
식적으로 '경험'되기 때문이다. 즉 이데올로기는 인간을 대상화시키고, 그
것에 대해 외부로부터 작용하는 것이 아니라, 이데올로기 내에서 인간을
주체로 형성해낸다. 이때 이데올로기는 스스로를 일반 이해의 구현으로
가장하고, 그렇게 함으로써 존재의 정당성을 확보한다.

그렇다면 이러한 알튀세르적인 이데올로기와 주체의 이론화는 무엇을

---

35) 호명이 동일시로 치환되는 논리는 많은 비판을 낳았다. 페쇄(Pecheux)는 이 동일
    시 테제를 비판하면서 호명에 의한 이데올로기 구성방식을 동일시, 역동일시, 비
    동일시의 세 가지로 구분한다. Pecheux, 1975.
36) "이데올로기는 숨겨진 것이나 가려진 것이 아니라 매우 개방되고 명백히 현재적
    인 것, 즉 '표면에서 만인이 주목하는 가운데 발생하는 것(이다.) …… 숨겨지고,
    억압되고, 시야에서 굴절되는 것은 그것의 실재적 기초다. 이것이 그 '무의식'의
    원천이며 혹은 터전인 것이다(Hall, 1983: 209)."

지시하고 있는가? 그 첫번째 지점은 이성적 주체 개념의 해체다. 주체와 (인식장애인) 우상(idola)의 관계는 역전되어, 이데올로기의 생산성이 주체를 구성한다. 따라서 관심은 주체에 대한 분석적 이해가 아니라, 주체를 구성하는 이데올로기를 비판하고 해체하는 것이 되어야 한다. 그러나 이 이데올로기 비판은 현실 수준에서 가능한 것이 아니다. 이데올로기가 호명하는 주체는 역사적 개인이 아닌, '나'로 존재하는 발화의 주체인데, 이것은 이데올로기적 담론이 개인을 담론의 주체로 구성하기 때문이다. 개인이 발화의 주체인 한 스스로를 자유로운 주체로 여긴다. 그러나 주체의 발화는 이데올로기의 생산성의 결과이며, 이런 의미에서 이데올로기 비판은 담론의 수준에서 비로소 가능해진다.

두번째로, 주체가 이데올로기 속에서 구성됨에도 불구하고, 주체는 빈 공간이 아니다. 이것은 이데올로기가 하나가 아니라는 사실을 말한다. 주체의 구성과정은 "권력이 그 표적이 되는 주체의 자발적 순응"을 의도하는 과정이다. 따라서 주체는 그 자신에게뿐만 아니라 조직(의 권력)에 대해서도 끊임없이 개방되어 있고, 협상되고 또 재협상되며, 정의와 재정의의 과정을 반복한다(Collinson, 1992: 31). 그리고 이 과정은 담론적 실천의 형태로 드러난다. 즉 언표와 의미화의 과정은 곧 주체를 둘러싼 협상의 과정이라 할 수 있다(Casey, 1995: 93; Hall, 1996: 76). 이데올로기적 담론들의 실천의 결과는 모순적이고 중층적인 발화의 결과로 나타난다. 주체의 발화가 가지는 이러한 모순성은 지배적 약호와 일탈해독의 문제, 지배담론과 저항담론, 수용자 문제 등의 이론적 쟁점으로 확대된다.

이데올로기의 물질성 테제는 또다른 가능성을 제공한다. 즉 이데올로기의 존재형태를 추상적 관념이나 행위양식이 아닌 다른 형태로 간주할 수 있는 가능성이 그것이다. 이데올로기의 물질성을 강조하는 동시에 그것의 본래적인 특징인 '의미'와 연관되어 있다는 관념을 보존할 수 있는 형태로서, 이데올로기를 담론적 혹은 기호적 현상으로 바라볼 수 있다(Eagleton, 1994: 264). 실제로 언어의 작용과 이데올로기의 작용은 많은 부분에서 닮은꼴을 이루고 있다. 일상적으로 경험되고, 중립적이며 일반화된 것으로 이해되는 점, 주체를 포섭하면서도 주체가 그것을 스스로 이용한다고 여기게 하는 점 등이 언어와 이데올로기가 공유하는 공통점이다.

이런 이유에서 이데올로기 분석 및 비판에 있어 담론이 점하는 지위는 매우 중요하다. 담론은 이데올로기가 현존하는 방식이자 재생산되는 통로이며, 동시에 언표적 힘의 행사를 통해 그 자체가 하나의 권력작용이 된다. 또한 담론은 이데올로기의 물질성을 담보하며, 자유로운 발화 주체를 구성하는 이데올로기의 공간이다. 담론분석이 이데올로기 분석과 깊이 연결되어 있는 것은 이런 담론과 이데올로기의 친화성을 반영하는 것이라 할 수 있다.

4. 담론과 담론 외부

어떤 사회적 현상이 의미작용을 내포하는 상징이나 기호로 이해될 수 있다는 사실은 자명한 것 같다. 예를 들면 자동차는 물리적 대상인 동시에 경제적 가치, 사회적 지위, 편리함이라는 상징, 속도라는 시대적 정신을 다의적으로 내포하는 기호체이다. 소쉬르는 언어와 사물의 연관을 절단함으로써 언어의 제국을 건설하고자 했지만, 실제적인 언어사용, 즉 2차 의미의 수준에서 여전히 언어는 사물과의 연관 하에 존재하게 된다. 여기서 기호와 현실의 경계, 나아가 담론과 현실의 경계에 대한 인식론적 논점이 제기된다. 그 하나는, 모든 사회적 현상이 기호적 현상으로 환원될 수 있음에도 불구하고, 그것을 실재와 동일한 것으로 간주하여 현실을 사상하는 것으로 이어지는 데에는 논리적 비약이 존재한다는 점이다. 현실에 대한 접근방법으로서의 환원과, 현실을 기호나 담론으로 대체하는 환원과는 구별되어야 한다. 마치 기호적 의미를 통해서만 사회적 사실이 현실화되는 것처럼 비약된 논리를 제시하는 이론들은 결국 사회의 실재성을 부정하는 것에 다름아니다.

이와 연관된 문제로서, 기호나 상징으로의 환원을 인정하더라도, 이러한 기호와 현실 간의 의사소통을 인정할 것인가 아닌가의 문제가 제기될 수 있다.[37] 여기에 대해서는 앞서 이미, 담론이라는 개념 자체가 언표를 순수 언어적인 현상으로 취급하는 언어학적 전통에 대한 비판의 의미를 담고 있으며 언어의 사회적 성격 혹은 구속성을 강조한다는 사실을 지적한 바 있다. 하지만 이것은 상당히 논란의 여지가 있는 것인데, 나는 이 문제를 담론과 사회 혹은 담론과 그 외부라는 문제설정으로 이해하고자 한다. 내가 사용하고자 하는 '담론 외부'라는 개념은 담론이 언어적 한계 속에 머물지 않으며, 비언어적 현실과의 연관 하에 있음을 지적하기 위해 고안된 것이다. 즉 담론 외부는 담론과 연관되어 있는 사회적인 혹은 비담론적 실재를 지칭한다.

언어현상을 언어 내적인 것에 한정하느냐 아니면 언어 외적인 현상과 연결시키느냐, 즉 내적 언어학과 외적 언어학은 사회언어학적 접근을 가르는 중요한 기준이 되어왔다. 예를 들면 라보프(Labov)는 언어학자를 '사회적' 그룹과 '탈사회적' 그룹으로 구분하며, 사회적 그룹의 특징을 "언어의 사회적 요인을 강조하고 언어의 지시적 기능뿐만 아니라 표현적·사회적 기능에도 관심을 가지며, 언어의 다양성, 언어의 접촉 등을 중시하는 것이라고 지적한다.[38] 또한 화용론은 맥락[39]에 대한 이해를 통해 담론

---

37) 에코는 이 경계를 다음과 같은 은유로 표현한다. "① 바다의 표면, 이곳에서는 물분자의 끊임없는 운동과 수면 아래의 흐름의 상호작용과 관계없이 바다라고 불리는 어떤 평균적인 결과적 형태가 있다. 또는 ② 조심스럽게 짜인 조경, 이곳에서는 인간의 간여가 정착·거주·재배·운하 등으로 끊임없는 변화를 준다. 우리가 만약 이 책의 배면에 있는 두번째 가설을 받아들인다면 우리는 기호학적 접근의 다른 조건을 역시 받아들이지 않으면 안된다. 그 접근은 배가 지나가자마자 항적이 사라져버리는 그와 같은 바다의 탐사와는 같지 않다. 오히려 차바퀴 자국과 발자국이 탐사된 경치를 수정해놓은 삼림을 보다 더 닮은 것이다. 그래서 탐사자들의 경치에 대해 이룩해놓은 서술은 탐사자가 만들어놓은 생태학적 변화를 고려해 넣어야 한다(Eco, 1996: 38)."
38) Labov, 1972: 264; 이익섭, 1994: 23에서 재인용.
39) 맥락이란 야콥슨(R. Jakobson)의 언어활동 도식에서 주변세계를 지향하는 기능을 말한다. 일반적으로 맥락이란 화자와 청자를 포함한, 대화가 발생하는 상황 전체를 지칭한다. 반 다이크는 맥락을 "담론의 생산 및 수용에 관계된 사회적 상황의

의 언어적 한계를 벗어난다. 예컨대 10년 동안 정시 출근한 직원에게 포
상을 하면서 직원들에게 이 사람을 본보기로 삼을 것을 권유했다면, 이
정시출근에 대한 의미화는 그 수취인의 위치에 따라 전혀 상반된 의미로
수용될 수 있다.

> 정시 출근 = 치밀함 = 좋음(white collar)
> 정시 출근 = 여성적 = 나쁨(blue collar)

10년 동안의 정시 출근은 물론 치밀함 외에도 성실함이나 지독함 등의
의미로 받아들여질 수 있다. 그리고 이런 다른 의미화들 역시 치밀함의
의미와 상식적으로 연결되어 있다. 그러나 이것이 블루 칼라에 대해 '여
성적이고 나쁜' 것으로 의미화되는 것은 언어 일반의 약호 하에서는 결코
이해되지 않는다. 화이트칼라 집단과 블루칼라 집단의 관계, 그 속에서
블루칼라가 스스로 의미를 주체화하는 방식, 정시 출근의 독려라는 권력
작용에 대한 수용자 태도의 문제 등이 고려되지 않는다면, 이 의미화는
결국 전달의 실패로 귀결될 수밖에 없을 것이다.[40] 따라서 특정한 방식으
로 의미화되는 약호체계, 즉 의미화와 해석의 체계가 담론의 의미작용에
연관되어 있음을 알게 되며, 이런 해석의 상황을 규정하는 것이 바로 맥
락이라는 것을 알 수 있다.

　여기서 부르디외(Bourdieu)를 인용하는 것이 도움이 된다. 부르디외는

모든 속성들의 구조"라고 정의한다(T. van Dijk, 1997: 19).
40) 비육체노동자와의 관계 속에서 육체노동자들이 자기 정체성을 정립하고 표현한
　다는 사실은 많은 연구들에 의해 지적된 바 있다. 윌리스는 노동자계급 자녀들이
　학교의 모범생들(즉 미래의 비육체노동자들)과의 구별짓기를 통해 노동자적 정체
　성을 형성해간다는 사실을 지적하였고, 콜린슨은 작업장 내에서 노동자계급은 'yes
　man' 혹은 'bad man'인 관리자에 대비되는 사나이(macho) 정체성을 강화한다는
　사실을 밝히고 있다(Willis, 1989; Collinson, 1992). 또한 우리 사회의 경우 육체노
　동자들이 스스로를 비육체노동자에 비해 활력수준이 높고, 또 비육체노동자들은
　육체노동자들에 대해 낮은 신뢰를 보인다는 연구결과가 제시된 바 있다(신유근,
　1995).

의미작용과 관련하여 세 가지를 지적하고 있다. 첫째, '의미'는 언어생산물의 안정적 혹은 불변적 속성이라기보다는 다양한 수용조건에 의해, 동시에 다양한 생산조건에 의해서도 구성되는 다차원적이고 유동적인 현상이다. 둘째, 의미는 낱말 뜻으로 환원될 수 없지만 그럼에도 불구하고 의미는 언어생산물이 가진 특정한 구조적 특성들에 의해 매개된다. 셋째, 언어생산물은 분절구조를 가진, 사회적·역사적으로 특수한 구성물일 뿐아니라 무언가에 대해 어떠하다고 주장하는 표현이다. 그리고 해석을 통해 포착되어야 할 것은 주장되고 있는 것(내용)과 함께 그 표현이 나타내고자 하는 바이다(Bourdieu, 1992: 78-79). 그는 이 세 가지 테제를 통해 의미의 내용과 형식이 그 의미가 담겨지는 언어생산물, 즉 담론 텍스트 내에 한정되지는 않는다는 사실을 주장한다. 부르디외는 이를 통해 언어학및 포스트주의의 담론이론에 대한 사회중심적 언어이론을 그 대안으로제시하고자 하는 것이다.[41]

담론과 담론 외부의 관계에 관련한 가장 직접적인 논점은 담론과 제도와의 관계에 대한 것이라 할 수 있다. 페어클라우(Fairclough)는 담론이 명백히 제도변화의 산물이라는 관념을 견지한다. 담론의 기술화(technologisation of discourse)로 개념화되는 기업의 변화는 "담론적 실천의 영역들이 회로 혹은 연결망으로 구성되어 조직 내에 배태되는 현상, 즉 특별한 형태의 담론이 조직 내에 제도화되는 현상"을 의미한다. 1980년대 이후 두드러진 담론적 실천의 특별한 형태들을 그는 다음의 세 가지 형태로 요약한다. 첫째, 작업장이나 제도의 담론적 실천들에 대한 조사, 둘째, 제도적 전략과 목적에 맞게 담론적 실천을 고안하는 것, 셋째, 그런 고안된 담론 실천에 따라개인을 훈련시키는 것 등이다. 이런 변화의 주된 현상은 이른바 담론기술

---

41) 그러나 부르디외는 담론이나 화행(speech act)을 사회적인 것으로 환원하는 경향이 있다. 그래서 담론의 권력적 특성보다는 담론이 가지는 권력의 사회적 원인(즉 자본)에 더 관심을 기울인다. 예를 들면 "화행은 특수한 결과를 얻기 위해 다양한 자본(경제자본, 문화자본 등)을 활용하는 행위이므로, 자원활용의 방식에 대한 분석으로 나아가야 한다(Bourdieu, 1992: 84)."

자의 출현이다. 담론의 기술화는 전문가로서의 담론기술자의 출현, 담론실천의 규율(policing), 상황맥락과 무관한 담론기술의 고안·기획(즉 담론 자체의 자율화와 전문화), 전략적으로 구성되는 가상의 담론(simulation), 담론의 표준화를 지향하는 추동력 등 다섯 가지 특징을 가진다(Fairclough, 1996: 75).

페어클라우는 이런 특별한 담론적 현상이 1980년대 이후의 사회경제적 변화와 직접적으로 연결되어 있다고 본다. 무엇보다 포스트포드주의적 변화의 핵심인 팀작업(team work)의 도입에 따라 성원간 의사소통 기술의 형성이 무엇보다 필요해졌다는 점이 그 첫번째 이유다. 성원의 자발성의 동원과 새로운 문화적 패러다임의 도입은 담론적 실천의 중요성을 부각시킴과 아울러 새로운 형태의 담론 구성이 요구되었다는 것이다. 이런 담론적 실천의 전문가로 담론기술자들이 등장한다. 두번째 이유는 작업 자체의 변화에 기인한다. 반숙련 및 미숙련 노동력에 기초하던 포드주의적 단순반복작업이 다소 전문화된 노동력 형태로 변화함에 따라 단순통제로부터 의사소통에 기초한 관리로 이행해야 할 필요가 제기되었고, 담론의 기술화는 이런 요구를 충족시켜주는 중요한 수단이 된다는 것이다.[42]

나아가 이런 변화는 작업장 내 문화의 변화와도 연결되어 있다. 이 변화는 두 방향으로 이해되는데, 첫째는 노동자-관리자 간 '참여적 혹은 평등주의적 방향(participatory or egalitarian direction)'으로의 변화로, 위계의 감소, 수평적 기업구조로의 변모 등이 이에 해당된다.[43] 두번째는 제도-개인(client), 가르치는 사람-가르침을 받는 사람의 관계가 미디어에 의해 결합되는 방향이다. 이것은 모두 원자화, 개인화된 작업장 주체를 자율적이

---

42) 포스트 포드주의적 작업 형태로의 변화는 다소 논쟁적인 주제다. 동일한 변화를 네오 포드주의, 유연적 포드주의 등으로 이해하는 상반된 시각도 존재한다. 이에 대해서는 Allen, 1992를 참조하시오.

43) 물론 이 변화가 전적으로 평등주의적 방향을 지향하는 것은 아니다. 그 병리적 결과 역시 가능한데, 페어클라우는 그 한 형태로 진실성의 위기(crisis of sincerity)가 초래될 수 있음을 지적한다. 이것은 자연적, 일상적, 비공식적 등의 담론적 가치가 실제적인지 아니면 가상의 것인지(simulated)에 대한 구분이 모호해지는 상황의 발생을 의미한다(Fairclough, 1996: 77).

고, 자기 동기부여적이며, 스스로 방향을 조정하는 주체로의 변화방향을
지시하고 있다.

　이런 담론적 실천의 결과는 일종의 딜레마적 상황으로 나타난다. 경영
담론에 대해 주체들은 이를 수용하고 순응하는 동시에, 자신의 정체성을
보존하려는 노력을 병행한다. 이것의 결과가 바로 모순적이고 이질적인
텍스트(heterogeneity of the text)로 나타난다. 즉 씌어진 텍스트는 설득을 지
향하지만 그 외양은 단순히 정보를 전달하는 것처럼 현상한다. 이런 이질
성은 주체와의 타협을 통해 만들어진 결과를 반영하는 것이다.[44]

　이상의 논의를 통해 볼 때 담론이 언어적 한계 내에만 머물지는 않는
다는 사실은 충분히 밝혀진 것 같다. 그러나 포스트주의적 담론이론에 대
한 역편향으로서 담론의 사회적 및 제도적 결정을 강조하는 부르디외나
페어클라우의 논의는 담론이 가지는 힘과 효과를 의미축소하고, 담론의
영역이 지니는 특수성을 단순화시킨다는 비판을 면하기 어렵다. 이 연구
는 담론 외부의 존재를 전제하지만, 담론공간의 특성, 그것이 지니는 효
과에 보다 주목한다. 기업공간에서 더욱더 현재화되고 있는 언어 및 상징
의 역할을 이해하기 위해서는 담론 자체를 독자적인 연구대상으로 설정
할 것이 요구되기 때문이다. 담론이 담론 외부와 어떤 연관을 맺고 있는
가는 중요한 연구대상으로 성립할 수 있지만, 이 연구에서는 다루지 않는
다. 이 연구는 다만 이러한 연관성을 승인하고 또 전제하면서 경영담론
및 노동자 수용을 분석한다는 점을 밝힌다.

---

44) "이런 모든 경우 사람들은 담론을, 변화라는 문제적인 상황 하에서 자신의 정체
　성과 관계를 협상하기 위한 하나의 매개체(medium)로 사용한다." 페어클라우는
　이런 한 예로, 대학의 입학 안내서에서 상품으로서의 대학 수강과정을 팔기 위한
　상품설명과, 전문적 기관으로서의 대학 정체성을 지키려는 노력이 그 텍스트에 혼
　재되어 있음을 지적하고 있다.

5. 담론과 수용자

전달의 기호론에서 수용자는 전달자와 메시지의 함수로 이해된다. 즉
전달자가 어떤 의도를 메시지에 담고자 하며, 그 메시지가 어떻게 표현되
는가가 수용자 태도를 결정하는 두 요인으로 가정된다. 이런 점에서 수용
자는 피동적인 대상으로만 존재할 뿐이다. 발신자와 수신자의 일방적인
관계를 가정하는 것은 특히 커뮤니케이션 연구에서 일반적이다. 매체 연
구에서 수용자에 대한 관심은 대부분 이해시키기와 즐거움을 주기, 교육
시키기 등의 조작(manipulation)과 관련되어 있다. 이를 통해 수용자를 '정
복'하는 것이 매체의 사명이 된다. 수용자가 어떤 개인들로 구성되며 어
떤 특성을 가지는가는 오직 시청률이나 청취율과 관련될 때만 의미를 가
지며, 결국 조작의 대상으로 객체화될 뿐이다.[45]

<그림 2-2> 야콥슨(R. Jakobson)의 메시지 전달 모델

이러한 메시지 전달모델은 수용자의 특성을 사상하고 메시지 전달 과
정을 전달자와 수신자 모두에게 투명하게 이해되는 것으로 가정함으로써
실제 수용이 이루어지는 과정에서 나타나는 편차들을 제대로 이해할 수
없다.[46] 메시지는 그 속에 담겨진 의미 자체에 의해 실현되는 것이 아니

---

45) "분류집단으로서의 수용자는 그들이 소비자로 정의되든 시민으로 정의되든 지극
   히 비인간화된다. 그들은 개성을 가진 개인이나 사회 주체로 여겨지는 것이 아니
   라 대상화된 전체(시장 또는 공중) 내에서 줄 세워진 한 부분으로서의 지위를 부
   여받는다(Ien Ang, 1998: 51)."
46) "(광고) 커뮤니케이션 현상은 발화 근원지로부터 수신자에게로의 단순한 송달로
   축소될 수 없다. 게다가 이런 관점은 수신자를 조작 가능한 것으로 대상화하여,

라, 수용자에게 전달됨으로써 실현되는 것이며, 그 실현은 수용자와의 상호작용 속에서 이루어지는 것이다. 이런 이유에서 수용의 측면에 대한 연구가 최근 강조되고 있다.[47] 특히 문화연구의 최근 경향인 수용자 연구는 미디어 텍스트를 하나 혹은 여러 개의 담론으로 구성되어 있는 복잡한 담론으로 간주하며, 동시에 해독자의 의식 또한 유사하게 그 자신의 사회적 경험을 의미화하는 일련의 담론으로 구성된 것으로 본다. 텍스트의 해독은 바로 텍스트의 담론과 해독자의 담론 사이에 일어나는 일종의 대화와 유사한 것으로 볼 수 있다는 것이다(박명진, 1995: 163).

메시지의 생산과 수용자의 독해에 대한 홀(Hall)의 연구는 수용자론의 한 전환점을 이룬다.[48] 홀에 의하면 메시지가 효과를 갖기 위해서는 수용되는 과정을 통해 번역, 즉 변형되어야 한다. 이때 수용자들에게 효과를 미치는 것은 본래의 메시지가 아니라 해독된 의미들이다. 이런 과정을 홀은 <그림 2-3>의 부호화/해독(encoding/decoding) 모델로 제시한다. 이 모델은 전달자와 수용자 모두 특정한 지식적·경험적 그리고 사회적 토대 위에서 상호적인 의미작용을 수행한다고 가정하고 있다.

여기서 의미구조 1과 의미구조 2는 각각 전달자와 수용자가 근거하는 의미규칙을 지칭한다. 전달자는 기술적 하부구조와 생산관계, 그리고 지식의 틀을 기반으로 생성된 정보들을 의미구조 1 내에서 부호화하여 의미

그 전달의 관계를 (광고) 발화자로부터 수신자에게 미치는 효과의 관점에서 연구하고, 결국 어떻게 하면 커뮤니케이션의 성공률을 높일 수 있을까만을 연구한다" (김영숙, 1999: 263).

47) 메시지 전달 모델에 대한 비판은 두 가지 방향에서 이루어진다. 하나는 전달의 기호론에 대비되는 의미작용의 기호론을 강조하는 입장이며, 다른 하나는 수동적 수용자론이 아닌 능동적이고 주체적인 수용자를 강조하는 견해들이다. 의미작용의 기호론은 메시지(텍스트)의 다의성을 보다 강조하는 경향이 있으며, 주체적 수용자론은 수용자의 주체적 독해에 주목한다. 전달의 기호론과 의미작용의 기호론에 대해서는 소두영(1993), 그리고 문화적 수용자론에 대해서는 Hall(1980), Fske(1986) 등을 참조할 수 있다.

48) S. Hall, "Encoding/Decoding", 임영호 역, 「기호화와 기호해독」, 임영호 편역, 『스튜어트 홀의 문화이론』, 한나래, 1996.

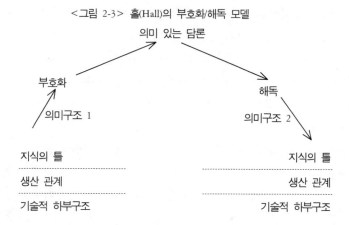

<그림 2-3> 홀(Hall)의 부호화/해독 모델

있는 담론, 즉 메시지를 생성시키며, 마찬가지로 수용자는 의미구조 2 내의 규칙에 따라 이 메시지를 해독한다. 여기서 중요한 것은 의미구조 1과 의미구조 2는 완전히 같을 수도, 또 완전히 다를 수도 있다는 점이다.[49] 부호화와 해독에 의해 메시지는 다양한 방식으로 수용될 수 있는데, 홀은 이것을 세 경우로 요약한다. 첫번째는 지배적·헤게모니적(dominant-hegemonic) 입장으로, 메시지의 내포적 의미를 완전히 받아들이고 부호화의 의미구조에 따라 메시지를 해독하는 경우다. 두번째는 타협적인(negotiated) 입장으로, 지배적 의미구조에 대한 순응과 저항이 혼재된 경우를 말한다. 이런 해독의 입장에서는 상황적 논리가 크게 작용한다. 마지막으로 메시지를 완전히 반대로 해독하는 대항적(oppositional) 의미구조의 입장이 있다.

그러나 홀의 수용자 모델은 매우 추상적일 뿐 아니라, 수용자의 의미구조에 대해 과도한 자율성을 부여하고 있다는 문제점을 가진다.[50] 메시지

---

49) 이 가정은 사회의 중립적 언어와 일반 언어를 가정하는 소쉬르의 견해와는 정면으로 배치되는 것이다. 의미구조 개념은 언어학에서 의미생성의 규칙인 약호(code) 개념에 해당되는 것인데, 이 약호가 전달관계에서 서로 다를 수 있다는 가정은 메시지 전달 자체가 순수한 언어적 규칙의 경계를 넘어서서 이루어짐을 의미한다.
50) 실상 홀의 이 기념비적인 논문은 문화연구의 신수정주의적 경향을 가져온 결정적인 계기가 되었다. 신수정주의적 경향은 마르크스주의의 중요 원칙들, 즉 노동

의 수용이 이루어지는 일반적인 상황은 권력작용의 상황이며, 따라서 부
과되는 메시지와 그 의미의 약호들로부터 수용자는 완전히 자유로울 수
는 없다. 텔레비전의 뉴스가 전달되는 상황을 가정해보면, 뉴스를 생산하
고 전달하는 방송 생산자의 의미구조는 개별 수용자들에 대한 의미구조
에 대한 이해를 전제하고, 그것에 어떤 영향을 미치기 위한, 예컨대 보다
자극적인 제목을 붙이는 등의 작용이 부가된다. 이것은 메시지 생산자의
의미구조와 수용자의 의미구조가 동등한 차원에 존재하지 않음을 의미하
며, 수용자는 항상 생산자의 의미구조의 영향 하에 들게 됨을 보여주는
것이다. 즉 지배담론의 의미구조는 발신자와 수신자의 의미구조 모두를
포괄하고 있기 때문에, 수용자가 의미구조 1과 독립적인 의미구조 2를 가
질 가능성은 단지 이론적 가능성에만 그칠 뿐이다. 이것은 수용자들이 어
떤 해독체계 하에서 메시지를 해독하는가의 문제 이전에, 매체 텍스트가
지속적으로 지배적인 의미를 생산하고 이를 유포한다는 사실과 관련된다.
매체 텍스트의 생산성은 해독 이전에 이미 해독체계 자체를 생산한다고
보는 것이 타당하다.[51]

물론 텍스트의 생산성이 해독의 체계를 완전히 지배하는 것은 아니다.
이른바 일탈해독(aberrant decoding)의 가능성도 존재하기 때문이다. 일탈해
독이란 메시지를 구성하는 약호에 근거한 해독이 아닌 자기 나름의 약호
에 근거하여 해독이 이루어지는 경우를 말한다. 예를 들면 외국인이 낯선
타국 문화를 접하였을 때나 메시지 전달자와 수용자 간의 간극이 클 때
등이다. 약호이론은 해독의 약호가 다중적일 수 있음을 지적하고 있다.

일탈해독의 가능성을 인정하더라도, 이것이 얼마나 가능하며 일반적인

자 중심성, 생산의 선차성, 국가소멸의 문제 등을 전면적으로 폐기하는 경향들을
지칭한다. 영국의 신수정주의적 경향에서 대해서는 Miliband, 1985를 참조할 수
있다.

51) 이것은 상징조작이나 이데올로기적 의미의 전이와는 다른 것이다. 예를 들면 신
문의 1면 기사는 '가장 중요한 기사'라는 신문독해의 형식을 체계화한다. 1980년
대에 자주 발견되는, 노동자들의 대규모 집회가 사회면 작은 기사로 실리는 기사
배치는 이런 독해방식을 강제함으로써 사건의 중요성을 상대적으로 축소시킨다.

가에 대한 평가는 상당히 엇갈린다. 에코(Eco)는 대중 매체에서 수용자들은 메시지에 대해 자기만의 약호를 적용하기 때문에 일탈해독은 매우 일반적이라고 본다(Eco, 1972: 106). 반면 지배적인 메시지는 지배적 약호 속에서 작동하기 때문에, 일탈해독은 그 메시지의 주된 의미에서 벗어날 수 없다고 주장되기도 한다(Fowler, 1996: 7). 사실 이런 상반된 평가는 경험적 연구 결과를 반영하는 것이다. 그리고 또한 적용된 연구대상 텍스트의 차이도 고려해야만 한다.52) 무엇보다 언어학적 전제 하에서 본다면, 일탈해독은 의사소통의 실패를 가정할 수는 없다.53) 이런 점에서 일탈해독은 메시지의 다양한 의미작용 가능성을 지적하는 개념으로 보는 것이 타당할 것이다.

또한 수용자 연구에서 중요한 주제 중의 하나는 텍스트의 성격이 가지는 텍스트의 차별적인 생산성의 문제다. 예를 들면 방송광고의 수용자 연구는, 담론의 소재가 추상적이기보다는 일상적이고 구체적일수록 수용자의 이해를 높이고 인지도를 제고할 수 있다는 연구결과를 제시하고 있다.54) 즉 텍스트가 어떤 서술구조를 가지며 어떤 수사법을 활용하는가의 차이에 따른 텍스트의 차별적 효과가 존재한다는 것이다. 이런 사실은 텍스트의 성격과 수용자의 특성 간에 일정한 대응관계가 성립되며, 수용자에 대해 그 특성에 따른 선별적인 텍스트의 적용이라는 조작적 과정이 개

---

52) 즉 텍스트가 다의적이고 은유적일수록 그만큼 다양한 일탈해독의 가능성은 높아진다. 예를 들면 문학 텍스트에 대한 다양한 비평과 독해들이 존재하는 것은 텍스트의 특성에 기인하는 부분이 크다고 보아야 할 것이다.
53) 언어학적 가정은 언어가 의사소통의 수단이 되기 위해서는 약호에 대한 공유가 전제되어야 한다는 것이다.
54) 예를 들면 강헌두와 정진항(1985)은 공익광고에 대한 수용자 분석에서, 주제별 기억도, 호의도, 이해도, 적합성, 권장행동, 이행 의도 등의 항목에서 일상생활과 직접 관련이 있는 주제가, 추상적이고 구체적이지 못하며 정부홍보라는 인상을 주는 주제와 큰 차이를 보임을 밝히고 있다. 즉 일상생활과 직접 관련 있는 주제가 더 호의적이고 긍정적인 평가를 받고 있다(강헌두·정진항, 『공공광고의 주제와 내용에 대한 평가 연구—수용자의 실태와 행동에 미치는 영향을 중심으로』, 한국방송공사·서강대 언론연구소, 1985).

입될 수 있다는 사실을 보여주는 것이다. 특히 경영자와 노동자라는 특수한 계층관계에 있어 텍스트의 성격과 수용자 특성 간의 연관성은, 노동자를 수취인으로 하는 경영담론이 어떤 방식의 텍스트 구조를 이루고 있는가에 대한 유의미한 시사점을 제공해준다.

6. 맺는 말

담론은 다의적 공간 속에 존재한다. 담론은 단순한 사회적 반영물이나 추상물이 아닌 사회적 실체로, 언어 전략들이 구사되는 공간이자 그 자체로 하나의 사회적 힘으로 존재한다. 담론의 이러한 다의성은 일관된 이론체계의 형성으로부터 거리를 둔다[55]. 담론은 단순한 기호학의 대상으로 한정되지 않으며, 또한 이데올로기 분석과 등치될 수 없다. 그래서 이 연구는 기업 내 언어전략의 장이자 그 결과물로서의 경영담론과 노동자 수용에 대해 통제와 동의, 권력과 언어, 이데올로기, 담론 및 담론 효과로서의 수용이라는 연결된 여러 접점들을 지적하고자 하였다. 이러한 이론적 검토를 통해 동의와 통제라는 노동과정론의 관심은 이데올로기와 주체라는 문제영역을 경유하여, 담론과 주체 및 담론과 수용자라는 주제로 확장될 수 있음을 확인하였다.

기업의 언어전략은 순응적 주체의 구성, 이데올로기적 작용, 지배적 의미의 생산 등 기업 내에서 이루어지는 문화통합의 노력 가운데 핵심적인 역할을 수행하고 있다. 그렇기 때문에 기업공간에서 행사되는 언어 전략을 관심의 수면으로 부상시키고, 그 역학과 효과를 해명하는 작업이 요구된다. 이를 위한 담론분석은 제도적 변화를 반영하는 지표로서의 언어분석이 아닌, 언어적 현실 자체가 가지는 중요성에 주목할 필요가 있다.

그러기 위해서는 담론 내부에 대한 관심, 즉 텍스트의 내적 요소와 구

---

55) 예컨대 소쉬르는 기호는 항상 사회적, 개인적 의지를 어느 정도 벗어나며, 이것은 기호의 본질적 특징이라 지적한다(Saussure, 1990: 28).

조에 대한 관심도 필요하지만, 텍스트와 그 외부가 관계 맺는 방식에 대해서도 아울러 관심을 가져야 한다. 공간을 산포해 있는 담론은 결코 현실과 단절되어 있지 않기 때문이다. 따라서 기호학이나 담론이론과 같은 플라톤적인 관심은 또한 사회의 역학에 주목하는 사회학적 관심과 결합되어야 하는 것이다. 이 장에서는 이러한 학제적 결합에서 주목해야 할 이론적 쟁점들을 요약해본 셈이다. 아울러, 이후의 장들에서는 이러한 관심들을 경영담론의 구조, 그리고 이것이 수용자에게 미치는 담론효과라는 문제설정을 통해 살펴보고자 한다.

제3장 신화로서의 경영담론

1. 들어가는 말

기업은 사회의 중요한 물리적 범위를 차지하고 있고, 또 그 기능적 중요성에서도 사회 전체 질서와 긴밀한 관계 하에 놓여 있다(Dahrendorf, 1989: 311). 이것이 기업을 분석대상으로 하는 많은 연구들이 끊임없이 재생산되는 이유를 설명해준다. 하지만 기업을 언어공간으로 규정하는 연구들은 상대적으로 적은 것이 사실이다. 기업공간은 수많은 기호와 상징, 담론들로 가득 차 있다. 기업의 담론적 실천(discursive practice)은 경영기술과 마케팅, 업무지시와 전달, 기술적 지도, 업무 매뉴얼, 작업지시서, 직무기술서 등의 기술적 담론으로부터 사보(社報), 기업교육, 홍보물 등에 이르기까지 매우 다양한 형태를 취한다.[1] 이러한 모든 담론들이 고유한 약호

---

1) 브라운(Brown)은 기업에서 일반적으로 발견되는 담론의 형태를 세 가지로 구분하며, 이 담론은 노동자들에 대해 배타적인 권위를 행사하는 것으로 본다. 그것은 ① 조직 매뉴얼과 같은 명문화된 규약집, 정책이나 텍스트, ② 선호되는 전문어나 수사, 조직 가치 등을 접합하는 실천과 의례, ③ 시·공간, 근접한 관계나 제스처 등의 사용을 포함하는, 신체를 규율하는 관리의 규약 등이다(Brown, 1987). 그러나 브라운은 명백하게 표명된, 그리고 법이나 규칙과 같은 권위를 부여받은 담론들에만 분석을 한정하기 때문에, 경영담론의 은유적이고 이데올로기적인 효과를 파악하는 데에는 어려움이 있다.

<표 3-1> 사보의 열독률

구 분	빈 도 (%)
나오면 항상 본다	404(57.1)
가끔 보는 편이다	270(38.1)
별로 보지 않는다	31(4.4)
전혀 보지 않는다	3(0.4)
전 체	708(100)

속에서 의미들을 생산하고 있지만, 기업은 무엇보다 경영과 노동이라는 두 축에 의해 지탱되고 있기 때문에, 기업의 담론적 실천의 가장 중심에 있는 담론을 경영담론(managerial discourse)이라 할 수 있다.

경영담론은 노동자를 청자로 지목하는 담론이며, 그 관계를 규정하는 특정한 의미와 가치들을 지속적으로 생산·재생산하는 하나의 의미작용 체계라 할 수 있다. 경영담론은 지배적 약호 속에서 행사되는 권력의 언어이며 동시에 그 권력이 행사되는 특별한 방식을 지칭하는 것이기도 하다. 따라서 경영담론은 권력이 행사되는 방식, 즉 담론의 생산 및 유포와, 권력작용의 성격, 즉 담론의 내용과 형식의 두 차원을 포함한다.

이 중 이 장에서는 경영담론은 무엇을 말하는가라는 의미론적 차원을 다루고자 한다. 권력적 언어는 끊임없이 현실을 지시하고 규정하며 해석한다. 그리고 이런 의미작용을 통해 지배적 해석이 생성되고 유포되며 또 강화된다. 그러나 이 권력적 언어는 특별한 담론적 장치들을 동원하며, 지배적 약호 속에서 체계적으로 생산된다. 경영담론의 의미론적 분석은 이 담론적 장치들을 해부하고 그 지배적 약호를 해독하는 것을 주요한 목표로 삼는다.

이 연구는 다양한 경영담론 텍스트 중, 노동자들이 가장 일상적으로 접하고 또 그 유포 범위가 넓으며 영향력이 크다고 여겨지는 사보를 분석대상으로 한다. 사보가 노동자들에게 열독되는 정도는 상당히 높은 편이라 할 수 있다. 노동자들의 사보의 열독률은 <표 3-1>에서 보듯 매우 높게 나타나고 있는데,[2] 이것은 사보가 기업 내에서 지배적이고 권위를 부여

---

2) 이것은 부산 및 경남지역 종업원수 1,000명 이상의 기업을 대상으로 한 조사결과다. 조사는 1998년 12월 1일부터 1999년 1월 31일까지 진행되었다.

받은 매체가 되어 있음을 의미하는 것이다.

2. 방법론적 검토

담론 텍스트를 분석하기 위한 방법론의 체계화 정도는 아직 높지 않다. 담론은 언어학이 다룰 수 있는 최대치인 문장단위를 넘어서지만, 담론분석의 기초는 여전히 언어학에 근거하고 있다는 사실이 그 한 이유가 될 수 있을 것이며, 다른 한 가지는 담론분석의 목표들이 상이하다는 이유에 기인하는 것으로 생각된다. 여기서는 담론분석의 방법을 크게 두 가지로 나누어 살펴보고자 한다. 그 하나는 담론 내부의 구성요소들에 대한 분석이라 할 수 있을 것인데, 이는 주로 내용분석(content analysis)에 기초를 두고 있다. 두번째는 바르트가 구조분석이라 명명했던 방법으로, 텍스트의 구성을 우연적 결과로 보지 않는다면 그것은 구성의 필연적인 구조를 가질 것이라 가정할 수 있으며, 그 체계 혹은 구조를 밝히고자 하는 방법이 그것이다.

1) 내용분석

내용분석이란 인간의 상징적 기호로 표현된 의사소통 기록물의 내용적 특성들을 체계적으로 기술하고, 나아가 그 동기, 원인 및 영향을 체계적으로 추리하려는 사회과학의 분석기법이다. 내용분석은 양화 방법론의 장점을 언어 차원에 적용한 것으로, 이것은 매우 텍스트 한정적이라는 한계를 가짐에도 불구하고, 언표적 힘을 보여줄 수 있는 유용한 방법이 될 수 있다. 내용분석은 특히 문자화되어 있는 텍스트를 대상으로, 텍스트 내적 언어사용의 구조, 그리고 어휘들의 관계와 활용방식을 양적인 방법으로 밝히는 데 유용성을 가진다. 따라서 내용분석은 텍스트 자체가 정형화되어 있고, 텍스트 내의 언어사용 방식에 주목할 때 설득력 있는 분석을 제시해 줄 수 있다. 내용분석의 특징을 정리해보면 다음과 같다.

첫째, 분석의 대상과 관련하여, 인간의 상징적 행동, 언어적 의사소통의 내용, 기록된 언어, 문서형태의 증거 등을 분석대상으로 설정한다. 구체적으로는 서적 등 출판물, 잡지·신문·TV 등 대중매체, 헌법과 각 법규, 연설, 서한, 일기, 회의록 등의 문서기록, 노래, 그림 등 언어적 기호와 상징적 조형물들이 다 포함된다.

둘째, 분석되는 내용의 속성과 관련해서, 특정 전달내용(메시지)의 일반적인 특징, 명시적·현재적 내용과 함께 암묵적·잠재적 내용, 의사소통의 선행조건, 원인 및 결과, 본문의 흐름 등이 분석된다.

셋째, 분석방법으로서의 특징은, 과학적 방법의 적용, 의사소통 내용의 객관적·체계적 기술과 추리를 위한 연구기법, 정교한 측정수단의 적용, 사회과학의 목적에 적합한 특성들의 유무·강도·빈도 등을 표상하는 기호들의 표준단위로 통계적 조작이 가능하도록 텍스트를 체계적으로 요약하는 작업, 텍스트의 부호화, 내용의 부호화 등이 포함된다.

그러나 내용분석은 오로지 텍스트 내적인 언어활용만을 분석대상으로 삼기 때문에 텍스트가 생산되는 맥락, 그리고 그 효과를 보여주는 데는 한계를 가진다. 또 계량화된 접근 방법을 사용하기 때문에 언어표현과 내용의 결합관계를 인위적으로 해체하여, 언어표현만을 분석대상으로 한다는 점에서 텍스트에 대한 의미론적 접근이 매우 제한적이라는 약점을 가진다고 할 수 있다. 이런 이유 때문에 지금까지 내용분석은 언어를 대상으로 하는 여러 접근법들에 비해 상대적으로 설득력을 가지지 못하는 방법으로 여겨져왔다.

그러나 이 연구에서 주목하는 부분은, 언어는 그 표현과 내용, 즉 표현의 형식과 의미가 서로 결합되어 나타나는 현상이라는 점이며, 따라서 표현 형식이 의미를 규정하는 부분이 상당히 크다는 사실을 확인하는 것이다. 이를 위하여 내용분석 방법 중 어휘분석을 활용한다. 어휘들은 계열체 및 통합체 구조를 이루면서 체계적인 포섭과 배제의 논리를 이루고 있다. 예를 들면 경영담론 내에서 '발전'이라는 어휘는 생산성, 이윤, 판매

등과는 계열체 구조를 이루지만 노동의 인간화, 노동조합의 발전 등 특정한 부분은 체계적으로 배제시킨다. 따라서 어휘분석은 경영담론이 구사하는 언어 전략의 저장고를 보여주는 방법이 될 수 있다.

2) 텍스트 구조분석

(1) 수사학적 배열 분석

수사학(Rhetoric)이란 설득의 기술, 문장의 장식 등 언표가 행해지는 기술(technique)을 다루는 영역이다. 그러나 이것은 오늘날 이해되듯 단지 글이나 말의 장식이라는 의미전달의 부차적 영역에 속하는 것은 아니다. 오히려 수사학은 서구에 있어 기원전 5세기부터 19세기까지를 지배해왔던 메타 언어체, 즉 담론을 대상으로 하는 담론이었다. 바르트에 의하면 수사학에는 여섯 가지 형태의 실천이 포함되어 있다. 첫째, 기술, 즉 고전적인 의미에서의 기예(art)로, 설득의 기술, 규칙과 비결의 총체를 의미한다. 이 기술의 이상(ideal)은 설득시키려는 내용이 설령 거짓이라 해도 담론의 청중들을 설득시킬 수 있어야 한다는 것이다.[3] 둘째는 교육으로, 수사학의 기본내용들은 오늘날까지 기본 교육과정의 주요내용으로 편입되어 있다. 즉 수사학적 실천은 교육을 통해 재생산된다. 셋째, 수사학은 학문 혹은 하나의 원형학문이라 할 수 있다. 학문으로서의 수사학은 ① 어떤 동질적인 현상들, 즉 언어의 '효과(effects)'에 범주를 부여하는 독자적인 관찰의 영역, ② 그 현상들의 분류작업, ③ 조직 등의 내용을 가진다. 넷째, 수사학은 또한 하나의 규범이다. 즉 수사학은 규칙들의 체계로, 이 규범은 정념적 언어행위[4]의 일탈을 감시하는 일을 한다.[5] 다섯째, 수사학은

---

3) 수사학의 이런 고전적 특성은, 이데올로기가 우상(idola) 혹은 허위의식으로 이해되는 역사적 근거를 제공한다. 군중 앞에 선 연사들이 수사의 동원을 통해 거짓을 사실로 만들고 있다는 생각은 오늘날까지도 이어지는 매우 뿌리깊은 것이다. 대표적으로 매스컴의 상징조작에 대한 글들이 이런 고전적 수사학의 기술에 대한 의구심을 표현하고 있다. 이에 대해서는 Reboul, 1994; 조종혁, 1994 등을 참조할 수 있다.

사회적 실천으로, 지배계급에게 말의 소유권 확보를 확인하도록 해주는 특권화된 기술이다.[6] 마지막으로 수사학은 유희적 실천이다. 여기에는 제도화된 수사학의 이면에 존재하는 검은 수사학, 즉 험의, 경멸, 아이러니, 패러디, 음탕한 암시 등이 포함된다.[7]

바르트에 의하면 고전적인 수사학에는 다섯 가지 분야가 있는데 그것은 주제설정법(Inventio), 배열법(Dispositio), 미사여구법(Elocutio), 연기법(Actio)과 암기법(Memorie)이다. 이 중 연기법과 암기법은 수사학의 발전과정에서 자연스럽게 소멸하였다. 주제설정법은 무엇을 말할 것인가를 찾아내는 것, 배열법은 생각해낸 것을 순서에 맞게 늘어놓는 것, 그리고 미사여구법은 어휘의 장식, 문채를 첨가하는 것을 말한다. 이 세 분야는 하나의 학문 이전에 청중을 설득하기 위한 수사술의 중요한 요소들을 지적하는 것이기도 하다. 바르트는 수사학의 구성을 <그림 3-1>와 같은 체계로 제시한다(Barthes, 1998: 66).

여기서 재료와 형식의 관계는 단지 사물들 및 그것을 표현하는 단어들의 의미를 넘어, '의미되는 것'과 '표시되는 것'의 관계로 이해될 수 있다. 즉 기호의 시니피앙/시니피에 관계와 유사한 체계가 담론 수준으로 확대 적용된 것이라 할 수 있다.[8] 즉 기호표현과 기호내용의 관계는 약호/담론

---

4) 대표적으로 시어(詩語)의 파격과 일탈, 조어 등이 이에 해당된다.
5) 수사학을 둘러싼 가장 큰 논쟁이었던 은유논쟁은 바로 이 수사학 규범과 관련되어 있다. 즉 은유를 둘러싼 옹호와 비판의 논의들은 정념적 언어의 일탈이 미학적으로 혹은 규범적으로 바람직한가 아닌가의 문제를 둘러싼 대립이었다. 이런 쟁점은 오늘날에도 문학작품을 둘러싼 논쟁에서 여전히 재생산되고 있음을 발견한다. 예를 들면 장정일의 『너희가 재즈를 아느냐』에 나타난 주술관계의 파괴와 시제의 파괴 수사에 대한 찬반 양론이 제기된 바 있다.
6) 바르트는 이를 수사학 입문에 들어가는 비용지불 능력과 관련시키는데, 물론 이것도 중요한 요인이긴 하지만 보다 중요한 것은 이런 언어능력의 획득이 사회적 성층화의 언어경계를 설정한다는 사실에 있다. 부르디외는 이런 점에서 '언어시장'이라는 개념을 통해 수사학의 사회적 실천이 계급적 경계를 분할하고 재생산하게 되는 메커니즘을 보다 설득력 있게 제시한다. Bourdieu, 1992.
7) 일반적으로 수사학의 기능은 설득적 기능, 교육적 기능, 어휘적 기능, 미학적 기능으로 얘기된다(Reboul, 1994: 145-146).

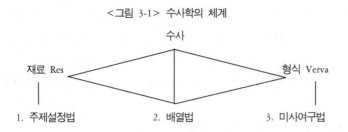

<그림 3-1> 수사학의 체계

수사

재료 Res   형식 Verva

1. 주제설정법   2. 배열법   3. 미사여구법

의 관계로 확장되며, 양자의 관계에서 다른 것이 있다면 약호/담론 관계에서는 언어 기호와 같은 결합의 자의성 원칙은 성립되지 않는다는 점이다.9)

주제설정법은 논증의 창안보다는 발견과 관련되어 있으며, 따라서 창조적이라기보다는 추출적이다. 그래서 어떤 방법, 어떤 수단의 역량에 대한 확실한 신념이 내포되어 있어서, 만약 훌륭한 기술로 재료의 바다에 논증의 형태를 갖춘 그물을 던진다면 멋진 담론의 내용을 분명히 끌어올 수 있다는 믿음을 가진다. 이것을 획득하기 위해 주제설정법의 기술은 두 가지 노선을 취하는데, 그것이 설득하기(확신시키기, fidem facere)와 감동주기(감정에 충격주기, animos impellere)다. 명확하게 수취인을 지시하고 있는 담론은 이 설득과 감동의 구조를 내포한다고 보아야 한다. 그리고 담론의 지시 내용에 의도성이 첨가될수록 이런 수사학적 장치들도 보다 강하게 작용한다고 보아야 할 것이다.

먼저 설득하기에서는 대체로 증거제시법이라 불리는 논리적이거나 준논리적인 장치가 요구된다. 그러나 이것의 목적은 객관적이거나 논리적임

---

8) 이것은 담론을 기호학적 분석의 대상으로 삼기 위한 대전제라 할 수 있다. 담론이 사회적 및 언어적 규칙성을 내포하고 있다는 사실을 주장하기 위해 담론을 규정하는 사회적 약호(code)가 존재한다고 가정하는 것은 담론분석에 있어 매우 일반적인 현상이다. 이에 대해서는 소두영(1993)을 참조할 수 있다.

9) 이것은 담론이 단순한 언어 현상과 달리, 즉 자유롭고 자의적인 기호놀이와는 성격을 달리 한다는 사실을 보여주는 것이다. 담론은 특정한 규칙 하에 세워진 구조물에 더 가깝다.

을 증명하거나 제시하기에 있다기보다는, 이런 증명의 과정을 통해 청중에게 격정을 불러일으키고 심리적 공평함을 상실케 만드는 데 있다. 이것을 가능하게 하는 것은 제시된 증거가 가지는 강제성이다.

반면 감동주기에서는 입증을 위한 전언을 그 자체 속에서가 아니라 전언의 용도와 전언을 받아들이는 사람의 기질에 맞춰 생각해본 후 주관적이고 윤리적인 증거를 동원해냄으로써 이루어진다.

설득을 위한 수사술의 구성은 전형적으로 <그림 3-2>과 같은 계열체 구조를 가진다. 배열법은 알려주기/감동주기의 이분법 구조를 기본으로 하는데, 이 각각에 대응하는 계열체적 구성 부분이 머리말과 맺음말(감동주기), 진술부와 논증부(알려주기)의 구성이다. 그러나 통합체적 구성으로 본다면 이것은 계열체적 구성의 순서를 따르지 않고 논증부분을 감성부분이 감싸고 있는, 교착배어식 통합체를 구성한다.

<그림 3-2> 수사학의 배열법

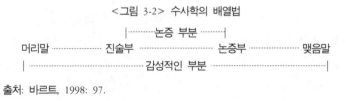

출처: 바르트, 1998: 97.

배열법은 전체 텍스트가 보여주는 계열체 구조, 즉 배열의 형식과 관련된 것이다. 설득을 위한 수사는 서두, 머리말, 진술, 논증, 맺음말의 형식을 가진다. 이 각각은 전체 구조 속에서 고유한 기능을 부여받는다. 즉 서두는 '모든 시작이 가지는 자의성이라는 귀신'을 물리치며, 머리말은 청중의 호의를 획득하고 주제를 체계적으로 분할하는 임무를 수행한다. 진술은 머리말에서 제시된 가설들에 관련된 이야기들을 서술하며, 논증은 이것의 합리적이고 객관적인 증거를 제시한다. 그리고 맺음말은 사실의 재진술, 그리고 정서적 호소의 기능을 수행한다.

이런 배열법은 전체 텍스트를 구성하는 기능들의 연관을 보여주는 방법으로, 원리적으로 이야기 구조분석과 크게 다르지 않다. 또한 여기서 주목하는 것 중의 하나는 배열법 자체가 이데올로기적 성격을 띨 경우다.10) 즉 경영담론을 완결적인 텍스트로 간주할 때, 수사의 배열이 무엇을 말하고 무엇을 숨기며, 무엇을 의도하는가를 분석할 것이다. 이것은 특히 논증부인 진술과 논증의 성격과 관련된다. 르불은 논증이 이데올로기가 되는 경우를 거짓 논증과 의사 인과관계로 규정한다(Reboul, 1994: 71-76). 논리학적으로 참된 논증은 전제와 결론 간에 합리적인 관계가 설정되고, 그 전제가 참된 것으로 여겨질 때를 말한다.11) 따라서 이런 참된 논증이 이루어지 않을 때 그것은 이데올로기적 논증 혹은 논증의 외양을 띤 이데올로기가 될 가능성이 크다.

(2) 줄거리 구조분석

내용분석에서 화용론, 그리고 줄거리 구조분석이 가지는 방법론적 차별성은 어휘에서 출발하여 문장 및 담론과 담론들로 이어지는 적용범위의 확대라는 특징을 가지게 된다. 여기서 살펴볼 줄거리 구조분석의 방법은 전체 이야기 혹은 담론 텍스트가 가지는 기능적, 형태적 구조를 보여

---

10) "나는 …… 하나의 가능한 상황적 선택을 공개적으로 택하는 반면, 하나의 모순된 전제나 모순된 결론으로 인도하는 분명히 보완적인 하나의 전제가 존재한다는 것을 분명히 하지 않는—그러므로 그 의미론적 공간의 모순적 성격을 감추는—논증을 '이데올로기적' 배열법으로 정의할 것이다. 나는 또한, 비록 두 개의 다른 전제들의 비교를 책임지기는 하지만, 상호 모순되는 표시소를 소유하지 않는 전제들을 선택한, 그러므로 그 논쟁의 선조성을 뒤집을 수 있는 표시소들을 의식적으로나 무의식적으로 감추고 있는 논증을 '이데올로기적' 배열법으로 간주할 것이다" (Eco, 1996: 320).

11) "우리가 논증이라는 말로서 의미하는 것은 두 가지 본질적 특성을 포함한다. 첫째로, 논증을 제시하는 사람은 만약 어떤 것(전제)이 참이라면 다른 것(결론)도 또한 참이어야 한다는 것을 주장하고 있어야 한다. 즉 그는 전제가 결론을 뒷받침해 주리라는 것을, 다시 말해 전제가 결론을 믿는 것을 합당하게(reasonable) 만들어 주리라는 것을 주장하고 있는 것이다. 둘째로, 그는 전제가 진실로 참되다고 주장하고 있어야 한다. 이 두 가지를 동시에 주장함으로써, 그 사람은 결론을 참된 것으로 받아들일 이유를 제공하고자 한다. 우리는 이 두 가지가 함께 주장될 때, 그리고 오직 그럴 때에만 실제적 논증이 있다고 말할 수 있다(Barker, 1986: 21-22)."

주기 위한 방법인데, 그 대표적인 경우로 프로프(Propp)의 연구를 들 수 있다.

프로프는 민담 분석에서 민담의 구성적 특성을 이해하기 위한 기능(function) 개념을 도입하고 있다. 기능이란 핵심적인 혹은 기본적인 이야기 단위(narrative unit)를 의미하는데, 민담은 이 기능들의 그물망으로 볼 수 있으며, 기능으로 분해할 때 민담이 언술되는 고유한 방식이 드러난다. 프로프는 기능을 다음과 같이 규정한다(Asa Berger, 1997: 25).

기능이란 줄거리의 전개과정에서 그 의미를 규정받는, 인물의 행동으로 이해한다. 그 관찰결과는 다음과 같이 간결하게 정의될 수 있다.
① 인물들의 기능은, 누구에 의해서 어떻게 수행되는가와는 독립적으로, 이야기의 불변요소가 된다. 기능은 이야기의 기본적 구성요소이다.
② 민담에서 기능의 수효는 한정되어 있다.
③ 기능들의 시퀀스는 언제나 동일하다.
④ 모든 민담들은 그 구조에 관한 한 같은 유형에 속한다.

프로프의 민담 분석에서 제시된 기능을 요약해보면 <표 3-1>과 같다. 이야기는 하나의 전체를 이루는 텍스트로 이해될 수 있으며, 이야기는 특정한 요소, 즉 기능의 연쇄들로 구성된다. 따라서 기능에 대한 분석은 부분과 전체의 관계를 효과적으로 분석하는 하나의 방법이 되며, 이를 통해 전체 담론이 이루고 있는 구조를 이해할 수 있게 되는 것이다.

그레마스(Greimas)의 행위주 모델도 이야기 구조분석의 한 전형을 이룬다. 그레마스는 프로프의 기능분석에서 직접 영향을 받았지만, 기능 분석이 가지는 기능주의적 혐의를 비판하면서 텍스트의 구조적 성격을 보다 강조하고 있다. <그림 3-3>은 그레마스의 행위주 모델을 요약한 것이다. 행위주 모델은 담론 전체에 등장하는 행위주들의 역할이나 기능을 체계적으로 연계시키면서 전체 담론이 지향하는 중심 행위나 중심 역할을 밝혀주는 모델이라 할 수 있다(백선기, 1995: 362-363).

<표 3-2> 프로프의 기능

기 능	설 명
α <도입상황>	가족구성원 혹은 영웅이 소개된다
β <부재>	가족 중의 하나가 집을 나간다
γ <금지>	주인공에게 금지가 주어진다
δ <위반>	금지를 위반한다
ε <정탐>	악한이 정탐을 한다
ζ <정보>	악한이 희생자에 대한 정보를 얻는다
η <속임>	악한이 희생자를 속이려 한다
θ <공모>	희생자가 속아 자기 의사에 반하여 적을 돕는다
A <피해>	악한이 가족들 중 하나에게 해를 입히거나 욕을 한다
a <결핍>	가족 중 한 사람이 무엇인가가 결핍되어 있거나 무언가를 소망한다
B <중재>	불행이 알려져 주인공이 떠나게 된다
C <대응행위>	추구자(주인공)는 대응행위를 할 것을 수락한다
↑<출발>	주인공이 집을 떠난다
D <증여자의 첫번째 기능>	주인공은 시련을 겪지만 그것으로 마법적인 물건이나 보조자를 얻는다
E <주인공의 반응>	주인공은 미래의 증여자의 행동에 반응한다
F <마법적 물건의 수락>	주인공은 마법적 물건의 사용법을 알게 된다
G <장소 이전>	주인공은 찾는 물건이 있는 장소로 인도된다
H <싸움>	주인공과 악한이 직접 싸운다
J <낙인>	주인공이 낙인을 찍는다
I <승리>	악한이 진다
K <소멸>	최초의 피해 혹은 결핍이 소멸된다
↓<귀가>	주인공이 돌아온다
Pr <추적>	주인공이 추적을 받는다
Rs <구출>	주인공이 추적으로부터 구출된다
O <몰래 도착>	주인공은 자기 집이나 다른 나라에 몰래 도착한다
L <거짓 주장>	가짜 주인공이 거짓 주장을 한다
M <어려운 일>	어려운 일이 주인공에게 주어진다
N <해결>	그 일이 해결된다
Q <인정>	주인공이 인정을 받는다
Ex <노출>	가짜 주인공 또는 악한이 노출된다
T <변모>	주인공이 새 모습을 얻는다
U <벌>	악한이 벌을 받는다
W <결혼>	주인공이 결혼하여 옥좌에 올라간다

출처: A. Asa Berger, 1997: 26-27.

<그림 3-3> 그레마스의 행위주 모델

발송인 → 　대상　 → 　수취인
　　　　　　 ↑
협조자 → 　주체　 ← 　반대자

이 행위주 모델에는 세 가지 축이 내재되어 있다. 하나는 문장구성에서 주어-목적어의 관계처럼 주체가 대상을 추구하는 욕망의 축으로, 주체는 욕구를 따라 행동한다. 두번째 축은 전달의 축으로, 수취인에게 대상을 전달한다. 세번째 축은 능력의 축으로, 주체가 대상을 추구하는 경우 주체를 도와주는 협조자와 그것을 방해하는 반대자의 관계에 의해 이루어진다. 이 행위주 모델은 담론 속에 나타나는 행위자의 배역, 즉 주로 등장인물이라는 인간화된 형태로 나타나지만, 사물, 장소, 시간 등의 추상적 가치들 속에 투사되기도 한다(서정철, 1998: 294). 그레마스의 행위주 모델은 담론에 내재하는 관계를 밝힘으로써 표출된 담론의 심층 구조를 이해하는 유용한 방법을 제공한다.

프로프의 민담 분석 방법이나 그레마스의 행위주 모델은 서술의 구조를 띠고 있는 모든 담론들에 적용 가능하다. 기능이나 행위주는 담론을 구성하는 불변적 구성요소로 이해할 수 있으며, 이것은 노동자들에게 전달되는 이야기인 경영담론에도 동일하게 적용된다. 즉 서술의 구조가 존재하는가의 문제란 결국 그 텍스트가 전체로서의 이야기를 구성하는가의 문제로 요약된다고 볼 수 있다.12)

---

12) "민담이란 …… 하나의 전체이며, 그 모든 주제들은 상호간에 연관되고 조건지어져 있다(Propp, 1996: 40)." 결국 이것은 기본적으로 담론 전체를 하나의 구조로 바라볼 수 있는가 하는 문제와 관련되는데, 담론분석 이론가들은 자신들을 언어학과 구별짓는 중요한 근거로서 담론의 거시적 수준(macro level)에 주목한다는 점을 제시한다. 대표적으로, 프로프의 기능분석과 유사하게 반 다이크는 담론의 도식구조 분석(schematic structure)을 제안한다(van Dijk, 1997: 12-13).

3. 연구의 대상과 방법

1) 경영담론과 사보

앞서 정의한 대로 경영담론은 노동자를 수취인으로 삼는 담론이다. 이 담론 형태는 업무 매뉴얼에서 일상적인 담론에 이르기까지 다양한 형태로 존재하는데, 여기서는 사보를 경영담론분석의 대상으로 삼는다.[13] 사보는 흔히 '제3의 저널리즘' 혹은 '비즈니스 저널리즘'이라 불리면서, 1980년대 중반 이후 그 규모에서 급속히 성장하였다.[14] 사보를 연구대상으로 설정하는 데에는 몇 가지 장점이 있다. 이 장점은 사보가 가지는 특성과 밀접히 연관된 것이다.

첫째, 사보는 기업 내의 의사소통이 이루어지는 중요한 수단 중의 하나다. 업무의 지시와 감독 등 작업과정을 중심으로 한 의사소통이 공식적인 것이라면, 사보는 비공식적이면서도 동시에 제도화된 특정한 형태의 규칙에 따라 의사소통이 이루어지는 통로다. 그래서 사보는 기업 내의 의사소통의 현재를 보여주는 중요한 연구대상이 된다.

이것은 달리 말하면 사보의 내용구성 자체가 이데올로기적 투쟁의 결과라는 함의를 가짐을 의미한다.[15] 기능이라는 관점에서 본다면, 사보는 공중에게 정보를 전달하는 정보전달 기능, 기업 성원의 태도와 행동에 영향을 미치려는 설득적 기능, 그리고 재미와 즐거움을 주는 오락적 기능을 수행하는 것으로 이야기된다. 설득적 기능은 경영이념의 틀 속에서 쟁점

---

13) 여기서 사보는 기업체에서 정기적으로 발행하는 기업보(company publications)를 지칭한다. 또 사보는 독자 및 배포대상에 따라 크게 사내보와 사외보로 나누어지는데, 이 연구에서 대상으로 삼는 것은 기업 내 성원들을 대상으로 하는 사내보다.
14) 우리나라 사보의 효시는 태평양화학의 미용정보지인 《화장계》라고 한다.
15) 강승구는 사보가 최고경영자의 경영철학 범위 내에서 만들어지기는 하지만 민주화 등의 대외적 분위기를 반영하여 사보내용이 대다수 종업원의 의견과 여론을 수렴하는 쪽으로 변해감을 지적한다(강승구, 「기업문화 형성에 미치는 사보의 기능에 관한 커뮤니케이션적 고찰」, 성균관대 언론홍보학과 석사학위논문, 1994).

에 대한 동의를 요구하는 것이기 때문에 그 자체로 이데올로기로 작용하며, 정보전달 기능 역시 주로 기업관련 소식을 계속 주지시키는 기능이기 때문에 이데올로기적 성격을 강하게 띤다. 이런 점에서 사보 분석은 곧 경영 이데올로기 및 이데올로기적 담론에 대한 분석이 되는 것이다.

둘째, 분석전략의 측면에서 사보는 정기간행물이기 때문에 담론의 시간적 흐름을 포착할 수 있게 한다. 발화는 그 순간에 소멸해버리지만, 문자화된 담론 텍스트는 객관적 실체로 남아 한 시대를 증거한다. 그래서 사보는 담론의 시간적 흐름과 시간에 따른 담론의 흐름, 그 속에 존재할 수 있는 담론적 실체(말하자면 경영담론 에피스테메)의 윤곽을 그릴 수 있고, 또한 담론과 사회, 즉 담론과 그 외부의 관련을 밝힐 수 있는 중요한 자료가 되는 것이다.

셋째, 기업이라는 담론장 내에서 유포되는 담론들 중에서 사보는 가장 정제된 형태의 담론을 포함하고 있는 텍스트다. 사보는 기업의 장 내에서 핵심적으로 다루어져야 할 내용들이 모두 포괄되며, 따라서 다양한 경영 담론들에 대해 대표성을 가진다고 할 수 있다. 이것은 기업공간에서 담론의 형성이 어떤 내용을 중심으로 구성되고, 또 이것이 시간 속에서 변화해가는가를 보여준다.

2) 사보의 분석범위

연구대상 기업인 H자동차와 D자동차는 두 기업 모두 1983년부터 매달 사보를 발간해오고 있다. 이 중 분석의 대상이 된 사보는 1983년 5월부터 1995년 12월까지, 각년도의 1·7·8·12월호다.

기존의 사보 연구들에 의하면 사보는 그 자체로 하나의 통일적인 구성물의 성격을 가지는데, 그것은 앞서 보았듯이 사보가 정보적·설득적·오락적 기능을 모두 담아야 하기 때문이다. 사보의 이런 성격은 그 전체 구성의 특성분석을 가능하게 한다. 이런 사실에서 출발하여 이 연구는 다음의 측면을 중심으로 사보를 분석하고자 한다.

첫째, 먼저 분석의 시기는 1984년부터 1995년까지로 설정하였다. 1984년부터 사보를 분석한 이유는 1983년부터 사보가 발간되긴 했지만 초기 사보는 단순한 뉴스레터 형태에 불과하여 이후의 사보와 비교분석이 어렵고, 체계화된 책자의 형태로 사보가 발간되기 시작한 시기가 두 기업 모두 1984년부터이기 때문이다. 또한 1980년대 중반은 노사관계 지형이 크게 변화하면서 이데올로기적 분출이 표면화되기 시작한 시기로, 사보의 이데올로기적 성격을 보다 잘 드러낼 수 있다는 점도 고려되었다.16) 시기를 1995년까지 한정한 것은 D자동차의 사보가 1996년부터 신문형태로 바뀌면서 이후 시기에서는 H자동차 사보와의 비교가 어려워졌기 때문이다.

둘째, 사보는 매달 발간되기 때문에 모든 사보를 분석하는 것이 보다 의미가 있겠지만, 이 연구는 각 연도의 1·6·7·12월 사보만을 분석하였다. 1월과 12월 사보는 한 해의 기업방침 및 결산을 보여준다는 의미를 가지며, 6월과 7월은 주로 노사관계와 관련된 내용들이 많이 담긴다는 이유에서 선정되었다.

셋째, 사보의 내용 중 특히 최고경영자의 담화에 주목한다. 최고경영자 담화는 기업의 경영방향과 이념을 충실히 구현하는 가장 상위의 권력언어라 할 수 있다. 따라서 최고경영자 담화는 기업공간의 담론지형을 충실히 드러내며, 또한 노동자를 대상으로 하는 기업의 언어전략이 무엇을 의도하는지를 잘 보여준다.

넷째, 노동자를 선한 주체로 구성하고자 하는 시도인 영웅 이야기를 분석한다. 영웅 이야기는 사보를 통해 체계적으로 재생산되고 있는데, 영웅 이야기는 모범적인 노동자상을 구성하고, 그 사례를 제시함으로써 노동자들의 동의를 생산하고자 하는, 규율적이고 동시에 설득적인 담론이라 할 수 있다. 이런 점에서 영웅 이야기는 동의생산을 위한 담론적 실천의 한

---

16) H자동차는 1987년 노동조합이 결성되었으며, D자동차도 1983년 현재의 이름으로 노동조합명이 변경되었다. 노동조합의 결성으로 인한 쟁의의 증가는 기업 내의 역학관계를 상당히 바꾸어놓는 요인이 된다.

전형을 보여준다.

4. 최고경영자 담화문 분석

최고경영자 담화문은 경영담론의 가장 상위형태다. 이것은 기업문화론
에서 지적하는 '경영이념'의 구현물에 해당되는 것이며, 이데올로기적 성
격이 가장 강하게 드러나는 텍스트이기도 하다. 또한 신년사의 유포는 그
자체가 기업의 중요한 의례로서, 성원들의 결속을 도모하고 기업이념을
주지시키는 실천이다. 따라서 최고경영자 담화문은 경영담론의 권력적 성
격을 가장 잘 보여줄 수 있는 텍스트라 할 수 있다.[17]

우선 최고경영자 담화문의 게재빈도의 변화가 주는 함의를 살펴보자.
담화문의 게재빈도는 지속적으로 감소하는 경향을 보이며, 1980년대와
90년대를 비교해볼 때 게재빈도는 1990년대에 와서 현저하게 줄었음을
알 수 있다. 1990년대에는 신년사 외의 특별한 최고경영자 담화는 거의
사보에 실리지 않고 있다. 이것은 1980년대에 기념사, 치사, 훈시 등의
형태로 빈번히 실렸던 것과 상당히 대조적이다.

이런 변화가 함축하는 바를 우선 검토해볼 필요가 있다. 게재빈도에 있
어 1980년대와 90년대가 뚜렷한 차이를 보이는 것은, 무엇보다 가장 상위
의 권력언어인 최고경영자 담화문이 가지는 위상이 1980년대와 90년대에
차이가 있음을 시사하는 것으로 볼 수 있다. 초기의 사보는 상대적으로 경
영언어를 직접적으로 전달하는 매개체로서의 역할이 더 컸으며, 여기서 가
장 상위언어로서의 최고경영자 담화는 강한 지시문적 성격을 띠고 있었다.
이것은 기업 내 경영권력이 매우 강하게 작용하였음을 의미하며, 동시에
상대적으로 노동측의 저항이나 교섭력이 그다지 크지 않았음을 반증하는
것으로도 볼 수 있다. 많은 노동과정 및 기업조직 연구들은 1980년대의

---

17) 1983년부터 1995년까지 양사의 사보에 게재된 최고경영자 담화 목록은 <부록>
에 제시되어 있다.

<표 3-3> 연도별 최고경영자 담화

연도	H자동차	D자동차
1983	4	6
1984	6	5
1985	9	4
1986	7	4
1987	6	5
1988	5	4
1989	7	·
1990	4	3
1991	2	·
1992	3	3
1993	3	2
1994	3	2
1995	2	2

* 1983년은 5월호부터 분석됨.

<그림 3-4> 최고경영자 담화문 게재 빈도

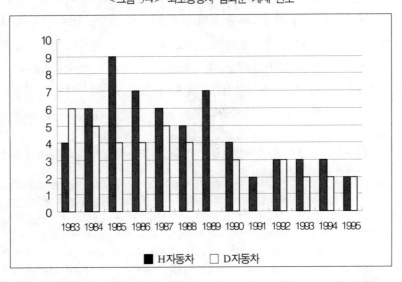

노동통제가 억압적인 형태로 진행되어왔음을 지적하고 있는데,[18] 최고경영자 담화의 게재빈도와 사보의 성격 역시 이 시기의 특수한 권력관계를 반영하여, 경영 권력이 보다 직접적으로 노동자들에게 미치고, 권력적 언어가 명시적으로 사보를 통해 유포되는 것을 가능하게 했던 것으로 보인다. 이런 상황은 1990년대 들어 노동조합의 힘이 성장하고 파업이 증가하며 단체교섭이 제도화되는 등의 변화 속에서, 이전까지는 가능했던 경영 이데올로기의 직접적 작용이 어려워지는 상황으로 변화하게 된다. 또한 이와 연결된 것으로, 수용자 측면의 변화 역시 지적할 수 있다. 1987년을 기점으로 한 정치적 상황의 변화와 노동관련 담론의 활성화, 노동조합의 힘의 성장과 함께 노동자 의식에서도 상당한 변화들이 발생하였다. 전체 사회 수준에서의 담론지형이 변화하고, 노동담론의 정당성을 지지하는 담론의 확산과, 이를 통한 노동자들 지식체계의 변화 등이 발생했다.[19] 마지막으로 사보 자체의 성격변화를 들 수 있다. 1980년대 중반까지만 해도 사보는 단순한 뉴스지의 성격을 벗어나지 않았다. 예를 들면 사보 ≪D자동차≫의 경우, 초기 사보는 최고경영자 담화문을 주요 메시지로 배치하고, 이를 중심으로 한 회사의 소식들을 제공하는 소식지의 역할에 머물렀다. 1983년 12월과 1993년 12월 ≪D자동차≫의 목차를 비교해보면 이를 확연히 알 수 있다. 1983년 초기 사보의 내용을 보면, 회사 소식 및 경영과 관련되지 않은 내용은 '거울' '몇 가지 상식' 및 '건강코너'밖에 없다. 즉 직접적으로 내용을 지시하고 언표하며 설득하고 주장하고자 하는 경영 이데올로기가 초기 사

---

18) 대표적으로 김형기는 이 시기의 통제형태를 '병영적 통제'라고 개념화한다(김형기, 1989).

19) 이런 전체 사회 수준에서의 담론지형의 변화는 그 자체로 매우 중요한 연구의 대상이 되지만, 이 연구에서는 깊이 다루지 않는다. 공용배(1993)의 경우 ≪서울신문≫과 ≪동아일보≫의 사설을 시계열적으로 분석함으로써 노동문제에 대한 언론의 공론화양식이 어떻게 변화되었는가를 보여주고 있다. 예를 들면 전태일 분신 이후 노동문제에 대한 적극적 공론화, 그리고 6·29 이후 친노동적 태도에서 노동배제적 태도로의 변화 등 전체 사회의 이데올로기를 반영하는 신문사설의 담론이 어떤 변화를 겪고 있는가를 분석하고 있다. 공용배, 「산업화과정에서의 노동문제와 언론에 관한 연구」, 연세대학교 신문방송학과 박사학위논문, 1993.

<표 3-4> 1983년 12월호 《D자동차》 목차

기사 제목	비고
최고경영자 담화문	
뉴스	
─협력업체 초청 간담회	
─부산지역 가족사 테니스대회에서 우승	
─안×× 부장 기술상 수상	
─우수 분임조원 등 22명 해외견학 실시	
─노동조합 대의원 대회 개최	
거울	금언록
'83 추계 전사분임조경진대회 종합강평	
분임조 소식	
도전 12,000 제안	
83년을 보내며	노동자 에세이
노사공영 위하여	노조위원장 에세이
계기판	중역 에세이
몇 가지 상식	
건강코너	

보에 그대로 반영되고 있다.

그러나 이런 거칠고 단순한 형태의 사보는 시간이 지나면서 보다 세련된 형태로 변화한다. 수용자들의 관심을 유도하고 메시지에 대한 응답 가능성을 높이기 위해서는 단순한 지시와 전달의 형태가 아닌, 소통적인 외형을 가질 것이 요구된다. 이것은 사보에 문화라는 영역을 도입함으로써 가능해진다. 경영담론은 명령과 지시에서 교육과 정보전달의 형태변화를 겪으며, 그래서 사보는 뉴스지적 성격에서 문화교양지의 형태로 변화해간다. 10년 뒤인 1993년 12월호 《D자동차》의 기사목록을 1983년의 것과 비교해보면 이 변화를 잘 확인할 수 있다.

1992년 12월호 《D자동차》의 기사내용은 1983년의 것과 상당한 차이를 보이고 있다. 전체 24개의 기사 중에서 회사의 소식을 전하고 회사 일과 관련된 정보를 담고 있는 기사는 9개 밖에 되지 않는다. 이것은 1983년에 11개의 기사 중 8개가 회사와 직접적인 관련이 있는 뉴스나 담화문으로 이루어져 있던 것과는 매우 대조적이다. 대신 영화, 여행, 문학 등 다양한 문화관련 기사들이 대부분을 차지하고 있어 사보의 성격변화

<표 3-5> 1993년 12월호 ≪D자동차≫ 목차

기사 제목	비고
임직원에게 보내는 연하장	
'92년에 선보인 신차 시리즈	
'92년 D자동차 10대 뉴스	
현장취재	
일본 연수를 다녀와서	
우리 일터 고장 역사	
직원부인 생활수기 당선작	
만화	
하양 나라 파랑 일기	직원 자녀의 그림일기 소개
사람과 일과 자동차	연예인 인터뷰 기사
이야기가 있는 드라이브	여행 소개
포토 살롱	
이 사람	
옛 시간 속으로	직원의 옛 사진 소개
삼행시	
내가 경험한 정보판매	
글로 읽는 영화 한 편	
꿈뜨 릴레이	
생활/문화 정보	
D자동차 뉴스	
구정소식	
우리들 마당	
휴게실	
편집 후기	

를 쉽게 확인할 수 있다.[20]

　　최고경영자 담화문의 게재빈도와 내용 및 맥락에 대한 검토를 통해 최고경영자 담화의 위상과 그 변화, 그리고 사보의 성격변화에 대한 개략적인 윤곽을 그려보았다. 그 결과 1990년대에 이르러 최고경영자 담화의 위상의 변화, 정보지의 성격으로부터 문화교양지적 성격으로의 사보성격

---

20) 사보의 문화교양지적 성격으로의 변화는 문화와 이데올로기와의 관계라는 또다른 논점을 구성한다. 여기에는 설득의 수사, 카타르시스의 미학, 지배질서로서의 신화 등의 의미론적 주제와 함께, 기업의 문화전략 즉 기업문화운동이라는 새로운 흐름이 포함되어 있다. 기업문화에 대한 비판적 논의로는 신병현·김도근(1993), 신병현(1995) 등을 참조할 수 있다.

<표 3-6> H자동차와 D자동차 신년사

H자동차	D자동차
84년 1월	84년 1월
85년 1월	85년 1월
86년 1월	86년 1월
87년 1월	87년 1월
88년 1월	88년 1월
90년 1월	90년 1월
92년 1월	92년 1월
93년 1월	93년 1월
94년 1월	94년 1월
95년 1월	95년 1월

의 변화, 그리고 그와 연결되어 있는 노사관계의 변화를 포함한 사회적 현실의 변화를 확인할 수 있었다.

하나의 정형화된 실천으로서의 최고경영자 담화는 사회적 현실로부터 영향을 받지만, 동시에 그 사회적 현실을 적극적으로 규정하는 힘이기도 하다. 이 연구는 후자의 측면, 즉 경영담론이 가지는 언표적 힘에 보다 주목하고자 한다. 그것은 기업이라는 공간 내에서 경영담론은 지배질서로 존재하며, 그것이 수용자들에게 대해 가지는 효과가 일차적 관심이 될 수밖에 없기 때문이다.

한편 H자동차와 D자동차 두 기업의 최고경영자 담화문들 중 양사의 일정한 비교를 가능하게 하기 위해 동일한 해의 신년사를 따로 추려냈다. 신년사를 통한 최고경영자 담화분석은 아래의 표에 제시되어 있는 담화문들에 한정될 것이다.

5. 경영담론의 수사 배열: 신년사 분석

수취인을 상대로 말을 하는 이야기는 하나의 통합체를 구성한다(Cohan & Shires, 1997: 88-89). 즉 이야기 텍스트는 전체로서 하나의 구조를 형성하

<그림 3-5> 설득적 수사의 배열

| 서두 | — | 머리말 | — | 진술 | — | 논증 | — | 맺음말 |

고 있으며, 이를 통해 특정한 방식으로 '이야기'한다. 이 때문에 이야기의 기능 혹은 도식의 분석이 가능해지는 것이다. 이와 유사하게 수사학에서는 이야기를 배열의 구조로 이해한다. 설득을 위한 수사는 <그림 3-5>와 같은 전형적인 배열구조를 가진다.

이 각 부분들은 전체 구조 속에서 고유한 기능을 부여받으며 유기적으로 연결되어 있다. 서두는 '모든 시작이 가지는 자의성이라는 귀신'을 물리치며, 머리말은 청중의 호의를 획득하고 주제를 체계적으로 분할하는 임무를 수행한다. 진술은 머리말에서 제시된 가설들에 관련된 이야기들을 서술하며, 논증은 이것의 합리적이고 객관적인 증거를 제시한다. 그리고 맺음말은 사실의 재진술, 그리고 정서적 호소의 기능을 수행한다. 이런 배열법은 전체 텍스트의 요소들의 구조적 연관을 보여주는 방법으로, 원리적으로 이야기 구조분석과 크게 다르지 않다.

최고경영자 담화문 중 신년사가 어떤 이야기 구조를 가지고 있는지를 앞의 방법을 통해 분석해보자. 신년사는 최고경영자 담화의 전형을 보여주며, 또한 설득을 위한 수사에 충실한 텍스트라 할 수 있다. 이 신년사는 어떤 목적으로 무엇을 어떻게 말하며, 그 전체 텍스트는 어떻게 구성되는가를 질문함으로써 경영담론의 한 이야기 구조가 가지는 특성과 효과에 접근해갈 수 있다.

프로프에 의하면 민담은 전형적으로 '길떠남(부재)'에서 시작된다. "상인은 장사하러 가고, 왕자는 사냥하러 가며, 차르(Zar)는 전쟁에 나간다." 그리고 여기에 결합된 '금지'[21]를 주인공이 어김으로써 요술적인 이야기의 전개가 시작되는 것이다. 부재와 금지의 결합은 영웅담, 요술담이 전개될 최초의 단서이자 필연적인 계기를 제공해준다. 즉 이 금지의 위반과

---

21) 즉 '왕자는 그녀에게 이층 방에서 나가지 말도록 설득하고' '방앗간 주인은 사냥을 나가면서 딸에게 집 밖으로 나가지 말 것을 명령'하는 것 등이다.

길떠남은 일상의 평온이 깨어지면서 사건이 시작되고 요술담이 전개될
수 있는 서두의 기능을 한다. 이 서두는 이후에 전개될 이야기의 필연적
인 원인을 설명해주며, 또한 결말을 암시해준다.
　신년사에서 이 서두는 흔히 의례적인 인사로 시작된다. 그리고 바로 이
어지는 것은 지난해의 회고이며, 이것은 어려움과 위기, 아니면 영광스러
웠던 성취로 제시된다.

　　돌이켜보면, 지난 한 해는 미국을 비롯한 세계경제가 어려워짐에 따라 세계 각
국이 자국 산업방어를 위한 보호무역주의를 펴는 바람에 우리나라의 수출에도 큰
영향을 주어 우리나라 역시 수출부진에 따른 불경기와 실업사태로 경제 전반에
어려움을 면치 못한 한 해였습니다(≪H자동차≫ 1986년 1월호).

　　돌이켜보건대, 1986년은 대내외가 매우 어수선하기도 하였으나, 경제적인 측면
에서는 우리 회사와 국가경제 모두에 있어 매우 성공적인 한 해였습니다. 특히 아
시안 게임의 성공적 수행은 우리나라의 능력을 온 세계에 떨친 장한 쾌거였습니
다(≪H자동차≫ 1987년 1월호).

　　돌이켜볼 때 지난 1년은 우리 D자동차로서는 매우 뜻깊은 한 해였습니다. 판
매대수가 창사 이래 처음으로 4만 대 수준을 넘어서고, 또한 흑자경영의 기틀을
마련함으로써, 어떤 난관에 봉착하더라도 꼭 해내고야 말겠다는 확고한 용기와 인
내가 있는 한, '하면 된다'는 자신감을 뿌리깊게 다져준 한 해였습니다(≪D자동차
≫ 1985년 1월호).

　　돌이켜보면 지난 1년은 대내외적으로 다사다난했던 한 해가 아닌가 생각됩니
다. 수출주도형 경제성장을 추구해왔던 우리 경제는, 선진국들의 자국산업 보호정
책으로 인하여 수출이 부진했고, 이에 따라 경제성장률은 5.5%의 저수준에 머물
러, 투자의 감소와 고용위축, 수익감퇴 등 경영여건 또한 어려웠던 한 해였습니다.
　　특히 일시 사회적으로 만연한 노사분규에 휘말렸던 우리의 불행한 기억은, 결
코 이런 일이 또 다시 있어서는 안된다는 값비싼 경험으로 간직해야 할 것입니다
(≪D자동차≫ 1986년 1월호).

이런 시작은 부정적이었던 지난해의 극복, 혹은 영광스러웠던 결과의
지속이라는 올해의 사명을 부여하기 위한 전제와 계기로서의 의미를 가

지며, 작년/올해의 경계를 명확히 하는 기능을 수행한다. 즉 지난해의 회고가 영광 혹은 좌절로 제시되는 것은, 그 다음의 내용이 현재의 과제로 제시될 필연적 연관을 제공하며, 동시에 올해를 위해 언표되는 내용들을 작년과 명확히 차별짓게 되는 것이다. 신년사의 서두는 또한 사실의 제시를 포함한다. 이것은 주로 기업환경의 변화 및 기업의 실적제시로 나타난다.

> 1986년 우리회사는 오랫동안 염원해온 미국시장 진출 목표를 성공적으로 달성하였으며, 캐나다에서는 부품공장에 이어 완성차 조립공장 건설에 착수하는 등 수출기반을 확대하는 한편 2차 30만 대 공장건설에 박차를 가하여 대량 수출을 위한 획기적 기반을 마련하였습니다. …… 작년 한 해 동안 우리 회사는 총 42만 3천 대를 생산하여 그 중 71%인 30만 2천 대를 수출하고 29%인 12만 1천 대를 국내에 판매하였습니다. 금액으로 보면 수출이 약 13억 5천만 불, 내수는 7천억 원이 조금 넘는 규모가 됩니다. …… 이러한 판매 활동으로 회사는 작년 약 1조 9천억 원의 매출을 달성하여 전년대비 약 77%의 성장을 기록하였으며 수출이 총 매출액에서 차지하는 비율이 62%로 크게 높아졌습니다 (≪H자동차≫ 1986년 1월호).

> 돌이켜보면 지난 한 해 동안 우리는 여러 분야에서 많은 변화를 이루었습니다. 품질분야에서 평균 32%의 향상을 이룬 것을 비롯, 생산성에서 18% 향상을 가져왔습니다. 또한 판매분야에서도 영업점소망이 30여 개 더 늘고, 영업인력도 4천 명에서 6천 명 선으로 대폭 증가하는 등 큰 변화가 있었습니다. …… 한편 판매증가가 기대하던 만큼 이루어지지 않아 변화의 길을 달리던 우리의 발걸음을 무겁게 하기도 하였습니다만, 여기에 개의치 않고 개혁 의지를 더욱 다지는 기회로 승화시켜 변화의 고삐를 늦추지 않았습니다(≪D자동차≫ 1993년 1월호).

"2차 30만대 공장건설" "42만 3천 대를 생산" "평균 32%의 향상" 등과 같은 객관적인 수치와 사실의 제시, 특히 판매실적 등의 제공은 작년의 성과를 규정하기 위한 논증의 성격을 띠며, 작년을 영광 혹은 좌절로 규정하는 것에 대한 근거로 기능한다. 그리고 사실의 제공을 통해 신년사는 '올해'를 위한 이야기들의 방향과 성격을 규정하는데, 작년의 사실에 대한 장황한 근거의 제공은 작년의 실적을 밝히고 논증하는 데 목적이 있기보다는, 올해의 이야기를 위한 배경이자 논증의 성격을 띤다. 왜 이런 장황한 서두가 제시되는가는 신년사의 머리말을 살펴볼 때 이해될 수 있다.

> 올해 우리 H자동차의 목표는 승용차 592,300대, 상용차 115,000대, 총 707,300대의 완성차와 CKD 2만 5천 대분을 생산하고 내수 511,00대, 수출 195,700대의 실적을 올려 총 1조 9천억 원의 매출액을 달성하는 것입니다.
> 더구나 이러한 목표마저도 회사가 조업상의 어떠한 차질도 없다는 것을 전제로 하는 것이기 때문에 우리 모두 합심단결하여 맡은 바 책무를 다해 이 목표를 꼭 달성해야 하겠습니다(≪H자동차≫ 1990년 1월호).

> 따라서 1993년은 지난해의 그 같은 노력을 바탕으로 '새로운 도약'을 성취하는 한 해가 되어야 하겠습니다. 지난해가 도약을 위한 투자의 한 해였다면, 올해는 실질적인 성과를 거두기 시작하는 결실의 원년이 되어야 할 것입니다(≪D자동차≫ 1993년 1월호).

신년사의 머리말은 서두에서 제시된 사실들을 배경으로 하여, 일관되게 과제와 임무를 제시하고 있다. "올해 우리의 목표는 …… 총 1조 9천억 원의 매출액을 달성하는 것입니다" "1993년은 지난해의 그 같은 노력을 바탕으로 새로운 도약을 성취하는 한 해가 되어야 하겠습니다"와 같은 언표들은 서두에서 제시된 수치와 사실들로부터 연결되는 시퀀스가 된다. 즉 실질적으로 신년사에서 이야기하고자 하는 머리말은 서두에서의 사실들을 바탕으로 해서만 말해질 수 있는 것이다.

신년사는 논증이 부재한 특수한 형태의 이야기다. 과제와 임무에 대한 언표가 주된 내용이 되기 때문에, 이 진술이 설득력을 얻기 위해서는 다른 형태의 증거 제시가 필요하다. 신년사는 이 증거를 작년의 성과나 실패에서 찾으며, 이를 위해 작년의 실적에 대한 여러 자료들을 제시하는 것이다. 그러나 이렇게 제시되는 과제와 임무는 실질적으로는 서두에서 제시된 사실들과는 직접적인 관련이 없다. 앞의 예의 경우 생산목표와 판매목표는 서두에서 제시된 지난해의 실적으로부터 논리적으로 도출된 결과가 아니다. 다만 서두는 이 머리말에서 제시되는 과제와 임무를 구체화하기 위한 '자의성의 제거' 기능을 수행하고 있을 뿐이다.[22] 르불에 의하면 이데올로기가 가장 쉽게 치장하는 외관 중의 하나가 바로 과학주의다. "32%" "2차 30만 대" 등 객관의 외양을 띤 수치나 자료의 제시는 이 언표를 과학적인 것처럼 보이게 한다. 이 과학주의의 외관이 머리말의 내용인 과제와 임무를 정당화하는 근거로 활용되고 있는 것이다.

신년사의 진술부분은 임무의 구체적인 내용들로 채워진다.

> 이처럼 의욕적인 목표를 수립한 우리 회사가 경영목표를 달성할 수 있도록 임직원 여러분께 몇 가지 당부의 말씀을 드리고자 합니다.
> 우선 연초에 정한 우리의 경영목표를 달성하기 위해 과거보다 더 적극적인 경영전략을 수립, 추진해야 할 것입니다. 특히 생산에 있어서, 가장 중요시해야 하는 것은 '품질 최우선'으로 좋은 제품을 생산하면서 계획된 양을 반드시 달성하는 것입니다. 또한 내수판매부문에 있어서도 많이 떨어진 시장점유율을 하루빨리 회복하고 경쟁사보다도 월등한 위치를 차지하여야 할 것입니다.
> 다음으로 수출부문에서는 우리의 가장 중요한 해외시장인 북미시장에서 우리회사의 이미지를 제고시키고 판매를 확대해야 할 것입니다. 신시장개척 못지 않게 기존시장에서의 점유율을 높이는 일도 등한히 해서는 안될 것입니다. …… 관리부문에서는 효율성 제고를 위해 비능률을 제거하고 경영에 있어서의 수익성도 반드시 제고되어야 합니다. 또한 최근 큰 문제가 되고 있는 소비자 만족을 위한 품질경영과 사후봉사에도 전임직원이 관심과 노력을 쏟아야 할 것입니다(≪H자동차≫ 1993년 1월호).

> 그래서 새해를 맞아 우리는 '새로운 도약'을 위해 우리의 모든 의지와 지혜를 모아야 하겠습니다. 이런 입장에서 다음과 같은 몇 가지 과제를 우리 회사의 올해의 실천방향으로 제시합니다.
> 첫째, NAC 도전운동을 통해 '경영혁명'을 추진해나가야 합니다. 작년 한 해 동안의 NAC 도전운동이 의식을 개혁하고, 환경을 정돈하고, 제도를 정비하는 등 과정중심이었다면, 올해의 NAC 운동은 실질적인 경영성과를 도출해내는 데 주안점을 두어야 합니다. …… 둘째, 30만 대 생산과 판매를 기필코 달성해야 합니다. 이의 달성을 위해 우리는 배수진을 치지 않을 수 없습니다. …… 30만 대 생산 판매에는 영업직, 생산직이 따로 있을 수 없습니다. 우리 모두의 뼈를 깎는 노력이 뒤따라야 합니다. 셋째, 회사 중장기 발전을 위한 마스터플랜을 실천적으로 수립해야겠습니다. 앞서 제시한 두 가지 과제를 달성하고, 이를 더욱 확대, 발전시키기

---

22) 르불은 이런 논증을 거짓 논증으로 정의한다(Reboul, 1994: 74-76).

위해서는 치밀한 시행전략이 필요합니다. 회사와 구성원 모두의 비전이 담긴 구체적인 종합계획을 수립해야 합니다(≪D자동차≫ 1993년 1월호).

신년사의 진술과 논증에 해당되는 부분은 임무와 과제들이 연쇄적으로 나열되는 구조를 보인다. 이 진술부분이 가지는 특징은 무엇보다 진술된 과제들에 대한 논증이 전혀 없다는 점이다. "연초에 정한 우리의 경영목표를 달성하기 위해 과거보다 더 적극적인 경영전략을 수립, 추진해야 할 것입니다" "둘째, 30만대 생산과 판매를 기필코 달성해야 합니다. 이의 달성을 위해 우리는 배수진을 치지 않을 수 없습니다"와 같은 진술에는 논증이 부가되지 않는다. 즉 설득의 형태가 아니라 일방적인 지시와 요구의 형태다. 그래서 이 진술부는 두번째 특징인, 수행문들로 채워진 문장들로 구성된다. 수행문은 주지하듯이 지시와 요구, 명령 등 언표가 행위를 수반하는 권력적 언어다. 따라서 이 수행문들로 가득 채워진 진술부는 설득이나 논거의 제시에 그 목적이 있는 것이 아니라, 지시에 대한 순응을 기대하는 명령의 체계를 이루게 되는 것이다. 앞에서 보았듯이 경영담론은 많은 수행문들로 채워져 있다. 그리고 이 수행문들이 신년사에서 가장 핵심적인 부분인 진술부에 집약되어 있다는 사실은 최고경영자 신년사가 지시와 요구의 이야기 구조를 이루고 있으며, 논증을 통한 설득보다는 권위에 의존한 권력적 발화를 수행하고 있다는 것을 보여준다.

맺음말은 직설적인 설득을 의도하고 있다.

풍랑이 세고 파도가 높을 때 비로소 모든 선원의 능력을 알 수 있는 것처럼 회사의 경영여건이 어려울 때 우리 모두의 의지와 노력의 크기를 알 수 있습니다. 한 배를 탄 우리 모두가 거센 풍랑을 이겨내고 우리의 목적지에 성공적으로 도달할 수 있도록 노력합시다.

회사 창립 이래 4반세기 동안 어느 한 해도 쉬운 때가 없었지만 우리는 모두가 하나가 되어 난관을 극복하고 오늘에 이르렀습니다. 어떤 이들은 그것을 기적이라고도 합니다만, 그것은 결코 기적이 아니라 우리 스스로의 의지와 노력의 결과입니다.

이제 자랑스런 4반세기를 뒤로 하고 우리 스스로의 노력에 의하여 새롭게 창조될 2000년대에 세계 자동차 시장에서 확고한 위치를 구축하고 명실상부한 세계

10대 자동차 메이커가 될 수 있도록 다같이 노력합시다(≪H자동차≫ 1993년 1월호).

  올해 우리 목표는 어느 해보다도 절박합니다. 그런 만큼 전임직원들의 이해와 공감과 협조로 반드시 이루어내야 합니다. 그 어떠한 어려움이 있더라도 흔들림 없는 의지와 주인의식으로 목표달성에 매진해나가기를 당부드립니다. 저 자신 또한 앞서 뛸 것을 약속드립니다. …… 올해를 흑자기반을 다지는 해로 마무리하고, 내년부터는 흑자를 달성하는 회사로 변모시켜 우리의 자존심을 실질적으로 회복해야 하겠습니다. …… 끝으로 내년 이맘때에는 영광된 성과를 안고, 올해를 회고해볼 수 있기를 바라며, 다시 한번 지난 한 해 여러분이 보여주신 정성과 노고에 감사드립니다(≪D자동차≫ 1993년 1월호).

"~다같이 노력합시다" "~해야 하겠습니다"와 같은 문장형식으로 이루어지는 맺음말은, 진술부에서 나타나는 수행문 형식과 동일한 형식을 이루지만, 그 표현에서는 다소 순화된 형태로 드러난다. 바르트는 맺음말에는 두 개의 층위가 존재한다고 주장한다. 하나는 '사실'의 층위로, 요구되는 것을 재론하고 요약하는 것이며, 두번째는 '감정'의 층위로, 통상은 감동적이고 정서적인 결론을 의미한다. 즉 맺음말은 진술부와 논증부에서 이루어진 주장을 환기시킴으로써 결말의 지표를 제시하고, 감동적인 결론으로 설득을 의도하는 부분이다. 그러나 신년사에서 나타난 맺음말은 사실의 제시보다는 감정의 층위를 두드러지게 내세우는데, 이것이 '지시와 요청'의 권력적 언어로 대치되고 있다는 점이 특징적이다. 즉 완화된 명령체계로 맺음말이 구성되고 있는 것이다.

  이상의 구조분석의 결과를 요약하여 도식화해본다면, 최고경영자의 신년사는 <그림 3-6>과 같은 배열구조를 이룬다고 할 수 있다.

  즉 신년사는 서두에서 맺음말에 이르는 체계가 비교적 수미일관한 수행문의 명령체계를 구성하고 있으며, 이것은 감정적 설득이나 논거의 제시를 통한 논증보다는, 권위에 의존한 지시와 명령을 위한 이야기 구조를 이루고 있다는 사실을 보여주는 것이다.

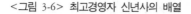
<그림 3-6> 최고경영자 신년사의 배열

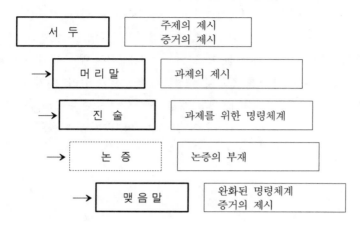

6. 신화로서의 경영담론

본래적 의미에서 신화(神話)는 이야기, 즉 보편적 인간정신의 구현체로 읽힐 수 있는 구조를 가진 이야기다. 신화의 내재적인 가치는 어떤 시점에서 펼쳐진 것으로 간주되는 사건들이 동시에 항구적인 구조를 이루고 있다는 사실에 있으며, 신화의 구조 분석은 인간정신의 공통성에서 유래한다고 보이는 그러한 보편성을 발견하려는 데 그 목적이 있다(소두영, 1993: 208). 프로프, 토도로프 등의 러시아 형태주의 전통, 그레마스의 행위주 모델, 브르몽의 서사분석 등은 이런 신화의 형식적 분해를 통해 일반성을 이해하려는 시도들이다.

의미작용의 측면에서 신화란 '자연화된 역사'를 지칭한다. 바르트에 의하면 현실은 역사적인 것임에도 불구하고, 자연과 역사가 혼돈될 때 신화가 된다. 경영담론이 신화가 되는 것은 역사적 사건을 현존하게 만들 때이며, 이 신화의 가치는 과거의 이야기에 있는 것이 아니라, 현재에 대해 갖는 의미와 이미지에 있다. 이것이 신화가 현재라는 시간 속에서 끊임없이 재생산되는 비밀이라 할 수 있다.

이 글에서 신화분석은 형식적으로는 이야기로서의 '신화', 그리고 그 의미작용 구조에서는 자연화된 이데올로기로서의 신화라는 두 가지 측면을 모두 고려한다. 그러나 모든 텍스트를, 즉 기호학적 분석의 대상이 되는 의미작용의 체계 전체를 신화로 규정했던 바르트와 달리, 여기서는 기본적으로 서사체 구조를 가지는 텍스트를 신화로 간주한다. 그것은 경영담론이 이야기 구조를 가지고 있으며, 또한 '이야기'가 주는 몰입과 설득의 효과를 고려할 필요가 있기 때문이다.[23]

1) 창업신화

(1) 신화의 내용

신화는 기업들이 가진 고유한 '이야기(narrative)'다. 이 이야기는 과거의 역사적인 사실에 토대를 두지만, 지속적으로 재생산됨을 통해 현재화함으로써 신화로 변모한다. 과거의 사실이 현재적인 것이 되기 위해서는 특정한 방식으로 굴절되는 과정을 거쳐야만 한다. 그렇기 때문에 경영담론 내 신화의 의의는 역설적으로 역사적 사실에 있는 것이 아니라, 현재의 시점에서 가지는 위상과 그것에 부여된 가치에 있다. 즉 신화는 단지 현존할 뿐이다. 경영담론에서 재생산되는 신화의 형태는 일화(episode)로, 이른바 '창업신화'나 '초기신화'로 부르게 된다. 이 이야기는 종사자들에 대해 기업의 구체적인 역사와는 무관하게, 광범위하게 유포되는 특성을 가진다 (Casey, 1995: 94).

경영담론의 신화의 내용을 짐작하는 것은 그리 어려운 일이 아니다. 그 기업이 가지는 고유한 가치, 높은 성과, 의미 있는 사건들 등이 신화의 주된 내용을 이루게 된다. 이런 신화의 구성요소들은 당연히 현재적으로도

---

23) 이야기는 연쇄구조로 이해될 수 있다. 즉 시간적 연쇄와 이야기 단위의 연쇄들로 이루어진 것이 이야기며, 이것이 설득과 몰입의 효과를 가지는 이유는 제시되는 것이 아니라 우리에게 '말하기(telling)' 때문이다(Cohan & Shires, 1997: 13).

의미 있는 것으로 받아들여질 수 있는 것이어야 하며, 혹은 그 현재적 의
미를 부여하기 위해 굴절된다.

　H자동차의 창업신화에서 가장 먼저 등장하는 것은 '고유 모델' 신화
다.

　　그 당시 새로운 차를 만든다는 것이 얼마나 어려운 것인지를 보여주는 일례가
있습니다. 한국에 GM·신진의 책임자로 와 있던 미국 사람이 한번은 나하고 같이
식사를 하면서 "○사장, 만일에 고유 모델 차가 나오면 내 손에 장을 지지겠소"라
고까지 했던 것입니다. 그래도 우리는 용기를 잃지 않고 열심히 고유 모델의 차를
만들었습니다. 여러 난관을 거쳐 마침내 우리는 △△(고유 모델명) 생산에 성공하
게 되었습니다(≪H자동차≫ 1984년 8월호).

　　△△(고유 모델명)를 개발하여 우리는 예상외의 좋은 성과를 얻었고, 따라서 회
사사정도 굉장히 나아졌습니다. 그때까지만 해도 국내에선 신진이 가장 컸고 또
가장 먼저 창설된 회사였기 때문에 우리 H자동차가 뒤져왔습니다. 신진말고도 피
아트의 아세아자동차, 그리고 기아도 있었습니다. 우리는 그 중에서 둘째는커녕
항상 3위 정도에 머무르고 있었는데 △△가 생산되기 시작한 76년을 고비로 77년
부터는 단연 1위로 올라섰습니다(≪H자동차≫ 1984년 8월호).

　H자동차의 고유 모델은 '우수한 기업' '1위 기업'을 상징한다. 이것은
고유 모델 자체가 가지는 의미보다는, 다른 국내기업들이 외국과의 합작
하에 OEM 생산을 하고 있는 상황에서 국내 최초로 고유 모델을 만들었
고, 그것을 통해 국내업체들 중 1위로 올라섰다는 자부심을 표현하고 있
다.[24] 또한 이것은 간접적으로 외국기업과의 경쟁에서의 승리를 상징한
다. "만일 고유 모델 차가 나오면 내 손에 장을 지지겠소"라는 GM 책임
자의 발언은 고유 모델 생산을 통해 반대자를 물리치고 어려움을 극복하
여 선진 외국기업 수준의 기업으로 진입했다는 사실을 상징적으로 표현
한 것이다. "우리는 그 중에서 둘째는커녕 항상 3위 정도에 머무르고 있

　　　24) 자동차 완성업체가 자신의 고유 모델을 가지는 것은 당연한 일이다. H자동차의
　　　　고유 모델 신화는 단지 국내에서 가장 먼저 고유 모델을 만들었다는 의미에 불과
　　　　한 것이다.

었는데 △△(고유 모델명)가 생산되기 시작한 76년을 고비로 77년부터는 단연 1위로 올라섰습니다"는 말을 통해 고유 모델 생산이 기업의 영웅적 자질을 상징하는, 자부심의 원천이 되고 있음을 단적으로 보여준다.

이러한 고유 모델 생산의 신화는 수출 신화로 자연스럽게 연결된다.

> '우리가 이 조그만 시장을 상대로 해서 자동차산업을 펼친다는 것은 불가능하다. 우리는 수출을 해야겠다. 조그만 시장에도 차를 만들어서 팔고, 대부분의 차는 수출해야겠다.' 이러한 결심을 했습니다. 수출을 하기 위해서는 어떤 차를 만들어야 하느냐, GM이 만드는 차나 또는 포드 도요타 같은 회사에서 만드는 차를 우리가 만든다면 수출할 수 없다고 판단했습니다. 그렇다면 우리 고유 모델을 만들어야겠다, 고유 모델을 만들어야 우리나라에서도 팔고 그 다음에 그 모델을 세계 어느 나라에서든지 자유로이 팔 수 있다는 생각을 하게 된 것입니다. 우리는 그때부터 회사력을 총동원해서 활약을 개시했습니다(≪H자동차≫ 1984년 8월호).

> 캐나다에 진출한 첫해 우리는 3,000대 정도의 자동차를 팔겠다고 계획했는데 막상 수출이 되자 현지 소비자들의 호응을 얻게 되었으며 매스컴에서도 대서특필하는 좋은 반응을 얻음으로써 작년 한 해 동안 32,000대의 우리 차가 울산항에서 선적되었으며 25,000대가 캐나다 시장에서 판매되었습니다(≪H자동차≫ 1985년 8월호).

한국 자동차산업의 역사에서 △△(고유 모델명) 신화가 존재했던 것이 사실이지만, 앞의 인용문은 창업신화가 현존하는 방식을 전형적으로 보여준다. <표 3-7>에서 보듯, 고유 모델이 만들어지고 수출이 시작된 이후, 5만대 이상의 대량 수출이 이루어지는 것은 1985년에 이르러서다. 즉 역사적 사실은 고유 모델의 생산과 대량 수출 신화 간에 상당한 시간적 괴리가 있었으며, 고유 모델의 생산이 직접적인 수출신화로 이어지지는 않았다는 것을 말해준다. 그러나 "캐나다에 진출한 첫해 우리는 3,000대 정도의 자동차를 팔겠다고 계획"했고, "작년 한 해 동안 32,000대의 우리 차가 울산항에서 선적되었으며 25,000대가 캐나다 시장에서 판매"됨으로써 역사적 사실은 시공을 넘어 현재의 신화가 되어버린다. 즉 대량 판매와 북미 수출의 성공은 고유 모델이 개발된 이래 10년이나 경과해서야

<표 3-7> 한국 및 H자동차 승용차 수출 실적 추이(1976-1995)

(단위: 대)

연도	한국 승용차 전체	H자동차
1976	1,019	1,019
1977	4,995	4,523
1978	16,371	12,195
1979	18,702	14,493
1980	14,655	12,357
1981	17,221	15,199
1982	14,133	13,573
1983	16,405	16,052
1984	48,778	48,286
1985	119,210	118,583
1986	298,879	297,964
1987	535,231	403,419
1988	564,511	404,881
1989	347,273	213,639
1990	339,672	225,263
1991	378,600	254,108
1992	427,513	281,966
1993	572,402	337,363
1994	648,385	354,643
1995	955,253	432,948

출처: H자동차, 『자동차산업』, 1997.

가능한 일이었음에도 불구하고, 창업신화는 이런 역사적 사실을 뛰어넘어 현재의 사실로서 신화화한다. 창업신화는 단지 역사적 사실의 재생산이나 자부심의 재생산이 아니라, 역사적 사건과 현재가 결합된 것이며, 현재의 시점에서 의미화함을 통해 신화로서 재생산되고 있는 것이다.

창업신화가 고유 모델 개발과 같은 특별한 역사적 사건을 통해서만 만들어지는 것은 아니며, 이런 계기 없이도 창업신화는 존재할 수 있다. 이 경우 신화는 보다 수사적이고 추상적인 특징을 갖는다.

한국 자동차산업의 선구자로서 창립 이후 우리가 겪어온 길을 통하여, 우리는 많은 체험을 하였습니다. 그러나 회사의 존립 여부조차 문제가 될 정도로 절박했던 위기를 당해서도, 전임직원이 같은 생각을 가지고 열심히 일한 결과 우리들의 잠재력과 무한한 가능성을 확인할 수 있었던 최근 2년간의 체험이야말로 무엇보다도 값진 것이었다고 생각합니다(≪D자동차≫ 1984년 6월호).

"한국 자동차산업의 선구자" "우리가 겪어온 길" "많은 체험" "절박한 위기" 등 창업신화에 공통적으로 나타나는 자부심의 원천과 역경의 계기들이 신화 속에 드러나기는 하지만, 그것은 매우 추상적이고 모호한 수사들로 이루어져 있다. 이런 형태의 신화는 앞에서 본 고유 모델 신화와 달리, 이야기(telling)의 구조를 이루지 못하기 때문에 몰입과 설득의 효과를 크게 가지지 못한다. 그렇지만 이런 형태의 신화 역시 현존의 계기를 갖는다. '선구자로서 겪어온 길'은 '최근 2년간 위기 속에서의 체험'과 연결되어, 역사적 사건이 현존의 계기로 순환하는 구조를 이룬다. 즉 선구자로서의 자부심의 원천이 현재의 위기극복의 경험과 연결되어 비로소 의미 있는 신화로 전화하는 것이다.

신화구조의 분석은 신화의 의미작용이 항상 현재의 시점에서 이루어지고 있음을 보여준다. 이것은 곧 신화의 내용은 과거이지만, 그 작용의 시점과 구조는 현재에 있으며, 따라서 신화는 역사적 사실을 항상 현재의 의미로 재구성하는 의미작용의 체계임을 의미한다. 이것은 신화의 중요한 두 가지 속성을 지적하고 있다. 첫째, 바르트가 지적하고 있듯이 신화는 자연화하는 동시에 현존하는 담론이라는 사실이다. 신화가 다루는 과거의 사실은 현재의 의미작용 체계 속에 자연스러운 외양을 띠고 편입해 들어오며, 이를 통해 신화의 가치는 항상 현재의 것이 되어버린다. 그리고 과거가 현재화하는 것은 항상 현재의 임무를 환기하려는 목적을 가진다는 것도 지적해두고 싶다. 둘째, 현재의 의미작용 체계 속에 편입된 신화는 역사적 사실에 대한 논란을 배제하는 담론구조를 가진다. 역사학적 사실은 진위 판단의 대상이 된다. 그러나 신화 속의 역사적 사실은 현재의 체계 속에서 의미작용하기 때문에 그것이 사실인가를 둘러싼 논쟁은 체계적으로 배제되며, 현재적 의미만이 전면에 드러난다. 이것은 곧 신화 속에서 역사적 사실이 재현되는 체계적 약호가 존재함을 의미하는 것이다. 이것은 다음에 살펴 볼 신화의 형식성, 즉 이야기 구조와 밀접한 관련을 가진다.

(2) 신화의 구조

신화의 구조에 대한 관심은 전체로서의 담론 텍스트가 가지는 형식적 특성, 즉 이야기 구조가 가지는 특성을 해명하는 데 그 목적이 있다. 이야기 구조의 분석은 그 구조가 인간 정신의 발현적 특성을 구현하고 있음을 전제하며, 그 텍스트는 우연적 결과가 아닌 필연성을 담고 있음을 밝히는 것을 목적으로 한다. 신화 역시 마찬가지로 작자와 독자를 매개하는 텍스트이기 때문에 이러한 특성은 작자와 독자를 포함하는 메시지 전달 상황 일반으로 확대될 수 있다. 또한 텍스트에 주목한다면, 신화가 어떤 효과를 꾀하는가를 밝히는 수사학적 관심이 포함된다. 결국 이러한 관심들은 신화 텍스트의 형식성이 가지는 효과에 대한 분석으로 요약될 수 있을 것이다.

먼저 앞서 제시된 그레마스의 행위주 모델로 신화의 구조를 분해해 보고자 한다. 신화는 반대자를 물리치고, 대상을 성취함으로써 이야기 연쇄(sequence)가 종결되는 목적론적 이야기 구조를 가지는 것이 일반적이다. 그러나 창업신화는 이런 완결적인 목적론적 구조를 가지지 않는다. 시험과 역경의 극복은 신화의 완결로 귀결되지 않는데, 그 이유는 역경의 극복이 잠재적인 역경의 계기로 순환하고 있기 때문이다. 잠재적인 역경의 계기는 항상 현재의 것으로 지시되고, 최종적인 고난의 해결은 먼 미래의 것으로 유보된다. 즉 '주체의 호명 → 역경의 극복 → 목적의 성취 → 새로운 반대자 → 주체의 호명'의 원환구조가 경영담론 신화의 주된 특징이 된다.

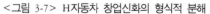

<그림 3-7> H자동차 창업신화의 형식적 분해

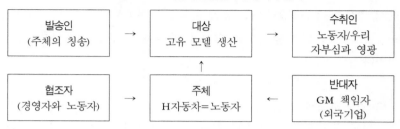

주체인 H자동차는 경영자와 노동자를 포함하여, 고유 모델 생산이라는 대상을 지향하며, '우리'라고 명명되는 수취인에게 전달된다. 힘의 축에서 반대자는 GM으로 상징되는 국내외 경쟁기업들이며, 협조자는 민담과 달리 외부에 존재하는 것이 아니라, H자동차 내부의 경영자와 노동자들, 즉 우리다. 힘의 축에서 협조자의 부재는 그만큼 반대로 주체의 행위를 신화화하게 된다. 전달의 축에서 보조자는 미래에 약속되는 주체에 대한 칭송, 즉 영웅적 행위의 심리적 보상이다. 이것이 고유 모델 생산의 담론대상과 결합되어 노동자 및 우리의 자부심이 된다.

즉 경영담론의 신화는 민담과 달리 일정한 결핍이 내재되어 있다는 특징을 드러내며, 이 결핍은 주체의 내부에 의해 보충된다. 바꾸어 말하면 이 결핍은 주체의 행위를 영웅적 행위로 더욱 신화화하기 위한 담론 장치로 이해될 수 있다. 즉 결핍은 반대자와 동일한 상징을 띠게 되며, 결핍의 보충은 반대자의 극복과 동일하게 의미작용한다. 이런 이유 때문에 신화에서 역경의 계기들은 특히 강조되는 경향이 있다. 고난과 역경이 클수록 영웅의 이야기는 더욱 더 신화적이 된다는 신화의 공식을 충실히 따른 결과라 할 수 있다.

보지도 듣지도 못한 한국의 △△(고유 모델명)가 이토록 인기가 오르게 되니까 세계에서 제일 큰 GM, 도요다 등 많은 메이커들이 △△(고유 모델명) 타도작전을 펴기에까지 이르렀습니다(≪H자동차≫ 1985년 1월호).

캐나다 시장에 처음 진출한 △△(고유 모델명)가 예상외로 잘 팔리게 되자 미·일의 메이커들은 H자동차 타도의 구호 아래 여러 가지 악선전을 시도하고 있습니다(≪H자동차≫ 1995년 8월호).

"세계에서 제일 큰 GM, 도요다 등 많은 메이커들이 △△(고유 모델명) 타도작전"을 편다든지 "미·일의 메이커들이 H자동차 타도의 구호 아래 여러 가지 악선전"을 하는 등의 역경은 충분히 신화적이라 할 수 있는 큰 고난을 표상한다. 이것은 외국회사들의 타도작전이나 악선전의 대상이 될 만큼 H자동차라는 회사, 그리고 △△(고유 모델명)라는 차에 대해 자부심을 가질 수 있다는 사실을 표현하는 것에 다름아니다.

경영담론의 신화는 반대자에 대응하는 협조자가 부재한다는 특징을 보여주고 있다. 이 결핍은 주체의 영웅적인 행위로 채워지고 있는데, 신화는 수취인들에 대해 그 신화의 일부분으로 호명함으로써 자랑스런 주체를 구성하고자 한다. 하지만 그것은 동시에 '영웅의 고난의 삶'에의 초대이기도 하다. 신화는 호명의 원천으로 현존하는데, 신화는 궁극적으로 자부심을 고취시키고 헌신을 내면화시키고자 하지만, 그것은 참여의 계기들을 끊임없이 생산함으로써 구체화된다. 자부심과 헌신은 현재의 고난에 동참함으로써 만들어질 수 있다. 이런 이유에서 창업신화는 현재의 과제, 임무와 연결되면서 현존하는 신화가 되고, 신화의 궁극적인 성취대상은 미래로 항상 유보되는 것이다.

단지 여러분이 열심히 일한다면 우리는 선진국의 대열에 끼여들 수 있는 것입니다. 선진국에서의 좋은 회사를 만들기는 전적으로 여러분에게 달려 있습니다(≪H자동차≫ 1995년 8월호).

우리는 지난 몇 년간 숱한 난관을 겪으면서도 이를 슬기롭게 극복해온 경험을 가지고 있습니다. 본인은 이 점을 그 어느 회사와의 경쟁에서도 앞서나갈 수 있는 우리의 저력으로 생각하고 있습니다.

그러나 우리의 이러한 저력을 현실적으로 회사발전에 직결시키는 것은 어느 한 개인의 노력만으로는 이루어질 수 없으며 회사 경영진과 전종업원의 일체적인 참여와 노력에 의해서만 가능할 것입니다(≪D자동차≫ 1985년 11월호).

결국 신화는 '역사적 사건의 진술'에서 '현재의 임무'로 연결되는 이야기 구조를 갖고 있으며, 이것은 담론의 화용적 특성에서 볼 때 '진술'에서 '수행'으로 전화되는 구조를 갖게 된다. 앞의 예에서 보듯 "선진국에서의 좋은 회사 만들기는 전적으로 여러분의 손에 달려 있습니다"나 "회사발전은 …… 전종업원의 일체적인 참여와 노력에 의해서만 가능할 것입니다"라는 두 문장은 결국 "회사발전을 위해 여러분이 열심히 일할 것을 요청합니다"라는 수행문 형태로 치환될 수 있다. 즉 텍스트의 체계 속에서 서술이 수행으로 전화되는 구조를 갖는 것이 또한 창업신화가 가지는 특징 중의 하나로 볼 수 있다.

다음으로, 이를 바르트의 신화도식과 연결시켜 신화의 의미작용(signi-fication) 구조를 파악해보고자 한다.

<그림 3-8> 창업신화의 의미작용 구조

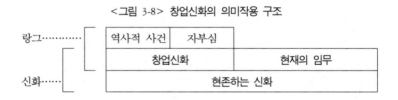

<그림 3-8>에서 보듯 창업신화는 과거의 역사적 사건을 토대로 의미를 구성하여 창업 일화가 되고, 이것이 현재의 임무를 지시하는 시니피에가 되면서 현존하는 신화를 만들고 있다. 바르트가 지적하듯이 신화는 항상 현존하며, 이 신화 속에서 역사적 사건은 역사적인 것이 아니라 자연적인 것으로 간주된다.

이렇게 본다면 신화는 단순히 개인에게 혹은 개인이 속한 집단에 신성을 부여함으로써 자부심과 긍지를 고취하는 데 주된 초점이 모아지기보다는 오히려 영웅의 고난에 동참할 것을 강하게 요청하는 것이며, 성원의 고난의 삶을 영웅의 고난의 삶으로 의미전화시키는 것이 신화가 의도하는 주된 효과라 볼 수 있다. 신화는 단순한 허위의식이 아니라, 현재의 고

된 노동을 신화의 일부분으로 포함시켜, 그 고됨의 원천을 현실이 아닌 신화로 되돌림으로써 신화를 현재화하고 동시에 현재의 삶을 신화화하는 의미작용의 체계다. 그리고 이러한 신화의 이야기 구조는 본원적인 결핍을 그 특징으로 하며, 그것은 항상 주체들의 노력과 행위로 채워질 것을 기대한다. 이것은 신화가 단순한 과거 사실의 나열이 아니라, 주체를 신화 속의 일부분으로 편입시키는 호명의 담론이라는 사실을 말해주는 것이기도 하다. 이것이 신화가 경영담론에서 끊임없이 현재화되는 이유라 할 수 있다.

(3) 신화의 재생산

신화의 발전양상은 전형적으로 <그림 3-9>와 같은 과정을 겪으면서, 후기의 신화는 이 모든 과정이 신화 속에 통입되는 복잡한 이야기 구조를 갖게 된다(Casey, 1996: 94).

<그림 3-9> 신화의 재생산 구조

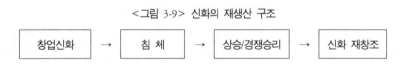

이런 방식의 신화의 재생산은 역사적 사실이라기보다는, 신화의 작가, 즉 경영담론에 의해 의도적으로 명명되고 조작되는 것이다. 노동자들은 입사기간 중에 누구나 한번은 이런 이야기 구조에 의해 호명되어 자부심을 내면화할 것을 요구받게 된다. 신화의 재창조에 결정적으로 등장하는 전형적인 수사가 이른바 '신기술 신화'다. 즉 비슷한 경쟁사보다 먼저 개발하고, 혹은 개발이 늦더라도 먼저 상품화를 했다든지, 그리고 비슷한 기술 조건 하에서 더 시장 점유율을 높였다는 등이 이 신기술 신화의 주된 내용을 이룬다.

이제 내년 초면 우리도 세계 정상급 기술이 집약된 수출전략형 X-CAR를 생산 개시하게 됩니다. 지난 3년간 총 4천억 원을 투자하여 완공케 되는 X-CAR 공

장은 생산시설이나 규모면에서 단일차종 생산공장으로는 국제적으로 손색이 없는
것입니다. 이제 문제는 '어떻게 만드느냐' 하는 것입니다. 여러분의 정성이 모든
부품 하나 하나에 깃들여져야 할 것입니다(≪H자동차≫ 1984년 10월호).

    …… 우리는 세계 제1의 경쟁력을 갖고 세계를 제패할 수 있는 충분한 가능성
을 갖고 있습니다. 우리는 캐나다와 미국수출 초기 소비자들의 선풍적인 인기와
기대를 체험함으로써 이를 확인한 바 있습니다. 만약 그 이후 계속 소비자들의 욕
구에 보다 만족한 수준의 성능과 품질의 제품을 보다 경쟁력 있게 제공할 수 있었
다면 지금의 H자동차는 더욱 크게 성장했을 것입니다(≪H자동차≫ 1992년 12월
호).

H자동차의 경우 신기술 신화는 초기의 고유 모델 신화를 토대로 하여
2차적인 의미들이 분화하는 특징을 보인다. '세계 정상급' '세계 최신 기
술' '세계 제1' 등의 화려한 수사가 동원되며, 성공에 대한 비전을 그 당
연한 결과로서 제시하고 있다. 대략 1990년대 초반까지 H자동차의 경영
신화는 창업신화에 기반하여 신기술신화로 이어지면서 재생산되고 있는
것으로 보인다. 케이시(Casey)의 구분에 따른다면 H자동차의 경우 1990년
대 초반에서 중반에 이르는 기간은 신화의 침체기로 보인다. 1992년 이
후 특별히 창업신화를 재론하거나 신기술신화를 창조하는 사례들이 별로
발견되지 않는다.

반면 D자동차의 경우 H자동차에 대비되는 고유 모델 생산 등의 창업
신화가 존재하지 않는데, 이는 D자동차가 GM이라는 다국적기업과의 합
작 형태로 시작되었다는 특수한 사정을 반영한다. 경쟁관계에 있는 H자
동차는 이런 사정에 근거하여 고유 모델 신화를 강조하고 재생산하는 담
론전략들을 구사하고 있는 것이라 할 수 있다. H자동차와 D자동차 양사
는 국내 시장을 둔 경쟁관계에 있긴 하지만, 그 격차는 1990년대 초반까
지는 상당히 큰 것이었다. 양사의 내수시장 판매량 추이를 살펴본 것이
<그림 3-10>이다.

이 내수판매 격차는 1995년까지 전혀 줄어들지 않고 있다. 즉 사실상
H자동차의 독주가 1995년까지 지속되어온 셈인데, 이런 사정이 양사의

<그림 3-10> H자동차와 D자동차의 내수시장 판매 추이

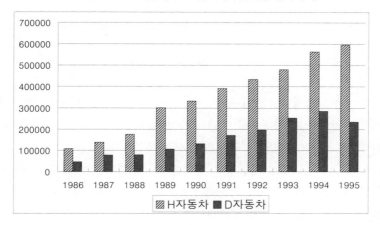

경영담론에서 내수시장에서의 '경쟁'에 대한 강조가 별로 발견되지 않으
며, 또 H자동차의 경우 민족주의 담론이 외국기업과의 대비 속에서 강조
되고, 세계시장에서의 경쟁을 강조하게 되는 사실의 배경을 이루고 있다.

D자동차의 최고경영자 담론에서 신기술신화가 처음 발견되는 것은
1987년의 일이다. 이전까지 GM의 지배 하에서 OEM 생산만을 해오던 D
자동차가 처음으로 자사의 브랜드를 시장에 내놓게 되는 것이 그 계기가
된다.25)

  올해는 무엇보다도, 우리가 그간 열심히 준비하여온 '○○'(모델명)의 대미수출
이 본격화되는 역사적인 해라고 생각됩니다. 다시 말해서, 꾸준한 국내시장의 바
탕 위에, 대량 수출이 이루어짐으로써 회사의 획기적인 성장은 물론, 국가경제에
크게 기여하는 계기가 되는 뜻깊은 새해라고 느껴집니다(≪D자동차≫ 1987년 1

─────────────────

25) 첫 자사 브랜드인 소형 승용차 '○○'(모델명)은 GM의 월드카(World Car) 전략
   의 일환으로, 미국의 GM-독일의 GM 자회사인 Opfel-한국 D자동차의 국제적
   분업을 통해 세계 소형차 시장을 공략하기 위한 전략차종으로 생산된 것이다. 그
   러나 대량생산-대량소비의 가장 극단적인 모습을 보여주었던 이 월드카 전략은 결
   과적으로 실패하게 된다. 극도로 단순화되고 제한된 차종 및 옵션에 대한 소비자
   들의 무관심의 결과였다. 월드카 전략에 대해서는 S. Wood(1991), 조형제(1992)
   등을 참조할 것.

월호).

우리의 승용차가 미국에 수출되어 우리 제품을 미국시장에 판매하는 세계유수
의 자동차 회사로 발돋움하였고, 북미 대륙을 달리는 '○○'(모델명)은 이제 우리
모두의 긍지의 표상이 되었습니다(≪D자동차≫ 1988년 1월호).

'○○'(모델명)의 대미수출은 H자동차의 고유 모델의 미국수출과 마찬
가지로 '역사적인' 사건으로 표현되고 있다. 이를 통해 "세계유수의 자동
차 회사로 발돋움"하였고, "긍지의 표상"이 되었다고 단언한다. 그러나 H
자동차와 비교할 때 D자동차의 신기술신화는 다소 소박하게 보이는데,
이런 소박함은 D자동차가 시장에서 차지하는 현실적인 위치를 반영하는
것에 다름아닙니다.[26] 그러나 D자동차의 이러한 신기술신화는 1990년에
들어서면서 보다 적극적인 형태로, 그리고 보다 빈번히 등장하게 된다.

        …… 또한 금세기 내 200만 대 생산체제 구축을 위해 펼쳐진 사업들도 주목할
    만한 것이었습니다. 특히 해외에서의 성과는 괄목할 만한 것이어서 200만 대 체
    제가 예상보다 빨리 이룩될 것이라는 희망찬 설계를 해봅니다.
        기술분야에서도 국제화를 통한 기술자립 및 선진화 기반을 다진 한 해였습니
    다. 해외의 고급두뇌들이 초빙되었으며, 첨단기술의 조기습득을 위해 해외 유수
    자동차 엔지니어링 회사를 인수한 것을 비롯, 현지 기술 센터 설립도 추진 중에
    있습니다.
        한편 아시아 지역 자동차업계 최초로 승용차 전차종에 걸쳐 ISO 9001 인증을
    획득한 것을 비롯, IE 대상, VE 경영자상 수상으로, 우리의 변화노력을 외부적으
    로 크게 인정받기도 하였습니다(≪D자동차≫ 1994년 1월호).

        돌이켜보면 지난해는 우리 모두에게 도전과 도약의 해였다고 생각합니다. 창사
    이래 최대의 생산실적을 이루었고, 200만대 생산체제 구축의 발판이 되는 군산공장
    건설과 해외공장 설립을 추진하였으며, 이에 따른 KD사업을 본격 시작한 한 해였
    습니다. 또한 신차개발도 순조롭게 진행되었고, 수출의 비약적인 증가로 우리 회사
    의 위상을 한 단계 올려놓은 한 해이기도 하였습니다(≪D자동차≫ 1996년 1월호).

경영담론의 신화는 만들어지면 기업 내에서 지속적인 재생산구조를 갖

---

26) D자동차는 1996년까지 내수시장 점유율 3위에 그쳤다.

<표 3-11> D자동차 신기술 신화의 형식적 분해

발송인 (주체의 칭송)	→	대상 승용차 미국수출	→	수취인 우리의 긍지
협조자 (경영자와 노동자)	→	주체 D자동차=노동자	←	반대자 경쟁기업

추게 되지만, 그것이 전달되는 주된 매체는 사보로부터 다른 매체로 확장
되어 간다. 그 중 창업신화가 유포되는 핵심적인 장이 바로 기업교육으로,
특히 신입교육은 기업의 신화를 강조하고 그를 통해 신입자들로 하여금
자부심과 일체감을 내면화하도록 유도하는 중요한 통과의례로 작용한다
(김도근, 1995: 27-29).

　그러나 신화의 재생산은 그 소재와 역사적 사건의 차이를 반영할 뿐
그 본질적인 의미작용의 구조의 변화를 보이지는 않는다. ≪D자동차≫
1988년 1월의 경우를 행위주 모델로 분해해보자. 여기서도 마찬가지로
협조자의 결핍 속에서 노동자 주체를 대상의 획득으로 지향시키는 이야
기 구조가 발견됨을 알 수 있다.

　경영담론의 신화는 과거의 사실을 현재화시킴으로써 자연화하는 이데
올로기이자, 동시에 이야기의 구조적 결핍을 주체의 행위를 통해 메울 것
을 기대하는 호명의 담론임을 살펴보았다. 이것은 신화가 기업에서 끊임
없이 재생산되는 이유를 설명해주며, 또한 신화가 광범위하게 노동자 주
체들에게 공유되는 이유를 말해주는 것이라 할 수 있다.

　2) 영웅 이야기

　영웅 이야기도 창업신화와 마찬가지로 신화 이야기의 형태를 취한다.
그러나 이 영웅 이야기는 텍스트의 구조와 그것이 유포되는 목적에 있어
창업신화와는 약간의 차별성을 가진다. 영웅 이야기는 이야기 구조에 있
어서는 고전적인 신화나 민담의 이야기 구조에 훨씬 근접해 있으며, 기능

의 연쇄들도 보다 뚜렷이 드러난다. 영웅 이야기가 끊임없이 재생산되는 이유는 분명하다. 이 신화가 다루는 소재는 노동자들의 일상 속에서 매우 익숙한 것이어서 담론 내용과 현실의 거리가 멀지 않으며, 게다가 이 신화의 주인공은 노동자들이 현실에서 늘 마주하는 사람이어서 텍스트의 설득력은 더욱 커진다. 여기에는 바로 유사성과 근접성이라는 메시지 생성원리가 작용하고 있다. 이것은 경영담론이 끊임없이 노동자들의 일상적 영역으로 침투해가는 이유를 설명해준다.27) 또 이런 신화는 몇 가지의 보편적 가치를 노골적으로 드러내 보이며, 이를 주인공 개인의 삶과 깊이 연관지음으로써 하나의 '모범적인 노동자상'을 만든다.

그렇다면 이런 영웅이야기가 경영담론 속에서 재생산되는 것은 어떤 의미가 있을까? 푸코는 노동자들에 대한 자본주의적 규율의 형성이 순종적인 노동력을 재생산하기 위한 핵심적인 과정이었음을 지적한다. 이것은 작업장 내에서의 작업규율뿐만 아니라, 사적이고 일상적인 부분에 대한 규율들, 예를 들면 무절제한 음주에 대한 규율 등을 포함하였다. 규율은 궁극적으로 노동자들에 대해 육체적 및 정신적으로 건강한 노동자상을 표상으로 제시하고자 한다(Foucault, 1993: 183-225). 이 역사적 사실은 노동자상, 혹은 노동자 정체성의 형성과 관련된 한가지 중요한 사실을 지적해준다. 노동자 정체성의 형성에는 기업의 역할이 결정적인 것으로 개입하고 있는 것이다. 경영담론이 재생산하는 영웅 이야기는 기본적으로 기업에 의한 노동자 정체성 형성의 전략이 내재되어 있다. 즉 영웅 이야기는 바람직한 주체를 구성하기 위한 기업의 언어전략의 일환이며, 또한 노동자 정체성이 협상되며 만들어지는 중요한 통로의 하나라 할 수 있다.28)

---

27) 유사성이란 성원들이 서로 나누는 이해, 의식, 가치, 태도, 행동성향에서의 상호 일치 정도를 의미하며, 근접성은 물리적 및 심리적 가까움을 의미한다. 이것은 인간에게 심리학적으로 '좋은 것'이라는 암시로 작용한다(조종혁, 1994: 53-67).

28) 톰슨과 맥휴(Thompson & McHugh)는 영웅만들기가 노동자들에게 문화적 정체성 (cultural identification)을 부여하는 과정으로 본다. 모두가 승리자임을 인식시키는 것이 이 과정의 주된 목적이다(Thompson & McHugh, 1990: 228-241).

영웅 이야기가 어떤 구조를 가지는지를 먼저 몇 개의 전형적인 이야기를 통해 살펴보자.

(19)68년 신진자동차에 입사한 후 어언 30여 년을 자동차 구매파트에서 보내온 그의 인생. 어찌 보면 한 우물을 판 셈인데 그가 정열을 가지고 활동했던 그 시간들이 주마등같이 지나가는 듯 묘한 미소를 짓는다. 다른 직원들에게는 이른 출근의 이유를 "새벽에 일어나면 마누라도 없는데 무슨 낙으로 집에 있어. 그러니까 일찍 출근하는 거지"라는 식으로 얼버무리는 엄대리. (19)93년 상처하고 나서는 외로움을 달래려고 더욱 회사일에 열심인 그. …… 그가 새벽 6시 반부터 나와서 하는 업무는 무엇일까? 엄대리는 68년 신진자동차 자재관리과에 입사, 지금껏 버스 부품을 공급하는 일을 해오고 있다. 미션, 엑슬, 스프링, 조향장치, 타이어, 배터리 등 대부분 고가의 부품들을 외주 협력업체에 발주를 주고, 그 부품들을 일일이 확인하고 난 후 부품을 받는 일. 간혹 협력업체의 피치 못할 사정으로 부품이 적기에 공급되지 못하는 경우는 그 협력업체의 생산라인에 꼭 붙어 서 있다가 부품이 완성되는 대로 부산공장으로 실어나르기도 한다. "버스를 생산하기 위한 첫공정이 되다 보니까 신경이 상당히 쓰입니다. 재고가 많아도 안되지만 부품이 모자라면 당장 작업이 안 이루어지니까요. 조금의 실수라도 있으면 금방 표가 납니다"라며 자신의 업무를 말하는 엄대리. 그가 맡은 부품업체만도 21개나 된다니 그 관리가 수월치만은 않으리라. 2남 1녀를 두고 있는 가장이기도 한 그는 요즘 즐거운 걱정거리(?)가 생겼다. 대학생인 막내의 거취 때문이다. 현재 대학에서 성악을 전공하고 있는 막내가 이태리 유학을 가려고 하는데 그 비용이 5년 유학기간 동안 1억 원이 든다면서 이리저리 머리를 굴려본다. 자신보다는 아이들이 더 나아야 한다는 한국의 전통적인 아버지상을 지니고 있는 엄대리. "집 팔아서라도 시켜야 안되겠습니꺼?"라고 말하는 엄대리의 정작 한 달 용돈은 10만 원. "모든 일에는 운이 따라야 하는 것 같습니다. 희망이 있다면 하나님이 도와주셔서 건강할 때 촉탁사원으로 회사에 더 있었으면 합니다. 그리고 무엇보다도 회사가 잘돼야 좋지요. 배고팠을 때를 생각해서 모든 사우들은 지금 열심히 일을 해야 안 겠습니까." 올해로 만 60세를 맞는 엄대리. 야구와 테니스 등 스포츠를 좋아하는 사람. 30여 년을 D자동차의 부품 조달을 위해 땀흘려온 자재통인 그는 회사생활이 당장 마감되더라도 자신이 여지껏 벌여놓은 일에 책임을 져야 한다는 책임주의자. 내일이 이 세상의 종말일지라도 오늘 사과나무를 심을 만큼 자신의 삶에 대해 충실한 사람. 버스 구매부 엄주태 대리의 모습이 우리 앞에 보이는 그 까지 그는 새벽 6시 반에 회사에 모습을 나타낼 것이며, 하루하루를 성실히 살아가고자 노력하는 여러 사우들에게 아름다운 얼굴로 영원히 남을 것이다(「여기 이 사람」, ≪D자동차≫ 1995년 8월호).

≪D자동차≫ 사보에는 「여기 이 사람」「현장 탐방」 등 몇 개의 고정 기사란을 통해 정기적으로 영웅 이야기를 만들어내고 있다. 이 예에서 어떤 요소들이 영웅을 구성하고 있는 요소로 지시되고 있는지를 살펴보자.

> "남들보다 이른 출근"
> "30여 년을 구매 파트에서 지내온 인생"
> "한 우물을 판"
> "정열을 가지고 활동했던"
> "회사생활이 당장 마감되더라도 자신이 여지껏 벌여놓은 일에 책임을 져야 한다는 책임주의자"
> "내일이 이 세상의 종말일지라도 오늘 사과나무를 심을 만큼 자신의 삶에 대해 충실한 사람"

이상에서 보듯 영웅 이야기는 명백히 세속적이며 평범함을 지향한다. 여기에는 초월성, 즉 남다른 비범함이나 뛰어남이 제시되지는 않는다. 누구나 갖고 있는 선한 자질이 발현된 것에 지나지 않으며, 이것은 한 방향을 지시하는 일관된 의미구조를 이루고 있다. 즉 선한 자질로 지시된 요소들은 모두 치환 가능한 의미군 속에 포함되며, 이것은 그 반대의 나쁜 자질의 요소들과 대립항을 이루고 있다. 언표된 것과 언표되지 않은 것은 이항 대립을 이루며 계열체로서 서로를 지지한다. 따라서 드러난 것은 드러나지 않은 것을 호명하며, 호명된 드러나지 않음은 수취인에 대해 반성을 촉구한다. 언표되지 않은 것은 언표된 것을 통해 의미작용하는데, 이것은 선한 자질과 나쁜 자질로 대립하는 의미의 군(群), 즉 계열체 구조를 통해 언표되지 않은 것이 명백히 드러나고 있기 때문에 가능한 것이다. 따라서 이런 명백한 이분법은 언표된 선한 자질에 대한 환기를 촉구함과 동시에, 언표되지 않은 나쁜 자질에 대한 반성을 의도한다. 앞의 영웅 이야기를 선한 자질/나쁜 자질의 계열체 구조로 대비시켜본 것이 <그림 3-12>이다. 그림에서 알 수 있듯이 선한 자질의 계열체와 나쁜 자질의 계열체는 일관된 방향성을 가지고 서로 대비되고 있음을 알 수 있다.

<그림 3-12> 영웅이야기의 계열체 구조: ≪D자동차≫, 95. 8.

남들보다 이른 출근	↔	(늦은 출근, 정시 출근)
‖		‖
30여년 한우물	↔	(이직, 포기)
‖		‖
정열을 가지고 활동	↔	(정열적이지 않음)
‖		‖
책임주의자	↔	(무책임)
‖		‖
삶에 충실한 사람	↔	(불성실)

<그림 3-13> 영웅이야기의 계열체 구조: ≪D자동차≫, 95. 7.

배우는 자세	↔	(노력하지 않는 사람)
‖		‖
털털한 성격의 사나이	↔	(융화되지 않는 사람)
‖		‖
일에 욕심이 많다	↔	(나태한 사람)
‖		‖
가장으로서의 책임감	↔	(무책임한 사람)
‖		‖
주어진 일에 최선	↔	(불성실한 사람)

또다른 예를 보자.

(19)78년 입사, 리페어 직장에서 5개월 정도 근무한 것을 빼면 그는 17년 동안을 품질관리 분야에서 업무를 해온 셈이다. 경력이 말해주듯 자동차에 대해서는 어느 정도의 자신이 붙었을 법도 한데 그는 여전히 배우는 자세로 업무에 임한다.
입사 당시는 윗사람을 위할 줄 알고, 서로 모여서 정을 나누는 시간이 많았었는데 지금은 각박해져가는 분위기에 조금은 안타까운 마음이 든다고 한다.
'저팔계'라는 별명에 걸맞게 통통한 이 직장은 털털한 성격의 사나이로 운동을 좋아한다. (19)82년 창단된 D자동차 직장인 야구단 창단 멤버인 만큼 야구에 대한 애착이 많다. 3년 전까지만 해도 활성화되었던 야구단이 지금은 서로 시간을 핑계로 모이지 못함에 애석해한다. 우승도 여러 번 할 정도로 잘나갔던 야구단을 꼭 다시 부흥시켜야겠다는 다짐을 한다.
운동 못지않게 그는 일에도 욕심이 많다. 과거 한때는 술을 너무 좋아해 일에 소홀했던 적도 있었지만 어엿한 가장이 된 지금에는 양상이 달라졌다. 가정을 행복하게 이끌어나가야 한다는 가장으로서의 책임감이 그를 변하게 한 것이다.

이 직장의 임무는 서유럽에 수출되는 씨에로 PP 차량의 확인검사 및 개선조치를 하는 일이다. 라인을 타고 제품이 흐르면서 발생될 수 있는 문제, 부품의 결품 여부, 조립시간의 최소화를 위해 이 직장은 불철주야 노력하고 있다. 양산되기 전 초기품질을 잡아내겠다는 다짐으로.

"처음 PP차 전장직장으로 옮겨올 때는 쫓겨온다는 생각에 회의와 소외감이 들었는데, 시간이 흐르고 업무의 중요성을 인식한 지금에는 오히려 가슴 뿌듯하고 자랑스럽습니다. 주어진 일에 책임을 갖고 최선을 다하겠다는 생각을 가지고 뛰렵니다"라고 말하는 이 직장은 6살, 4살 먹은 아이들이 있다. 귀여운 아이들과 행복한 가정을 이룰 꿈과 더불어, 생산성을 향상시켜 D자동차의 수출시장 전선을 지키겠다는 이 직장의 기운에 가슴이 서려온다(「여기 이 사람」, ≪D자동차≫ 1995년 7월호).

<그림 3-13>에서 보듯 이 일화에서도 마찬가지로 선한 자질의 계열체와 나쁜 자질의 계열체가 대비를 이루면서 배열되고 있음이 드러난다. 만들어진 영웅 이야기에서 선한 자질로 언표되는 가치들 중 압도적으로 많이 지시되는 것은 '성실성'이다. 사전적으로 '성실성'은 '착하고 거짓이 없으며 게으름이 없는 성질'을 뜻하는데,[29] 이것은 다른 연구들에서도 노동자들을 호명하는 가장 우선적인 가치로 지적되고 있다. 그 한 예로 신유근은 1972년에서 82년까지의 대우 사보에서 만들어진 영웅의 이야기에서 지시되는 가치를 <표 3-8>과 같이 분류한다.[30]

<표 3-8> 영웅의 자질: 대우 사보 1972-1982

영웅의 자질	빈 도 (%)
성실성	16 (44.4)
책임	6 (16.7)
창의성	5 (13.9)
인화·단결	3 (8.3)
개척정신·패기	2 (5.6)
기타	4 (11.1)
합계	36 (100)

출처: 신유근, 1995를 재분류.

---

29) 『연세한국어사전』, 1998.
30) 사보에 나타난 영웅 이야기의 표제는 '이 달의 대우인' '모범 공원' '우리가 뽑은 일꾼' '대우인의 24시' '대우의 두뇌' 등이다. 신유근, 『대우기업문화연구』, 1995.

이 연구에서도 '성실성'은 영웅이 되기 위한 가장 중요한 가치로 간주된다. 이 표에서 전체 36개의 사례 중 16개의 사례가, 비율로는 44.4%가 '성실한' 영웅 이야기를 다루고 있다. 성실성이라는 가치는 기업이 의도하는 선한 주체를 구성하는 가장 중요한 요소이자, 동시에 가장 용이하게 획득될 수 있는 가치로 여겨지고 있음을 보여주고 있다. 이것은 사보 ≪D자동차≫에 나타난 영웅 이야기에서도 동일하게 발견된다.

　한마디로 모범사원이죠. 가장 자랑스러운 점은, 제일 먼저 출근해서 진단실 내의 각종 정밀장비를 완전히 청소, 확인하고 작업장을 청소한 다음에 작업을 시작합니다. 그래서 진단실을 가장 기분 좋은 작업장으로 만들어놓고 있습니다. 이런 사람은 처음 봅니다. 기능이 뛰어난 것은 아니지만 기능사 이전에 사람이 되어야 하지 않겠습니까?(≪D자동차≫ 1986년 1월 17일).

　정씨는 직위나 명예에 대한 욕심이 전혀 없는 사람 같습니다. 인간적으로 포용력도 있고 실기와 이론에 다 능통할 뿐만 아니라 자기 일에는 누구보다 투철하면서도 승진 같은 것에 전혀 욕심이 없고 웃는 얼굴로 그저 황소처럼 일만 합니다(≪D자동차≫ 1986년 3월 31일).

또한 앞의 예에서 보듯, 성실성은 '인간적'이라는 가치와 치환 가능한 어휘다. 그래서 "기능사 이전에 사람이 되어야" "인간적으로 포용력 있는" 등의 수사들이 성실성과 등가의 의미로 자주 활용된다. 즉 성실성은 선한 주체가 가져야 할 가장 중요한 자질이자, 나아가 한 인간에 대한 평가의 가장 중요한 요소로 이해되고 있는 것이다. 이러한 성실성의 가치 이외에 책임성, 인화, 창의성 등의 가치들이 영웅의 조건으로 주로 지시되고 있다.

영웅이야기는 초월적이기보다는 오히려 세속적이고 통속적인 형태를 지향하기 때문에 노동자들과 영웅간의 심리적 거리감을 만들지 않는다. 그렇기 때문에 이것은 노동자들 내부에 숨어 있는 영웅으로서의 자질을 드러내 줄 것을 강하게 요청하는 명령이 될 수 있는 것이다. 영웅의 자질로서 환기되고 있는 성실성이나 책임감 등의 가치는, 그 자체로서는 인간이 가질 수 있는 보편적인 선한 가치일 뿐이다. 그러나 재현의 약호를 가진 담론은 의미를 선택적으로 재현한다. 그리고 이 선택적 재현의 질서가 특정 의미들을 체계적으로 재현하는 반면 어떤 의미들은 체계적으로 배제하는 질서를 가질 때 이것은 이데올로기가 된다. 이것은 곧 이차 의미화의 연쇄가 전형을 가진다는 사실을 의미하는 것으로, 앞의 두 예에서 성실성이 어떤 의미들과의 연쇄로 드러나고 있는지를 살펴볼 때 명백해진다.

<그림 3-14> 영웅 이야기의 의미재현 연쇄

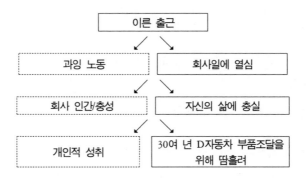

먼저 첫번째 예에 있어 성실성을 지시하는 표현인 "이른 출근"은 "회사일에 열심" "자신의 삶에 충실" "30여 년 D자동차 부품조달을 위해 땀흘려" 등의 표현들과 계열체를 이룸과 동시에 이차 의미로 분화하고 있다. 이른 출근은 회사일에 열심의 의미로 분화하지만, 이것은 동시에 과잉 노동, 노동의 초과지출이라는 의미로의 분화 가능성을 차단하고 있다.[31] 또 회사일에 열심이라는 표현은 자신의 삶에 충실하다는 의미로 확장된다. 이것은 동시에 '회사인간' 혹은 '과도한 충성'이라는 부정적 이미

---

31) 그 한 예로 일본식 생산방식에 있어 조기출근은 노동자들의 과잉노동을 유발하는 대표적인 제도다. 조기출근은 부서 모임이나 작업집단 모임을 정규 근무시간 이전에 가짐으로써 추가적 노동지출을 유발한다. 이에 대해서는 京谷榮二, 1995를 참조할 수 있다.

지를 은폐한다.[32] 그 결과 영웅적 자질의 계열체들은 회사를 위해 평생을
성실하게 일하는 순응적 주체에 대한 의미화, 즉 "30여 년 D자동차 부품
조달을 위해 땀흘려"로 귀결된다.

이러한 의미분화 방식은 이데올로기적 의미작용의 중요한 한 가지 특
징을 드러내는데, 그것은 이글턴이 지적하는 이데올로기 정의의 하나인
"체계적으로 왜곡된 의사소통"으로서의 특징을 보여준다(Eagleton, 1994:
1-2). 전체주의적이고 거친 담론으로서의 이데올로기는 정당성의 근거를
스스로 창출하지 못한다는 약점을 쉽게 노출시킨다. 앞의 경우에서 "30
여 년 D자동차 부품조달을 위해 땀흘려"라는 표현만을 전면에 내세우고
이것을 거친 전체주의적 언어로 주장한다면, 그것은 이데올로기가 될 수
있을 지라도 설득력을 크게 갖지는 못한다. 그러나 분화된 의미들의 계열
체는 경영 이데올로기를 일반화된 언어들로로 감싸줌으로써 전면에 드러
나는 것을 막아줌과 동시에 의미분화 속에서 자연스럽게 정당화를 달성
하게 된다.[33]

일반적으로 영웅의 자질로서 강조되는 가치들은 논란의 영역에서 벗어
나 있다.[34] 그러나 이런 가치들은 위의 의미작용 구조에서 드러나듯 선택
적 재현의 체계를 가진다는 점에서 이데올로기적이라 할 수 있다.[35] 즉
노동자 개인에게는 부정적일 수 있는 영웅 이야기가 저항에 직면하지 않
고 정당한 것으로 수용되는 것은 그 자체의 재현구조가 가지는 정당화 메

---

32) '회사인간'이라는 개념은 일본식 생산방식이 유발하는 회사중심의 생활과, 회사
   에의 지나친 종속과 동일시를 비판하기 위한 개념이다. 이에 대해서는 한경구,
   『공동체로서의 회사』, 서울대 출판부, 1994를 참조할 수 있다.
33) 따라서 이것은 비유적 수사가 가지는 특성과 관련된 한 쟁점을 가리킨다. 르불은
   수사학의 비유법과 관련하여, 언어의 이데올로기적 사용이 이루어질 수 있는 방식
   을 보여준다. 비유법은 직설법과 달리 '틈(écart)'을 만들어낸다. 이 틈을 통해 비
   유법은 말장난, 의미의 전이, 생각의 장난과 같은 이데올로기적 술책을 개입시킬
   여지를 갖게 된다(Reboul, 1994: 145-173).
34) 즉 논쟁의 세계가 아닌, 논쟁되지 않은 상식의 세계(doxa)에 묶여 있다. doxa의
   세계에서 논쟁(opinion)의 세계로 옮겨질 때 이데올로기는 투쟁의 대상이 된다.
35) "이데올로기적 이야기는 …… 엄격하게 이분법적이다. 즉 거기에는 선과 악만이
   있을 뿐 그밖에는 아무것도 없다(Reboul, 1994: 234)."

커니즘에 기인한다. 앞서 보았듯이 이데올로기는 스스로 그 정당화의 근거를 제공함으로써 자연화된 관념으로 전화한다. 성실성의 가치는 노동자에게 어떤 이익을 주거나 사회적 유용성을 가지기 때문에 정당화되는 것이 아니라 기업의 성과를 높이거나 상품의 가치를 높일 수 있기 때문에 정당화되고 있다. 이것은 누구에게 실제적인 이익이 귀속되는가의 문제를 교묘히 은폐한다.[36]

영웅 이야기는 세속적 자질을 자연화하는 것일 뿐 특정한 사람을 영웅으로 호명하는 것은 아니다. 또한 '특별한 성과'를 이루어냈기 때문에 강조되는 것도 아니다. 특별한 성과에 대한 강조는 유사성의 원칙에 배제되는 것이므로, 영웅 이야기는 성과보다는 누구나 가지고 있으며 발휘될 수 있는 인간적 자질을 주목하는 것이다. 그래서 영웅은 영웅적 자질로 의미전화하며, 초기 신화에서 만들어진 영웅담으로의 이동은 신화를 더욱 자연화한다. '성실한 노동자'로서의 영웅은 노동자들에게 더욱 가까이 밀착됨으로써 일상으로 신화가 침투할 틈을 벌여놓는다. 성실성을 포함하여 신뢰, 인화, 순종, 단결 등의 일상적 가치는 모두 신화의 영웅적 자질로 포섭될 수 있다. 그리고 이것은 유사성의 원칙에 따라 일상적일수록 더욱 효과적인 설득의 담론으로 전화될 수 있는 것이다.

7. 맺는 말

이 장에서는 경영담론의 의미구조와 재현체계를 검토하였다. 우선 눈에 띄는 것은 이야기로서의 신화가 경영담론에서 일관되게 발견된다는 사실이며, 그 형태는 창업신화/신기술신화와 영웅 이야기의 두 가지다. 그

---

36) 자본주의적 노동과정의 특징은 노동자가 노동의 결과인 상품으로부터 소외되는 것이다. 보다 엄밀하게는 그것은 노동자의 노동력을 구매한 자본가에게 귀속된다. 이런 기본적인 노동과정 원리로부터, 상품의 질을 향상시키는 것이 노동자에게는 아무런 실질적인 관계가 없음을 알 수 있다.

레마스의 행위주 모델은 이런 담론의 기저에 존재하는 의미작용의 방식을 보여주는 방법론으로, 행위주 모델을 통해 창업신화의 담론구조를 분석한 결과 보조자의 결핍을 주체의 참여를 통해 메우고, 청자를 주체로 전화시키는 호명의 구조가 일관되게 작동함을 볼 수 있었다. 또한 신화는 역사적 사실의 자연화를 통해 '이야기하기'를 시도하며, 이것은 역사적 사실을 현재의 임무로 끊임없이 순환시키는 구조를 통해 실현되고 있음도 드러났다.

한편 의미작용 방식에 있어 창업신화와 영웅 이야기는 서로 다른 원리에 의해 구성됨을 알 수 있다. 창업신화가 담론의 대상과 수취인을 분리하여 기업의 상징성을 자부심의 원천으로 대상화하는 구조를 가진다면, 영웅 이야기는 반대로 유사성과 근접성을 통해 노동자들의 일상의 영역으로 침투해간다. 그래서 창업신화가 역사를 자연화하고, 담론의 구조적 결핍을 주체를 통해 메우려는 시도로써 노동자를 호명한다면, 영웅 이야기는 유사성에 근거한 심리적인 선호의 유발을 통해 동의를 생산하고자 한다는 것을 알 수 있었다.

이 경영담론의 내용적 특성에서 일관되게 드러내는 공통점은 선택적인 재현의 방식에 있다. 즉 생산성에 순기능적인 것, 민족에게 유익한 것, 회사에 헌신하는 것 등을 좋은 가치로 재현하는 반면, 이와 상반된 의미들은 담론 속에서 체계적으로 배제시키고 있다. 이것은 전형적인 이데올로기적 의미재현 방식이며, 또한 지배의미의 계열체가 재현의 경계를 명확히 설정하는, 즉 의미작용의 지배적 약호가 작동하고 있음을 보여주는 것에 다름아니다. 신화, 영웅 이야기나 공동체주의 등의 담론은 수사적으로 설득적 담론 형태를 보이고 있지만, 그 의미작용의 방식은 지배적 약호에 의해 선택적으로 이루어지고 있다. 이런 점에서 경영담론은 폐쇄된 텍스트이며, 의미 분화의 가능성을 차단한다는 점에서 권력적이며 또한 강압적인 언어라 할 수 있다.

지배언어로서의 경영담론에 대한 분석은 지배 이데올로기가 작동하는 방식을 보여준다. 그것은 특정한 의미재현을 체계적으로 선택함과 동시에 그 반대의 가능성을 체계적으로 배제하는 구조를 통해 실현되고 있다. 이 것은 언어라는 대상이 특정한 방식으로 선점되고 있음을 의미하는 것이 며, 앞서 살펴보았듯이, 언어사용의 지배적 약호가 존재함을 보여주는 것 이다. 의미를 둘러싼 정치는 의미재현의 왜곡과 강제를 작동시키는 약호 를 밝히고, 이 약호가 생산해내는 구체적인 결과들을 확인하며, 이데올로 기적 언어사용의 지형을 변화시키고자 하는 노력을 필요로 한다.

제4장 지배언어는 무엇을 말하는가

1. 들어가는 말

앞장에 이어, 이 장에서는 경영담론이 '무엇'을 말하고 있는가를 그 소재와 내용을 중심으로 살펴보고자 한다. 지배언어로서의 경영담론은 다양한 사회적 사건이나 이념을 담론의 소재로 끌어들이지만, 이것은 일정한 이차 의미작용 방식, 즉 약호의 지배를 받는다. 즉 기업공간에서 전형적으로 발화될 수 있는 담론은 사회적인 이차 의미들로 확장됨으로써 의미의 전이, 왜곡, 심화 등의 변형을 겪게 되는 것이다. 바르트는 이러한 언어의 기호학적 전유가 이미 이데올로기 혹은 신화체계임을 지적한 바 있다. 따라서 경영담론이 구체적으로 무엇을 말하며, 이것이 어떻게 의미분화하는가를 추적함으로써 이데올로기적 언어사용의 한 특징을 짚어볼 수 있는 것이다.

또한 이 장에서는 경영담론에서 말해지고 있는 내용들이 특별한 방식으로 선택되었는가, 그리고 선택되어야만 하는 이유가 있는가를 확인해보고자 한다. 이것은 권력적 언어사용이 특별히 선호하는 발화의 내용과 그 근거들을 확인하는 작업으로, 사회적으로 가능한 의미 저장고 중에서 어떤 것이 이데올로기적 사용의 그물망 속에, 즉 doxa의 세계에 편입되어 있는가를 보여주는 것이 될 것이다.

여기서 분석되는 경영담론은 1984년부터 1995년까지의 H자동차와 D 자동차 사보의 최고경영자 신년사로 한정한다.

2. 민족주의·공동체주의 담론

민족주의와 공동체주의는 경영담론에서 중요한 한 축을 형성하고 있다. 사실 민족주의와 공동체주의는 지배담론 내에서 자주 발견되는 대표적인 소재 중의 하나로, 비단 경영담론에만 국한되는 것이 아니라 정서적 유대 와 결속을 강조하고, 그를 통해 정치적 작용을 꾀하는 모든 권력적 언어 사용에 공통적으로 나타나는 정치언어 오브제의 한 형태다. 그렇기 때문 에 경영담론 내에 민족주의와 공동체주의의 내용이 풍부히 현존한다는 사실은 그 자체로 놀랍거나 새로운 현상은 아니다. 다만 경영담론이 이 민족주의 및 공동체주의와 관련하여 가지는 조금 다른 성격이 있다면, 그 것은 노동자들의 정서관리(emotional management)[37]를 지향하는 담론으로 서의 경영담론은 정서적 차원에 호소할 정당성을 민족주의와 공동체주의 에서 쉽게 구하고자 한다는 사실이라 할 수 있다.

경영담론 내에서 민족주의·공동체주의 담론은 몇 가지 외양을 띠고 나 타난다. 여기서는 우선 그 형태들을 크게 세 가지로 나누어 살펴보고자 한다.

1) 우리·회사·민족

'우리'라는 용법은 '나'를 포함하는 공동체를 지칭하는 주어로서, 민족

---

37) 톰슨과 맥휴(Thompson & McHugh)는 정서관리를, 종업원들에게 공유된 비전을 갖도록 하여 몰입된 인력을 개발하는 것. 조직에 대한 소속감, 직무에서의 즐거움, 관리에서의 자신감을 불어넣어 조직의 가치, 규범을 내면화시키고 그 결과 조직몰 입을 증대시키는 것으로 정의한다(Thompson & McHugh, 1990: 228).

주의와 공동체주의를 표현하는 데 있어 형태적 친화력을 가진다. 발화자
와 행위자 수준에서 우리라는 주체는 경영담론 내에서 회사, 나아가 민족
의 차원으로 확대되고 고양된다. 이것이 경영담론의 민족주의·공동체주
의가 가진 고유한 언표 방식이라 할 수 있다. 민족주의가 전형적으로 드
러나는 텍스트의 예를 보자.

> …… 그러나 우리는 이에 만족하지 않고 끊임없는 기술개발과 경영합리화를 통
> 해 기업성장에 박차를 가함은 물론, 우리의 힘으로 자동차 공업입국의 의지를 실
> 현하기까지 각자 맡은 바 위치에서 최선을 다해야 할 것입니다(≪H자동차≫
> 1983년 7월호).

> "시간은 사람을 기다리지 않는다"는 말이 있습니다. 우리가 예정된 목표대로
> 신공장 건설을 완수하지 못한다면 앞으로 다시는 선진자동차 산업의 대열에 참여
> 할 수 있는 기회가 오지 않을 것으로 저는 생각합니다. 잘 아시다시피 「선진조국」
> 의 기치를 들고 86년 아시안 게임과 88년 올림픽 개최를 눈앞에 두고 있는 우리
> 나라는 국력신장의 필요성이 그 어느 때보다 절실한 때입니다. 부존자원이 빈약한
> 우리나라가 국력을 키워나가려면 좋은 공업제품을 만들어 외국에 수출을 많이 해
> 야 합니다(≪H자동차≫ 1983년 10월호).

> …… 이미 세계 자동차시장은 오랜 역사와 높은 기술수준을 갖고 있는 거대한
> 국제기업들이 기술이나 판매 등의 모든 면에서 자기끼리 결합하면서 높은 아성을
> 쌓아올리며 지배해오고 있어 우리 같은 신흥공업국의 자동차회사가 참여하기에는
> 매우 어렵고 벅찬 일입니다. 그러나 이와 같은 장벽을 무너뜨리는 것이 결코 불가
> 능한 것만은 아닙니다. 품질이나 성능 가격 등에서 우리가 그들보다 우월하다면
> 성공할 것이고 그들보다 나은 게 없다면 실패할 것입니다. 성공과 실패의 결과 차
> 이는 너무나 현저한 것이어서 우리 회사가 국제적인 대회사가 되든지 아니면 국
> 내시장조차도 외국차들에게 뺏겨버리든가 하는 둘 중의 하나인 것입니다. 그러나
> 이렇게 큰 결과를 갈라놓는 것은 단 한마디 '국제경쟁력 확보'라는 말로 집약될
> 수 있습니다(≪H자동차≫ 1984년 1월호).

민족주의 담론이 가지는 가장 큰 특징은 무엇보다 '우리=회사=민족'
이라는 의미의 상동관계를 끊임없이 확립하고자 한다는 점이다. 이것은
단어의 의미를 보다 상위의 것으로 지시함으로써 실제적인 의미를 상상
된 의미로 치환하는 권력적 언어의 일반적인 경향을 보여준다. 앞의 예에

서 본다면 "기업성장"을 위한 개인의 "최선"(의 노력)이 "자동차 공업입
국"으로 상향 지시되며, "우리 회사"의 성패가 "세계적인 대회사가 되든
지 국내시장조차 외국차들에게 뺏겨버리든지"의 기로가 된다. 이것을 다
른 방식으로 설명해본다면, 호명되는 개인은 회사조직의 일원이나 개인으
로서의 노동자가 아니라, 민족의 일원이며 민족의 성패에 관건이 되는 역
사적 개인으로 호명되고 있는 것이다. 이를 통해 기업의 성장은 자연스럽
게 민족의 발전이라는 임무를 실현하는 행위가 된다.

　민족의 일원으로 호명되는 개인의 삶은, 따라서 현재적인 것이 아니라
역사적인 것이 된다. 또 개인의 노력은 민족의 발전을 위한 노력이 되며,
그를 통해 역사적 정당성을 가지는 의미 있는 행위가 된다. 그러나 이런
민족 정당성의 부여는 항상 그 호명의 주체가 민족이나 조국이 아니라 기
업이 될 때만 이루어진다는 점에서 국가적 정치언어의 민족주의와는 구
별된다. 개인은 민족의 장래를 책임질 역사적 사명을 지고 있지만, 그 사
명은 자신이 속한 회사를 통해서만 수행될 수 있는 것이다.

　이것은 바꾸어 말하면 엄격한 배제의 수사다. 특별한 사명과 임무가 우
리에게만 배타적으로 주어져 있고, 또 그것을 수행할 자격 역시 우리에게
만 주어져 있다는 언표는 민족주의 담론에서 매우 흔히 발견된다.

　　우리 H자동차는 우리나라 자동차공업을 이끌어가는 선두주자로서 자본금, 시
　설, 매상, 시장점유율 면에서 명실상부한 국내 최대 메이커입니다. 기술적인 면에
　서도 국내에서는 고유 모델의 차를 만들어내는 유일한 회사입니다. 고유 모델을
　만들 수 있어야만이 수출도 가능한 것이어서 고유 모델을 생산해낼 수 있느냐 없
　느냐에 따라서 독립국가냐 식민지냐를 비교할 수도 있는 것입니다(≪H자동차≫
　1985년 8월호).

　"우리나라 자동차공업을 이끌어가는 선두주자" "고유 모델의 차를 만
들어 내는 유일한 회사"와 같은 언표는 기업의 위치를 배타적인 것으로
단정하면서 경쟁업체와의 차별을 부여한다. 즉 1위의 기업, 가장 높은 성
과를 내는 기업이라는 생산제일주의적 의미가 민족주의적 언표들에 그대

로 녹아들어가 있음을 발견하게 된다.

따라서 경영담론 내에서 민족주의 담론은 이중의 의미작용 구조를 가짐을 알 수 있다. 즉 기업단위의 가치들을 민족과 국가의 차원으로 확장·고양시킴으로써 언표되는 것들의 정당성이 보다 상위수준의 가치에 있게 되며, 의미작용에 있어 이 민족주의는 결국 성과와 긴밀히 연관시키는 생산성 담론을 그 근저에 두게 된다. 이 의미작용의 두 가지 방향은 사실상 동전의 양면을 이루고 있다. 경영담론의 민족주의는 기업을 국가화함으로써 가장 상위의 정당성을 획득하는 것을 목표로 하는 담론이지만, 그것은 궁극적으로 민족이나 국가로 귀일할 것이 아니라, 다시 기업으로 환원되는 언표들이다. 이것은 민족을 직접적으로 규정하는 표현들이 발견되지 않는다는 사실, 그리고 기업을 둘러싼 (가상의 혹은 현실의) 관계가 국가 외부, 즉 국제적 관계로 항상 설정되며, 세계 속에서의 위치나 위상을 스스로 반문, 반성하도록 하는 수사들을 다양하게 활용함으로써 주체의 반성을 유도하는 이데올로기적 성격에서도 여실히 드러난다.

> 지난해 H중공업은 창립 13년 만에 세계 조선분야에서 당당 1위로 올라섰습니다. 물론 우리 H자동차가 몇 년 내에 조선과 같이 세계에서 제일 큰 자동차회사가 될 수는 없습니다. 그러나 우리는 세계에서 제일 좋은 차를 만드는 제일 알찬 회사는 될 수 있는 것입니다. 우리가 100만 대를 생산하면 세계에서 10번째로 큰 자동차회사가 될 수 있습니다. 세계에서 제일 좋은 차를 만드는 회사, 세계에서 10번째 이내에 드는 큰 회사가 된다는 것은 그리 쉬운 일도 아니지만 그렇다고 불가능한 일도 아닙니다. 그것은 오직 여러분의 결심에 달린 것입니다. 여러분! 1990년까지 우리 회사를 세계에서 제일 좋은 자동차회사, 세계에서 10번째 이내의 큰 회사를 만드는 것이 우리의 목표이며 꼭 이 목표를 달성하도록 우리 모두 분투노력합시다(≪H자동차≫ 1985년 1월호).

여기서 보듯 "세계 1위" "세계에서 제일 좋은" "제일 알찬" "세계에서 10번째 이내" 등의 수사들이 지속적으로 활용되면서, 노동자들이 속한 기업의 위상과 비교준거(=세계)와의 비교를 환기시키는 언표들이 제시된다. 비교와 서열 매기기는 항상 주체로 하여금 자신을 반성하게 만들며,

이를 통해 요구된 주체 이미지를 자발적으로 수용하게 만드는 효과를 가진다.[38]

그렇다면 이렇게 강하게 표현되는 공동체주의적 언표들이 실제로 지시하는 것은 무엇인가? 르불이 지적하듯이, 이데올로기적 언어는 그 담론의 언표들이라기보다는, 그것이 바탕하고 있는 전제들, 즉 논리적 전개방식에 있다(Reboul, 1994: 71-86). 이런 말하는 방식이라는 측면에서 다음의 경우를 보자.

> 회사의 발전은 회사라는 공동운명체를 형성하고 있는 직원 여러분 개개인의 발전으로 이어지며, 또한 회사발전이란 것은 우리 전직원의 실력이 총합적으로 표현된 영업실적으로 대변되는 것입니다. 직원 여러분! 이번, 전사적인 Grand Summer Plan을 전개함에 있어 '85년 여름'이 우리 모두에게 생애 최고의 여름이 될 수 있도록 목표달성을 위해 매진합시다(≪H자동차≫ 1985년 7월호).

이 첫문장을 어휘들의 계열체로 분해해보면 다음과 같은 도식을 얻게 된다.

회사＝공동체
회사의 발전＝공동체 일원인 개인의 발전
회사의 발전＝영업실적
영업실적＝전직원의 실력 총합

결국 경영담론이 지시하는 공동체란 개인과 등가적이며, 개인의 발전은 공동체의 발전, 그리고 영업실적의 제고로 치환된다. 이것은 논리적으로 정합적인 것 같지만, <그림 4-1>에서 보듯 실제로는 생략된, 그리고 결함 있는 삼단논법에 해당된다.

즉 회사의 발전이 개인의 발전과 등치되는 논리적 근거의 부재, 그리고 회사의 발전이 현실화된 형태와 등가적으로 개인의 발전이 현실화된 형태에 대한 언급의 부재로 인해, 이 논리는 상당한 결함이 있는 것임이 금

---

38) 푸코는 규율적 권력이 신체를 규율하는 궁극적인 방법이 개별적인 위치를 부여하고 서열을 매기는 것임을 보여준다(Foucault, 1993).

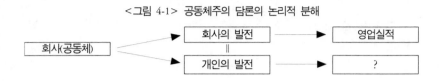

<그림 4-1> 공동체주의 담론의 논리적 분해

방 드러난다. 따라서 자신의 정당성을 스스로 창출해내는 이데올로기적 수사의 전형을 따라, 경영담론의 공동체주의는 회사의 발전을 개인의 발전과 동일한 것으로 의미치환하고, 이를 다시 영업 및 회사이익으로 치환하는 이중의 의미전화 과정을 통해, 결국 개인의 발전을 영업이익으로, 그리고 발전을 영업이익의 제고로 치환하는 의미구조를 가지고 있음을 드러낸다. 결국 경영담론은 민족주의나 공동체주의를 모두 회사발전, 그리고 회사이익의 창출로 의미전화시키는 결함 있는 논리구조를 가지고 있음을 알 수 있다. 이런 점에서 공동체주의 담론은 생산성 담론의 또다른 형태에 지나지 않는다.

그렇다면 이런 공동체주의의 외양을 띤 생산성 담론이 재생산되고, 효과적으로 작동하는 이유는 무엇일까? 그 비밀은 개인과 회사공동체가 미분화되는, 혹은 개인을 항상 회사 내 일원으로 호명하는 용법에 있다. '우리'라는 표현은 국어의 특성상 나와 등치되는 용법의 하나이긴 하지만, 발화자와 수취인의 거리를 무너뜨리며, 수취인을 호명함과 동시에 발화자 자신을 호명함으로써 양자를 모두 호명의 대상으로 만드는 특성이 있다.

이런 특이한 화법은 개인과 공동체의 분리를 용인하려 하지 않는다. <그림 4-2>에서 보듯 우리라는 어법은 발화의 순간에 호명의 대상을 발화의

<그림 4-2> 국어의 '우리' 용법의 특성

주체로 전환시키면서 언표된 것에 대한 발화자의 책임을 부과한다. 공동체적 주어라 할 수 있는 '우리' 용법은 경영담론에서 매우 일반적으로 발견된다.

> 우리가 예정된 목표대로 신공장 건설을 완수하지 못한다면 앞으로 다시는 선진자동차산업의 대열에 참여할 수 있는 기회가 오지 않을 것으로 저는 생각합니다(≪H자동차≫ 1983년 10월호).

> 회사의 발전은 어느 한 사람만의 힘으로는 결코 이루어질 수 없는 것입니다. 너와 내가 따로 존재하는 것이 아니라 톱니바퀴가 빈틈없이 맞물려가듯 우리 모두가 공동운명체라는 의식을 가질 때 회사의 발전이 가능한 것입니다. 현대가족 모두가 회사의 일원으로서 주어진 위치에서 맡겨진 직무에 충실했을 때 여러분과 여러분 가정은 보다 많은 행복을 향유할 수 있으며 회사 또한 제2의 도약이 약속될 것입니다(≪H자동차≫ 1998년 1월호).

"우리가 예정된 목표대로 신공장 건설을 완수하지 못한다면" "우리 모두가 운명공동체라는 의식을 가질 때"와 같이 행위의 혹은 행위의 유발을 기대하는 발화 속에 청자를 포함시키는 어법은, 발화자와 청자를 발화행위의 공모자로 만드는 특별한 화용적 효과를 가진다. 즉 공동체와 개인이 미분화된 채 너와 나를 묶고 있는 공통의 정체성을 기반으로 대화하는 화용적 특성이 이러한 용법의 특징인 것이다(전효관, 1997: 101). 이런 점에서 '우리' 용법은 공동체주의를 표현하는 데 적합한, 발생적 친화성을 가진다고 할 수 있다. 우리를 주어로 하는 언표는 공통의 관심사를 언표된 내용으로 확정하고 한정하며, 우리라는 주어를 통해 발화함으로써 청자를 발화자의 위치로 끌어들인다. 따라서 제시되는 임무와 과제는 청자인 노동자들에게 단지 제시되는 것이 아니라, 발화행위에 공모함으로써 듣는 동시에 말하는 이중의 작용을 받게 되는 것이다. 말하는 사람과 듣는 사람의 구분을 해체되며 발화와 청취 속에 존재하는 지시-수행의 관계는 은폐된다.

2) 위기

민족주의·공동체주의적 담론의 또다른 특성은 위기에 대한 언표들과
쉽게 결합한다는 점이다. 경영담론에서 위기에 대한 환기는 미래에 닥칠
가상적 곤란을 제시하여 현재의 노력을 감수케 하기 위한 중요한 장치로
활용된다.

이렇게 불확실한 여건 아래에서 우리 회사는 상반기에 이룩한 경영개선에 결코
만족할 수는 없는 것입니다. 대부분의 대기업체와 마찬가지로 우리 회사도 과거
장기간의 불황으로 인한 차입금 증대로 기업의 자생력 확보에는 많은 기간이 소
요될 것으로 본인은 생각합니다.
더욱이 국내업체간 경쟁이 치열해지고 자동차산업의 기술이 나날이 급속도로
발전되어가고 있는 현시점에서 우리는 잠시도 멈출 수가 없는 것입니다. 만일 우
리가 조그만 성과에 만족하고 자만에 빠진다면 우리는 패배의 수렁으로 들어가
다시는 회복의 길을 찾을 수가 없을 것입니다(≪D자동차≫ 1983년 9월호).

…… 이렇게 어렵게 이룩한 80년대의 경제적 성과가 지금 다시 위기를 맞고
있습니다. 수출은 목표에 크게 미달되고 수입은 대폭 늘어나서 무역수지는 다시
적자로 돌아설 위기에 있습니다. 더구나 모든 제품의 품질이 날로 저하되고 가격
은 높아져서 수출경쟁력은 계속 떨어지고 있습니다. 우리는 이럴 때일수록 들뜬
사회분위기에 휩쓸리지 않고 이제까지 우리를 성장시켜온 근면과 성실의 미덕을
다시 한번 되살릴 때라고 생각합니다(≪H자동차≫ 1990년 1월호).

우리를 추월하고자 하는 경쟁사들은 전종업원이 단결하여 우리를 목표로 뒤쫓
아오고 있습니다. 따라서 우리 노사는 언제나 합심 단결하여 오늘의 현실에 만반
의 대처를 다하지 않으면 안됩니다(≪H자동차≫ 1992년 1월호).

지금 우리가 처해 있는 내외 환경들을 냉철히 생각해볼 때, 그 어느 해보다도
더 큰 시련과, 어려운 여건들이 우리 앞에 산적해 있음을 보고, 본인은 새해를 맞
는 기쁨보다도 우리가 함께 이룩해야 할 무거운 사명감에 새삼 옷깃을 여미지 않
을 수 없습니다(≪D자동차≫ 1986년 1월호).

위기상황의 언표는 구체적이기보다는 다소간 은유적이고 수사적인 형
태로 제시되고 있다. "과거 장기간의 불황으로 인한 차입금 증대" "적자

로 돌아설 위기" "어느 해보다도 더 큰 시련" 등의 수사는 위기의 내용을
적시하지만, 위기의 구체적인 정도를 설명해주지는 않는다. 위기에 대한
이런 방식의 언표는 경영담론의 위기론이 가지는 담론적 장치로서의 성
격을 정확히 보여주고 있다. 즉 실제 언표되는 현재의 시점이 위기냐 아
니냐는 위기담론의 본질적인 문제는 아니다. 위기는 오히려 상상된 상황
이며, 위기 담론의 주요한 목적은 위기에 대한 환기를 통해 청자의 주의
를 유도하고, 위기에 대응하는 행위를 유발하는 데 있다.

이것은 위기상황에 대한 언표에 이어 반성의 촉구를 표현하는 언표들
이 연결되는 데서 알 수 있다. "우리는 잠시도 멈출 수가 없는 것입니다"
"이제까지 우리를 성장시켜온 근면과 성실의 미덕을 다시 한번 되살릴
때라고 생각합니다" "우리가 함께 이룩해야 할 무거운 사명감" 등의 언
표는 모두 위기와 연결되어 현재에 발휘되어야 할 임무로 표현된다. 즉
위기론은 단지 노동자들의 반성과 그에 따른 행위의 유발을 유도하기 위
한 담론적 장치에 지나지 않는다. 이것은 위기에 대한 표현 및 반성에 뒤
따르는 서술부가 유보된 미래의 영광으로 제시되는 데서 잘 드러난다.

> 우리가 미국시장에서 성공을 하면 우리 회사의 장래는 정말로 순탄하게 될 것
> 이며 H자동차뿐만 아니라 대한민국 자동차 역사의 대약진의 해가 될 것입니다(≪H
> 자동차≫ 1985년 1월호).

> 앞으로 15년 후면 우리나라는 선진국이 됩니다. 단지 여러분이 열심히 일한다
> 면 우리는 선진국의 대열에 끼어들 수 있는 것입니다. 선진국에서의 좋은 회사를
> 만들기는 전적으로 여러분의 손에 달려 있습니다. 여러분의 40대에 대학졸업자가
> 자동차를 사서 달릴 수 있도록 선진국으로의 힘찬 발걸음에 열심히 일해야 하겠
> 습니다(≪H자동차≫ 1985년 8월호).

"대한민국 자동차 역사의 대약진의 해" "앞으로 15년 후면 우리나라는
선진국이 됩니다"와 같은 성취되어야 할 대상은 현재의 반대자들을 물리
치기 위한 주체의 노력이 요구되는 근거를 제공한다. 이러한 미래의 비전
제시는 경영담론뿐만 아니라 일반적으로 정치언어들이 가지는 고유한 특

징이다.

미래의 비전이 위기론과 결합되는 것은 두 가지 이유 때문이다. 하나는 미래의 비전은 담론구조 내에 제시되어야 할 성취의 대상을 적시하는 기능을 수행한다. 사태의 진술이 아니라, 사태의 변화와 행위의 유발을 의도하는 정치언어는 그 궁극적인 목적을 지시함으로써 담론을 완결적으로 구성하게 된다. 이런 점에서 미래의 비전은 제시되는 임무와 과제들의 취약한 논리적 근거를 상쇄하는 작용을 한다. 또다른 이유는 위기론의 기능과 관련된 것으로, 미래의 약속은 현재의 위기가 극복될 수 있는 시련에 지나지 않음을 보여주기 위한 담론적 장치가 된다. 담론에서 제시된 위기가 기업의 사활이 걸린 실질적인 것이라면, 이것은 행위유발의 효과를 가질 수 없다. 위기는 미래의 영광으로 가기 위한 필연적 과정으로 언표될 때만 의의를 가진다.

위기→현재의 임무→미래의 영광은 위기론이 가지는 전형적인 서술의 배열 형식이다. 이 때 미래의 영광은 단순히 회사의 발전이 아니라, 민족과 국가 수준의 영광으로 제시됨으로써 현재의 임무를 정당화하고, 청자를 회사의 일원이 아닌 민족의 일원으로 호명한다. 이렇게 표현됨으로써만 '사명' '의무'와 같은 강한 지시적 성격을 가지는 어휘들이 자연스럽게 담론의 언표들로 자리하게 된다.

경영담론의 민족주의와 공동체주의 역시 그 기저에 생산성 동기를 숨기고 있다는 것은 의심의 여지가 없다. 그러나 이러한 담론이 가지는 의의는, 그것이 표현되는 방식, 그리고 그 효과에 있어서의 차별성에 있다. 공동체주의는 고용과 피고용, 지배의 종속의 관계를 공동의 이해관계로 의미전화하며, 이것을 민족이라는 상위의 가치에 근거를 둠으로써 일탈적이거나 저항적인 의미작용의 가능성을 봉쇄한다. 그 결과 공동체, 위기, 임무, 비전이라는 언표들은 하나의 통합체를 이루게 되며, 그 속에 청자를 공동체의 일원이자 민족의 일원으로 호명하는 담론구조를 갖게 된다. 그 결과 민족주의·공동체주의 담론과 위기담론은 이러한 통합체의 연결구조를 해체하지 않는 한 거부되기 어려운 정당성을 획득하게 되는 것이다.

3. 인간

경영 패러다임 내에서 '인간'이 부각되는 것은 메이요(Mayo)의 실험까지 거슬러 올라가는 꽤 긴 역사를 가진다. 그러나 경영담론에서 발견되는 인간에 대한 관심은 인간학적인 탐구와 관련이 없다. 인간을 부각시키는 담론들은 항상 생산성 요소로서 인적 자원을 최대한 발휘시키는 데 초점이 모아진다.

> 다행스럽게도 자동차는 장비나 기술만 가지고 만드는 것이 아니기 때문입니다. 물론 시설이나 기술도 중요한 것입니다만 나는 자동차를 만드는 데 있어 가장 중요한 것은 사람이며, 자동차란 바로 소재로부터 가공, 조립 그리고 마무리에 이르는 모든 과정에서 일선 담당자들의 마음자세로 만드는 것이라고 생각합니다.
> 정성들여 만든 제품이 팔리지 않을 수는 없는 것이며 자동차는 상품의 성격상 특히 이러한 점이 두드러져 어떻게 만드느냐 하는 것은 바로 얼마큼 팔리느냐와 직결되는 것입니다(≪H자동차≫ 1984년 10월호).

> 여러분이 어느 분야에서 일하든지 간에 자기가 맡은 바를 최선을 다해 성심껏 해내겠다는 마음만 가지면 우리 회사는 명실공히 세계 일류의 자동차 메이커가 될 수 있습니다. 생산부문 사람들이 정성들여 만든 차를, 판매부문 사람들은 사명감을 가지고 열성적으로 판매하고, 지원부문 사람들은 그들이 더욱 효율을 높일 수 있도록 성의껏 도와주면 우리 앞에 놓여 있는 어떠한 난관도 극복해나갈 수 있다고 굳게 믿는 바입니다(≪H자동차≫ 1985년 10월호).

> 여러분들이 일생을 몸담을 20년, 30년 후에도 'H그룹'이 가장 좋은 일류직장이 되고 안되고는 전적으로 여러분들의 노력여하에 달려 있습니다. 기업이 잘되고 못되는 것은 톱매니지먼트의 탓이라고만은 할 수 없으며 그것은 위로는 회장, 사장으로부터 공장의 생산직 사원이 모두 기업의 중요한 구성요원이기 때문입니다(≪H자동차≫ 1986년 6월호).

인간주의 담론은 외양에 있어 노동자들에 대한 관심을 명시하며, 노동의 가치를 옹호한다. 그러나 이런 인간에 대한 강조는 회사의 성과, 작업의 효율 등의 가치를 위한 수단으로 의미를 가질 때만 선택적으로 제시될 뿐이다. "시설이나 기술도 중요한 것입니다만 …… 자동차를 만드는 데 있어 가장 중요한 것은 사람이며" "자기가 맡은 바를 최선을 다해 성심껏

해내겠다는 마음만 가지면" 등과 같은 표현은 생산의 인간적 요소가 가지는 수단적 가치의 관점에서만 발휘될 뿐, 존재로서의 인간에 대한 존중과는 전혀 연결되지 않는다. 즉 인간은 "기업의 중요한 구성요소"로, 일류직장의 실현을 위해 발휘되어야 할 생산요소 중의 하나일 뿐이다. 이러한 인간주의 담론은 그래서 노동자 개인이 가지고 있는 선한 요소들의 발휘를 촉구하는 지시와 요구의 담론으로 연결된다.

> 오늘의 H자동차가 있기까지의 그 근저를 이루고 있는 것은 창업시부터 연연히 이어온, 부지런하고 성실한 생활태도였습니다. 국내외 모든 일터에서 하나로 화합하여 끊임없이 노력해온 근면, 성실한 현대의 가족들이 있었기에, 현재뿐만 아니라, 앞으로도 H자동차의 앞날은 밝을 것입니다. 또한 우리는 다른 유수기업들과 뚜렷이 구분되는 H자동차만의 기질이 있는데 그것을 크게 'H자동차 정신'이라 말할 수 있습니다. 다시 말해 창조적인 예지, 적극적인 의지, 강인한 추진력, 근면·검소의 기풍을 우리가 갖고 있는 기질이라고 할 수 있습니다. 오늘날 우리 한국이 중공업 입국으로 성장하는 데 기폭제 역할을 할 수 있었던 것은 처음 당시 그 누구도 감히 엄두를 내지 못했던 해외 건설분야에 과감히 뛰어들어 불가능하리라는 예상을, 할 수 있다는 현실로 뒤바꾼 것은 적극적인 의지와 강인한 추진력의 소산이라고 할 수 있습니다(≪H자동차≫ 1986년 6월호).

> …… 일반적으로 볼 때 현시점에서 우리 수준에 맞는 자동차를 만드는 데 있어 기술이 모자라 나쁜 차를 만든 경우보다는 작업을 하면서 제대로 정신을 못 차렸기 때문에 생긴 것들이 많습니다. 이러한 문제들은 우리가 조금만 더 신경을 쓴다면 모두 해결할 수 있는 것들이라 생각합니다(≪H자동차≫ 1986년 7월호).

"성실성과 책임성" "근면함" "세심함" 등의 선한 자질은 "오늘의 기업의 영광"을 있게 한 원인이었으며, "수준에 맞는 자동차를 만들 수 있는" 핵심요소로 지시된다. 성실성이나 책임감 등은 완성된 주체로서의 영웅적 노동자의 자질을 결정하는 가장 중요한 요소임을 이미 앞장에서 검토하였다. 영웅 이야기가 선한 주체의 형성이라는 약간은 드러난 목적을 담론 속에서 표현하고 있다면, 인간에 대한 관심에서는 이를 보다 미묘하게 숨기면서 실질적으로는 동일한 의미작용을 꾀하고 있는 것이다. 즉 인간적 요소들에 대한 강조는 '성실과 희생'이라는 의미작용 체계로 변질되어,

추가적인 노동과 노력의 지출을 요구하는 강한 이데올로기적 선동문으로 전화한다. 이것은 때론 보다 명확한 형태의 수행문으로 제시되기도 한다.

> 우리의 실력은 누가 만들어주는 것이 아닙니다. 각자가 자신이 만든 부품을 고품질이 되게 함으로써 우수한 제품이 나오게되는 것입니다. 앞으로도 계속 각자의 방면에서 최대한의 노력을 기울여주시길 바랍니다(≪H자동차≫ 1986년 7월호).

> 여러분들 각자는 맡은 분야에서 대가가 될 수 있습니다. 우리가 지금까지 쌓아올린 기술과 경험을 여러분들이 좀더 꽃을 피우면 세계에서 제일 훌륭한 차를 만들 수 있다고 확신합니다(≪H자동차≫ 1986년 8월호).

"최대한 노력을 기울여주시기 바랍니다" "여러분들 각자는 맡은 분야에서 대가가 될 수 있습니다" 등의 언표는 기업의 성과를 위해 선한 자질을 발휘해줄 것을 요구하는 수행문의 형태로 제시된다. 결국 인간주의 담론은 인간에 대한 강조를 기업의 성과와 연결시키고, 이것을 다시 개인의 선한 자질에 대한 환기로 연관지움으로써 노력의 발휘를 촉구하는 이데올로기적 선동문이 됨을 보여주고 있다.

그럼에도 불구하고 이런 인간주의 담론이 경영담론 속에서 계속 재생산될 수 있는 것은, 인간적 가치 자체를 옹호하는 언표들이 노동자들에 있어 정당화되고 수용될 충분한 근거를 갖기 때문이다. 그 근거는 '기계나 설비'에 대비시켜 '사람'을 부각시키는 극단적인 대조의 효과에 있다. 이 대조는 표면적으로는 선/악의 이분법이 아니라, 최고의 가치와 그 나머지를 분리하는 대비로 보인다. 즉 '사람'은 나쁜 것인 기계나 설비에 대비되는 선한 것이 아니라, 자동차의 생산에 필요한 여러 요소들 중에서 '가장 중요한 요소'로 지시된다. 그러나 '사람'은 선한 주체를 구성하는 요소들에 의해 조건지어진다. 즉 '마음자세' '정성들여 만든' '열성적으로' '노력' 등의 자질들에 의해 조건지어질 때만 '사람'이라는 요소는 긍정적으로 표현될 수 있다. 이런 점에서 인간주의 담론 역시 이분법적 대비 속에서 기업에 순기능적인 자질들만을 선택적으로 재현하는 이데올로기적 담론구조의 전형을 띠고 있음을 보여줄 뿐이다.

4. 경영담론과 노사관계

경영담론에서 드러나는 노사관계는 우리 사회의 노사관계의 특성을 이해하기 위한 중요한 단서를 제공해준다. 노사관계의 핵심은 자본과 노동의 권력관계의 특성이지만, 이 관계가 구성되는 그 출발점에는 양자가 서로를 어떻게 규정하고 의미작용하며 표현하는가의 문제, 즉 주체들의 인식론적 차원이 전제된다. 또한 노사관계가 담론 속에서 표현되는 방식과 내용은 그 노사관계를 재생산하고 강화하는 한 메커니즘이기도 하다. 최고경영자 담화는 노사관계에 대해 특정한 언어적 규정을 내리고 있는, 기업의 최상위 담론이다. 이러한 가장 상위의 담론이 노사관계를 정의내리는 방식은, 우선 노동쟁의에 대한 의미작용 방식의 특성에서 잘 드러난다.

특히 일시 사회적으로 만연한 노사분규에 휘말렸던 우리의 불행한 기억은, 결코 이런 일이 또다시 있어서는 안된다는 값비싼 경험으로 간직해야 할 것입니다 (≪D자동차≫ 1986년 1월호).

여기서 노동쟁의는 '노사분규'라는 어휘로 대체된다. 분규(紛糾)란 사전적으로 "이해관계의 주장이 서로 엇갈려 다투는 상황"으로 정의된다.[39] 이것은 "근로자가 사용자에게 일정한 요구를 이루기 위하여 집단적으로 일으키는 분쟁"으로 정의되는 노동쟁의와는 약간 다른 의미를 가진다. 즉 쟁의는 노동자들이 자신의 요구를 관철시키기 위해 취하는 제도화된 행위를 의미하는 반면, 분규는 양자의 이해관계의 상충, 그리고 다툼이라는 부정적인 의미로 이해된다. 즉 '분규'='서로에게 나쁜 것'이라는 의미작용 방식과, 그 언어사용의 사회적 약호가 분명히 존재함을 알 수 있다. 이것은 사회적으로 노사분규는 언론과 경영자의 어휘, 노동쟁의는 노동자의 어휘라는 언어사용의 사회적 분할이 재생산된 것에 다름아니다. 따라서 노동쟁의보다는 노사분규가 경영담론 내에서 일반화되어 있다는 사실은,

---

39) 『연세한국어사전』, 1998.

결국 이런 부정적 의미를 강화함으로써 노동쟁의를 이데올로기적 낙인의 대상으로 삼고 있다는 추론을 가능하게 한다.

나아가 노사분규는 텍스트 내에서 "우리의 불행한 기억"으로 지시되고 있다. 즉 노사분규는 '불행'이라는 표현을 통해 직접적으로 '나쁜 것'으로 제시되고 있으며, 이 불행은 경영자뿐만 아니라 노동자까지 포함하는 '우리'에게 부정적인 것임을 주장한다. 여기서 '우리'는 앞서 보았듯이 화자 공동체이자 상상된 공동체를 의미하며, 따라서 노동쟁의는 결국 노사 공동체를 저해하는 부정적인 사건이 되는 것이다. 이렇게 쟁의를 부정적인 것으로 규정하는 언표들은 경영담론 내에서 일관되게 발견된다.

그렇다면 이 노동쟁의가 부정적인 것으로 지시되는 이유는 무엇인가? 이것은 부정적인 것으로서의 노동쟁의와 긍정적인 어떤 것과의 대비 속에서 이해할 수 있다.

> ...... 이 어려운 고비를 최선으로 넘어가자면 기술자립과 혁신적인 경영합리화로 생산성을 향상시키고 원가절감을 꾀해야 합니다. 이것은 오직 전사원의 화합과 단결의 바탕 위에서만 가능합니다. 안일하게 노사분규로 소일할 시간적 여유도 없습니다. 우리 모두 사랑으로 감싸주고, 겸손하게 이해하며, 적극적이고도 긍정적인 자세로 열심히 일하는 사람이 됩시다(≪H자동차≫ 1987년 12월호).

> 노사화합의 기틀을 마련해야겠습니다. 작년만 해도 우리회사의 파업, 여기에 협력업체의 조업중단의 결과가 작년도 영업실적에 커다란 손실을 입혔던 것입니다. 노사안정을 위해서는 근로자와 경영자간의 상호이해와 협조가 전제되어야 할 것입니다. 삶의 터전인 직장에서 같은 목표를 위해 다함께 노력해야 하는 공동체가 인화로서 단결하지 못할 이유는 없다고 봅니다. 우리 회사의 자랑스런 전통인 화합과 단결이 사회의 민주화를 이룩해나가는 과정에서 잘 조화될 수 있도록 다같이 노력해야겠습니다(≪H자동차≫ 1989년 1월호).

이 예문에서 그 해답을 찾을 수 있다. 노동쟁의와 관련된 담론의 계열체적 배열은 항상 <그림 4-3>과 같은 의미작용의 구조를 갖고 있음을 알 수 있다.

즉 노동쟁의가 나쁜 이유는 그것이 화합과 단결과는 정반대로 존재하

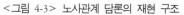

<그림 4-3> 노사관계 담론의 재현 구조

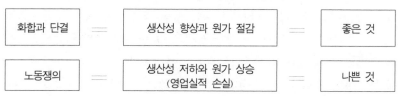

며, 생산성을 저하시키고 원가를 상승시키기 때문이다. 노동쟁의에 대한 의미작용은 정확히 생산성과 연결된 계열체 구조를 갖고 있음이 드러난다. 즉 경영담론 내에서 노동쟁의가 부정적으로 지시되는 것은 생산성이라는 경영자의 이해관계가 전적으로 투사되기 때문이며, 그 이외의 합리적인 근거는 전혀 제시되지 않고 있다.

여기에는 이데올로기적 담론이 가지는 몇 가지 특징이 가장 전형적으로 드러나 있다. 우선 이데올로기는 "명확하지 않은 담론으로 자신의 모순을 감추는" 특성을 가진다(Zima, 1996: 434-474). 그 이유는 이데올로기가 대부분의 경우 절대적이고 객관적인 정당성과 그 정당화를 위한 논리체계를 갖추기 어렵기 때문이다. 앞의 경우 경영담론은 '그 어떤 근거의 제시도 없이' 생산성과 화합을 최상의 가치로 제시한다. 생산성이 높다는 것은 투입과 산출의 관계에서 나오는 현실을 지칭하는 것일 뿐이다. 생산성이 도덕적으로 정당화되거나 미학적 가치판단의 대상이 될 이유는 전혀 제시되지 않는다. 또한 이것은 논리학적으로 논리적 근거의 부당 전제라 할 수 있다. 생산성이 가치 있는 대상이라는 사실이 먼저 전제되기 때문에 생산성에 관련된 담론은 근본적으로 도전받지 않는다.

작년에는 노사 모두가 경험이 부족하여 약간의 마찰이 있었던 것도 사실입니다. 그러나 금년에는 우리 회사의 노동조합을 가장 모범적인 노동조합으로 만들어야 하겠습니다. 이를 위해 노사 모두 상호이해와 존중 속에서 단결과 화합을 이룩해야 하겠습니다(≪H자동차≫ 1988년 1월호).

즉 경영담론이 노동쟁의를 언표하는 방식은 철저히 좋은 것과 나쁜 것

의 이분법에 기초하고 있다. 좋은 것과 나쁜 것이 항상 병렬적으로 제시
된 후 노동쟁의냐 화합이냐라는 양자택일이 강제된다. 이때 화합이 좋은
것으로 지시되는 데에는 생산성과 실적이 그 발화의 사회적 약호로 작용
하고 있는 반면, 노동쟁의는 암묵적이고 부정적인 방식으로 '생산성을 저
해하는 불행한 일'로 지시된다.[40] 따라서 텍스트 내에서 명시되지 않는
노동쟁의의 '좋은' 의미는 실제의 좋은 의미로 현실화되기 어렵게 된다.
노동쟁의에 대한 담론이 만약 현실적인 언표적 힘을 행사하게 된다면, 그
것은 이런 불균형적인 지시체계와 이분법적 강제가 주된 효과로 작용한
때문이라 볼 수 있을 것이다.[41]

5. 맺는 말

지배담론은 무엇을 말하는가라는 질문을 던지면서 이 장에서는 경영담
론의 내용과 특징들을 선별적으로 검토해보았다. 경영담론이 이러한 소재
들을 통해 궁극적으로 무엇을 말하려 하는지는 명백한 것 같다. 그러나
더 명확히 짚어야 할 문제는 이러한 발화가 현실에서 무엇을 생산하고 있
는가 하는 점이다. 앞서 살펴보았듯이 경영담론은 담론의 논리적 혹은 정
서적 정당화를 항상 기업보다 상위의 개념, 즉 국가나 민족 등으로 치환
하는 특징을 보이고 있다. 이것은 우리 사회에 '말해지지 않는 영역'으로
남아 있는 정서적 언어공간 속으로 기업의 언어를 끊임없이 편입시키려
는 시도로 해석될 수 있다. 논란의 여지가 없는 상식의 세계란 곧 지배적
의미작용이 차지하고 있는 이데올로기의 영역에 다름아니기 때문이다.

---

40) 이데올로기적 술어의 특징에 대해서는 P. Zima, Ideologie und Theorie, 허창운·
김태환 역, 『이데올로기와 이론』, 문학과지성사, 1996을 참조할 수 있다.
41) 이것은 노동담론 속에서 발견되는 경영담론의 흔적을 추적함으로써 보다 명확해
질 수 있다. 예컨대 생산성에 대한 담론적 저항이나 대안적 의미작용이 존재하는
가 여부를 살펴봄으로써 그 효과를 확인할 수 있다.

따라서 이러한 지배언어의 담론전략에 대해, 언어사용의 의미론적 연관에 개입함으로써 그것의 수정과 치환을 모색할 필요가 있다. 이것은 두 가지 방향에서 이루어져야 한다. 첫째, 논쟁되지 않은 상식의 세계를 끊임없이 논쟁 속에 끌어들이는 작업을 수행해야 한다. 민족이나 공동체, 인간 등에 대한 특권화된 관심에 대한 전유에 개입하여, 그것의 또다른 전유 방식을 토론에 부칠 필요가 있다. 예컨대 상상된 공동체로서의 기업-국가 연관을 노동자 공동체의 문제로 전환시킴으로써 공동체주의가 갖는 상위의 정당성을 상대화시킬 수 있을 것이다. 둘째, 이차 의미작용하는 연쇄들을 절단할 수 있는 언어전략을 수행하는 것이 필요하다. 즉 재현되지 않은 의미들을 끊임없이 밝혀냄으로써 지배언어의 왜곡된 재현체계를 드러낼 것이 요구된다. 이를 통해 '말해지지 않은 것'을 논쟁의 영역으로 끌어내고, 이데올로기적 재현 자체를 현실의 쟁점으로 구성할 수 있을 것이다.

제5장 지배담론의 화용적 특성

1. 들어가는 말

모리스(Charles Morris)는 기호학의 영역을 기호들 간의 형식적 관계를 연구하는 통사론(syntactics), 기호와 그 대상들 간의 관계를 연구하는 의미론(semantics), 그리고 기호와 해석자와의 관계를 연구하는 화용론(pragmatics)으로 구분하였다(Morris, 1938). 이 중 화용론은 언어의 사용(발화)에 관련된 기호학 영역으로, '언어 이해에 대한 설명의 바탕이 되는 문맥과 언어 사이의 관계에 대한 연구' 혹은 '문장과 그 문장의 적절한 문맥을 짝지을 수 있는 언어사용자들의 능력에 관한 연구'로 정의된다(Levinson, 1991: 20). 즉 다른 기호학의 영역과 달리 화용론은 언어사용자가 적시될 때만 가능한 연구영역이며, 화용론은 문맥 속에서 이해되는 함축의미를 연구대상으로 한다는 특징을 가진다.[1] 문맥은 대화에 참여하는 사람들이 처한 상황

---

[1] 문맥을 전제할 때만 이해 가능한 대화는 사실 일상언어의 대부분을 차지한다. 다음의 예를 보자.

  A: 너무 늦어지는 것 같은데…….

  B: 지루하니?

이 예에서 A와 B의 대화를 문장 자체에서만 읽는다면 '늦는다'의 진위구별이 주된 관심이 된다. 그러나 늦는다에 대해 '지루하니?'라는 대답은 그 함축의미와 맥락을 참조하지 않으면 이해하기 어렵다. 이 대화가 '밤늦게까지 계속된 세미나'에

과 공통의 전제들에 의해 구성되므로, 화용론은 기호학의 영역 중 가장 사회학적 연구에 근접해 있다고 할 수 있다.

이 장에서는 화용론이 가지는 분석적 함의를 '경영담론의 발화형식'과 관련시켜 보고자 한다. 이것은 지배적 의미와 가치가 발화되는 형식, 그리고 유포되는 방식이 가지는 사회학적 함의를 따져보는 작업이 될 것이다. 기호학적 전통에서 텍스트의 형식적 특성은 중요한 연구영역을 차지하고 있지만, 이것이 가지는 사회학적 함의에 대한 분석은 별로 이루어지지 못하고 있다. 언표의 형식구조를 사회학적 분석대상으로 설정하기 위해서는 두 가지 전제가 필요하다. 하나는 고전적인 수사학의 문제의식인 말의 기예, 즉 특정한 언표방식에 따라 설득력의 편차가 존재한다는 전제와, 발화된 텍스트 자체가 가지는 효과가 존재한다는 전제가 그것이다.

고전적인 수사학은 '청중을 설득하기 위한 기술들에 대한 이론'이다. 이 수사학에는 언표된 내용뿐만 아니라, 문장의 특정한 방식으로의 배치와 언표의 형식들이 언표적 힘을 행사할 수 있다는 인식이 전제된다. 텍스트 내적 힘은 경영 권력과 결합된 경영 담론 텍스트가 그 자체 하나의 권력 현상으로 작용하는 현상을 지적한다. 부르디외(P. Bourdieu)가 지적하듯이, 언어 장 내에서 지배적인 담론의 영역은 그 존재 자체가 권력을 의미한다. 말하여지지 않는 공간은 권력에 의해 은폐된 것에 다름아니기 때문이다. 담론을 둘러싼 의미의 정치는 권력의 약호가 지배하는 공간의 확장을 둘러싼 투쟁이 된다. 이 투쟁은 의미의 생산과 유포, 수용이 교차되는 그물망으로 이루어진다. 생산과 유포가 경영담론의 주된 몫이라면, 수용은 노동자들의 주체적 반응에 해당된다. 따라서 먼저 생산되고 유포되는 경영담론에 대한 이해에서 출발하는 것이 기업 내의 의미의 정치를 이해하는 적절한 순서가 될 것이다.

앞장에서 경영담론이 '무엇을 말하는가'를 다루었다면, 이 장은 경영담론은 '어떻게 말하는가'를 다룬다고 할 수 있다. 이것은 결국 권력이 어떤

서 일어난 것이라면 쉽게 이해할 수 있다.

언어적 표현형태를 지니게 되며, 그것이 가지는 효과는 무엇인가를 분석하는 것으로 요약될 수 있다.

2. 언어사용 형식과 권력

오스틴(Austin)의 수행문(performative)이 함의하는 바는 발화가 동시에 행위를 구성하거나, 혹은 발화를 통해 행위를 지향한다는 사실이다. 이것은 수행문이 곧 권력 행위임을 의미한다. 물론 수행문이 행위를 구성하지 못하는 상황, 즉 실패상황이 존재할 수 있는데, 이것은 역으로 수행문이 자격 하에서만 이해될 수 있으며, 그 자격은 곧 화자-청자 간의 위계적 관계에 기초하는 것이다. 따라서 수행문은 규칙들에 의해 명확히 규정된 권위에 힘입어 작용하는 말이다. 이런 점에서 수행문은 그 자체가 이데올로기는 아니지만, 권력적 작용과 밀접히 관련되어 있다는 점에서 이데올로기와 가까운 화행(speech act)이라 할 수 있다.

이런 전제 하에서 경영담론에서 진술문/수행문의 구분이 어떤 의미를 가지는지를 살펴보고자 한다. 먼저, 경영담론을 문장단위의 진술문/수행문으로 구분할 때, 어떤 문장이 지배적인가의 판단을 통해 경영담론의 권력적 성격을 확인할 수 있다. 진술문이 지배적이라면 그 담론은 사태의 진술과 진위의 판단에 관계된 상대적으로 객관적 언어일 가능성이 상대적으로 크며, 반대로 수행문이 지배적이라면 그것은 행위를 유도하는 설득과 명령의 체계가 될 가능성이 크다고 할 수 있다.[2] 또한 수행문의 존재 자체가 화자와 청자의 관계를 설명해주기 때문에, 수행문이 지배적이

---

2) 일반적으로 언어의 사용은 대화상대에 의해 이해될 것을 지향하며, 상호작용을 그 목적으로 하는 것이다. 그러나 동시에 언어사용은 어떤 사실을 정의내리고 그 의미를 확고하게 만들며, 발화함으로써 그 자체를 정당한 것으로 만들려는 노력도 내포한다. 이것은 담론 텍스트에서 단언적 진술이 얼마나 존재하며, 어떤 기능적 위치에 단언들이 자리하고 있는가를 살펴봄으로써 간접적으로 알 수 있다(van Dijk, 1997: 16).

<표 5-1> 신년사에 나타난 수행문의 빈도

(단위: 개, %)

연도	H자동차		D자동차	
	수행문(전체문장)	수행문 비율	수행문(전체문장)	수행문 비율
1985	11 (47)	23.4	13 (24)	54.2
1986	13 (53)	24.5	19 (32)	59.4
1987	23 (64)	35.9	19 (53)	35.8
1988	16 (46)	34.8	15 (28)	53.6
1992	13 (55)	23.6	12 (22)	54.5
1993	12 (51)	23.5	22 (46)	47.8
1994	14 (68)	20.6	16 (54)	29.6
1995	19 (68)	27.9	20 (40)	50.0
전 체	121 (452)	26.8	136 (299)	45.5

라면 그것은 그만큼 그 관계의 위계성을 말해주는 것에 다름아니다. 이런 점에 주목하여 경영담론의 화용론적 특성을 이해해보고자 한다.

먼저 각 담론을 문장단위로 분해하여 각 문장들을 진술문과 수행문으로 구분하였다. 텍스트로는 각 사보에 실린 그해 1월의 신년사들을 선택하였다. 내용적으로 신년사는 한 해의 회사 경영방침을 설명하고 노동자들에게 목표를 설정하는 지침으로서 의미를 가지기 때문에, 경영담론의 의미론적 특성을 가장 전형적으로 드러내는 담론형태라 할 수 있다. 또한 지배담론으로서의 경영담론 중에서도 최고경영자 담화문은 가장 상위수준의 권력적 언어를 표현하는 것이다. 따라서 최고경영자 담화문 분석은 경영담론의 권력적 언어사용을 잘 보여줄 수 있다. <표 5-1>은 신년사에 나타난 문장들을 모두 진술문과 수행문으로 구분하여, 그 분포를 시계열로 정리한 것이다.

두 기업 신년사에서 수행문의 구성비율은 뚜렷한 차이를 보인다. H자동차의 경우는 수행문이 많은 경우도 40%를 넘지 않는 반면, D자동차는 연도별로 수행문이 30~60% 정도로, H자동차에 비해 더 높은 비율을 보이고 있다. 이것은 D자동차의 신년사가 상대적으로 더 명령과 지시를 포함하는 권력적 언어임을 의미한다. 신년사의 전체 문장수가 비슷한 1993년의 경우 H자동차는 51개의 문장 중 12개만이 수행문 형식을 띠는 반면, D자동차는 46개의 문장 중 22개가 수행문 형식을 취하고 있다. 신년

<표 5-2> 1993년 신년사의 수행문 분포

(수행문/전체문장, %)

	설명부분	지시부분
H자동차	1 / 32 (3.1)	11 / 19 (57.9)
D자동차	5 / 19 (26.3)	17 / 27 (70.0)

사가 크게 설명과 지시의 두 부분으로 이루어진다고 본다면, 수행문은 주로 후반부의 지시부분에서 집약적으로 나타난다. H자동차와 D자동차의 1993년 신년사에서 수행문이 어떻게 분포하는지를 살펴보자.

신년사는 설명과 근거의 제시로 시작하여 지시와 행위의 유발로 끝나는 구조를 갖기 때문에, 이 지시부분에 수행문이 밀도 높게 분포한다는 특징을 가진다. 그러나 두 기업의 신년사를 비교해보면, H자동차는 설명부분에 수행문이 거의 나타나지 않는 반면, D자동차는 설명부분에서도 수행문이 상당한 비율을 차지한다는 차이점을 보인다. 또한 지시부분에서의 수행문 분포도 D자동차가 상대적으로 높게 나타난다. 이러한 차이는 두 기업에서 최고경영자 담론이 가지는 특성의 차이를 말해준다. D자동차의 신년사는 상대적으로 훨씬 위계적이고 권력적이며, 설득보다는 지시와 명령의 체계에 가깝다. 반면 H자동차의 신년사는 설득과 근거의 제시에 의존하는 고전적인 수사법에 보다 가깝다고 할 수 있다.

한편 전체 문장에서 수행문이 차지하는 비중을 살펴보면, H자동차는 452개의 문장 중 121개의 문장이 수행문이며 그 비율이 26.8%다. 반면 D자동차는 299개의 문장 중 136개의 문장이 수행문으로, 45.5%를 차지하였다. 전체 평균의 비교를 통해서도 D자동차의 최고경영자 신년사가 상대적으로 더 권위적이고 명령에 가까우며, 노골적인 권력적 언어를 사용함을 알 수 있다.

진술문/수행문의 분포를 통해 경영담론은 수행문의 형식으로 권력적 언어사용이 빈번히 이루어지고 있음을 확인할 수 있다. 이것은 신년사라는 텍스트가 결국 행위의 유발을 지향하는 권력작용에 근거하여 생산됨을 보여주는 것이다. 그러나 이 분포의 분석은 실제로 이러한 권력적 언표가 어떻게 구사되는지에 대한 정보를 주지 않으며, 단지 권력적 언표의 공간적 분포만을 보여줄 뿐이다. 권력적 언표들이 어떤 방식으로 발화되는가에 대해서는 이차적인 화용분석이 필요하다. 다음 절은 이 권력적 언표들을 대상으로 한 이차적 화용분석을 다룬다.

3. 지배담론의 화용형식

경영담론은 수행문을 적절히 포함함으로써 권력적 언어를 구사하고 있다. 그렇다면 경영담론에 분포하는 이 수행문들은 어떤 화용적 특성을 가지는가? 행위의 유발과 관련된 수행문은 언어의 권력적 성격의 존재를 보여주는 것이긴 하지만, 그 권력적 성격의 내용을 말해주지는 않는다. 물론 언어가 권력적 성격을 가진다는 것은 이데올로기와 친화성을 가진다는 중요한 사실을 드러내고는 있지만, 그 자체가 이데올로기가 되는 것은 아니다. 따라서 그 다음으로 살펴보아야 할 문제는, 경영담론의 수행문이 내포하는 의미들과 그것의 형식적 특성이다.

이를 위해 수행문들의 발화자, 청자, 행위관련 언표의 특성을 고려하여 수행문의 성격을 구분해보았다. 그 결과 경영담론의 신년사에 나타난 수행문들은 크게 세 가지 유형으로 구별됨을 발견하였다. 그것은 각각 주어가 발화자로 제시되는 수행문, 주어가 공동체적 주체로 제시되는 수행문, 순수한 명령에 가까운 지시문 등이다.

1) Ⅰ유형: 주어가 발화자로 제시되는 경우

오스틴에 의하면 전형적인 수행문은 1인칭, 단수, 직설법의 형태로 이루어지는데, 이것은 언표의 주체와 행위의 주체를 발화자로 명확히 규정하는, 그리고 발화자의 개인권력을 표현하는 문장을 일컫는다. 이 경우 발화자의 행위구성은 발화자가 오직 실제로 그런 행위를 수행할 의지를 갖고 있고, 그러한 권력을 가졌거나 그런 자격을 위임받을 때만 가능하다. 따라서 이런 유형의 수행문은 경영담론에 있어 경영자의 권력의지와 그 능력을 가장 명확히 드러내는 경우를 의미한다.

    1-1) 본인은 금년을 '원가경쟁력 제고의 해'로 정하고, 이를 위해 원가혁신, 품질혁신, 관리혁신 등 3대 혁신활동을 기본방침으로 하여 이를 강력히 추진하겠습니다.
    1-2) 금년에 회사는 우선 고객이 요구하는 제품품질과 서비스 품질을 중점적으로 개선, 실추된 대 고객 이미지를 단기간 내에 회복할 수 있도록 집중적인 노력을 기울일 것입니다.
    1-3) 경영층 역시 회사발전이 바로 모든 개인의 발전이 된다는 확실한 징표를 주는 한 해가 되도록 노력하겠습니다.

1-1) 문장의 경우, 금년을 "원가경쟁력 제고의 해"로 규정할 수 있는 주체는 발화자 본인, 즉 최고경영자밖에 없으며, 이를 관철시키기 위해 3대 혁신활동을 강력히 추진하겠다는 권력의지를 표현하고 있다. 그리고 외부적 개입의 여지를 완전히 봉쇄하고 자신의 권력을 극단적으로 행사하는 완전히 닫힌 텍스트를 구성한다. 여기에는 수취인에 대한 일방적인 전달과 명령만이 있을 뿐이다. 1-2) 1-3)은 발화자가 회사나 경영층으로 등치되는 경우다. 이 문장들도 마찬가지로 발화자의 권력과 의지를 일방적으로 전달하고 지시할 뿐이다. 이 수행문들은 발화자와 수취인을 완전히 경계짓고, 수취인을 전달의 대상으로만 규정하는 일방적인 전달담론을 구성한다. 그러나 이런 유형의 수행문은 수취인을 호명하고 행위할 것을 명확히 요구하지는 않는다.
  따라서 이런 유형은 발화자와 청자를 엄격히 분리하고, 또한 행위의 주체와 발화 주체가 동일한, 발화자 개인의 권력과 행위의지를 보여주는 전형적인 수행문에 해당된다. 그러나 실상 이 유형의 수행문은 경영담론에서는 매우 예외적으로만 발견된다. 왜냐하면 경영담론의 수행문은 대부분 청자의 행위와 관련되어 행위의 유발을 의도하고 있기 때문이다. 또한 경영담론에서 주어가 발화자인 수행문이 예외적으로 발견된다는 것은, 수행문을 통해 권력적 언표를 할 때에도 발화자와 수취인을 명확히 구분하는 배타적이고 일방적인 담론을 구성하지는 않는다는 사실을 보여주는 것이기도 하다. 그 이유는 다음의 수행문 유형에서 확인된다.

2) II유형: 주어가 공동체적 주체로 제시되는 경우

우리말에서 '우리'로 시작되는 문장은 매우 흔하게 발견되며, 이것은 국어를 다른 외국어들과 구분짓는 한 특징을 이룬다. '우리'는 일반적 주어로 흔히 '나'를 대체하며, 발화자와 수취인의 집단성을 강조하는 표현법이다. 즉 '우리'로 대표되는 국어의 화용적 특성은 "너와 나를 범주적으로 구분하는 대신 너와 나를 묶고 있는 공통의 정체성을 기반으로 대화에 임한다는 사실을 실증"해준다(전효관, 1997: 100-101).

이런 국어의 화용특성은 일인칭, 단수, 직설법으로 정형화되는 수행문에서도 관철될 수 있다. 즉 '나'가 아닌 '우리'를 활용함으로써 공동체를 지칭하는 주어를 사용하는 수행문이 구성되는 것이다.

2-1) 수출의 호조에도 불구하고 매출액은 6,700억 원에 그친 것은 생산이나 판매에서 일하는 우리 모두가 반성해야 할 일입니다.
2-2) 국내판매나 수출 모두 금년목표를 반드시 달성할 수 있도록 우리 전사원이 최선을 다해야 하겠습니다.
2-3) 우리 모두는 자기가 맡은 일 하나하나에 최선을 다하고 정성을 들여 열심히 일해야 할 것입니다.
2-4) 이 난관은 우리가 품질향상과 원가절감으로 꼭 극복해나가야 할 것입니다.

이 인용문들은 모두 발화자와 수취인이 동일시되는 공동체적 주어를 사용하는 수행문들이다. '우리 모두'나 '우리 전사원'은 문장의 형식상 주어이지만, 의미적으로는 발화의 대상, 즉 수취인이 된다. 즉 언표의 주어와 언표 행위의 주어가 뚜렷이 구분되어, 언표행위의 주어인 나(최고경영자)는 문장에서 생략되고, 우리, 우리 전사원 등의 공동체적 주어 속에 편입된다. '우리'라는 주어는 나와 너를 구분하지 않는 관계적 특성을 강조하며, 공동의 이해를 가정하는 용법이다. 따라서 이 문장들에서 실질적인 주어는 언표의 주체가 아닌 언표행위의 주체로, '우리'로 지칭되는 행위의 주체들에 다름아니다. 즉 반성하고, 최선을 다하고, 열심히 일하고, 극복해나가며, 적극적으로 펴나가야 할 주체들은 발화자인 '나'가 아니라 '우리'로 지칭된 수취인들, 즉 노동자들인 것이다.

따라서 이 수행문들은 다음과 같이 '나'를 주어로 하는 엄격한 수행문들로 고쳐질 수 있다.

2-1a) 나는 수출의 호조에도 불구하고 매출액은 6,700억 원에 그친 것에 대해 생산이나 판매에서 일하는 우리 모두의 반성을 촉구합니다.
2-2a) 나는 국내판매나 수출 모두 금년목표를 반드시 달성할 수 있도록 전사원이 최선을 다할 것을 요청합니다.
2-3a) 여러분이 자기가 맡은 일 하나하나에 최선을 다하고 정성을 들여 열심히 일할 것을 명령합니다.
2-4a) 나는 이 난관을 여러분이 품질향상과 원가절감으로 꼭 극복해나갈 것을 명령합니다.

2-1a)의 경우 '매출액'에 이해관심은 실질적으로 '나'에게 있는 것이지만 우리의 관심사로 지시된다. 2-2a) 문장 역시 동일하게 나의 관심인 수출과 판매를 우리의 관심사로 대체하고 있다. 이 두 수행문은 최고경영자의 관심, 즉 경영적 이해를 우리의 이해관계로 지시하여 이를 공통의 관심 영역으로 끌어들이는 환기의 기능을 수행하고 있다.

공동체적 주어를 사용하는 수행문은 주어와 발화자가 동일한 수행문에 비해 형식적으로 열린 텍스트를 구성한다. 즉 나의 관심을 배타적으로 제시하거나, 발화자의 권력을 수취인에게 일방적으로 행사하거나 전달하는 것이 아니라, 발화자와 수취인을 공동체로 묶는 공동의 관심사를 말하고 있다. '우리' '우리 전사원' '우리 모두' 등의 주어는 공동의 관심사를 이미 전제하고 있으며, 따라서 이 문장들은 공동의 관심사를 다시 확인토록 하는 완곡어법에 해당된다. 그러나 실제로 이 문장들은 발화자를 주어로 하는 직설적 수행문으로 변형될 수 있듯이, 이 공동체적 주어 사용을 통한 수행문은 발화자의 권력이 그대로 행사되고 있고, 따라서 공동의 관심사에 대한 확인이 아닌 발화자 관심의 표출과 단언에 지나지 않는다. 그렇기 때문에 이 문장들은 수취인으로 하여금 '우리에 포함될 것이냐' 아니면 '배제될 것이냐'의 양자택일을 강요한다. '우리'를 주체로 하는 발화는 이미 호명된 주체들의 발화를 의미하며, 그래서 '우리'의 목표와 관심으로 표현된 내용들에 대한 거부는 '우리'이기를 거부하는 것이 된다.

3) III유형: 지시문

경영담론에 나타나는 세번째 유형의 수행문은 요구, 지시의 형태다. 이것은 설(Searle)의 발화수반행위 다섯 가지 유형 중 지시문(directives)에 해당된다.3) 지시문이란 명령, 요구, 간청, 요청 등을 통해 수취인으로 하여금 무언가를 하도록 하는 발화를 지칭한다.

　　3-1) 품질달성은 각자의 마음가짐 여하에 달려 있기 때문에 다시 한번 철저한 품질의식을 갖고 정성을 다하여주시기 바랍니다(≪D자동차≫ 1987년).
　　3-2) 노동조합도 회사의 입장을 이해하고 조합원의 다양한 의견들을 합리적으로 수렴하여 순리에 따라 질서 있게 요구하고 행동해야 하겠습니다(≪D자동차≫ 1988년).
　　3-3) 올해는 보다 획기적인 판매증대를 위하여 가일층 분발하여 주시기 바랍니다(≪H자동차≫ 1988년).

지시문은 행위의 유발을 의도하지만 발화자와 수취인이 엄격히 구분된다는 점에서 II유형의 공동체적 수행문과 구별되며, 또한 행위의 주체를

---

3) 설(J. Searle)은 오스틴이 발화와 행위에 대한 중요한 통찰을 제공했다고 평가하면서도 오스틴의 구분 자체에 대해서는 동의하지 않는다. 특히 오스틴이 발화행위와 발화수반행위의 대표적인 동사들을 분류한 것은 논리적이라기보다는 경험적이고 선택적이라는 점에서 문제가 있다고 본다. 대신에 설은 발화수반행위를 다섯 가지 유형으로 구분하는데, 그것은 재현문(Representatives), 지시문(Directives), 위임문(Commissives), 표현문(Expressives), 선언문 등이다(Blum-Kulka, S., "Discourse Pragmatics," 1997: 43).

직접적으로 호명한다는 점에서 I유형인 개인권력을 표현하는 수행문과도 구별된다. 즉 지시문은 발화자가 수취인에 대해 명확하게 행위의 수행을 요구하는 수행문이다. 이 발화의 특징은 수취인에 대해 직접적인 권력의 행사가 언표된다는 점에 있다. 주체를 직접적으로 호명하고 발화자와 청자의 경계를 긋는 지시문은 전형적으로 권력적 강제가 이루어지는 발화다. 여기에는 어떤 단서나 유예조항 없이, 명령과 복종의 단일체계만이 존재하며, 수취인에 대해 복종이냐 거부냐의 양자택일만을 강요할 뿐이다.

4) 요약

경영담론의 수행문은 어떤 효과를 기대하는 발화들이다. 즉 담론을 통해 행위를 구성하고자 하는 의도를 드러내는 것인데, 위에서 살펴본 세 가지 발화유형은 무엇을 함의하는지를 검토해볼 필요가 있다. 이를 위해 우선 경영담론에서 발견되는 수행문들을 모두 이 세 가지 형태의 수행문으로 분류하여 그 분포를 살펴보았다.

발화자의 행위에 관련된 전형적인 수행문인 주어와 발화자가 동일한 경우는 세 유형의 수행문 중에서 가장 낮은 빈도를 보이고 있다. 1985년부터 1995년 중의 8개 신년사에 나타난 전체 수행문 문장의 수를 통해 비교해 보면, H자동차의 경우 121개 수행문 중 11개만이, 개인권력과 행위를 표현하는 유형 I, 즉 주어와 발화자가 동일한 수행문이다. 반면 가장 높은 빈도를 보이는 것은 공동체적 주어의 수행문인 유형 III으로, 121개 중 62개다. 지시문 역시 상당히 많이 발견된다. 121개 중 48개의 문장이 지시문인 것으로 나타났다.

D자동차의 경우도 비슷한 결과를 보여준다. 8개의 신년사 전체의 수행문 수는 136개이며, 이 중 주어와 발화자가 동일한 경우는 22개로 매우 낮은 빈도를 보인다. 반면 공동체적 주어의 수행문은 58개로 가장 많고, 지시문 역시 이와 비슷한 56개였다.

<표 5-3> 수행 발화의 유형별 분포

구분 연도	H자동차				D자동차			
	I유형 수행문	II유형 수행문	III유형 수행문	전체	I유형 수행문	II유형 수행문	III유형 수행문	전체
1985	2	7	2	11	2	3	8	13
1986	3	6	4	13	1	7	11	19
1987	0	12	11	23	2	5	12	19
1988	3	7	6	16	1	10	4	15
1992	1	8	4	13	3	7	2	12
1993	0	8	4	12	4	10	8	22
1994	1	7	6	14	1	11	4	16
1995	1	7	11	19	8	5	7	20
전체	11	62	48	121	22	58	56	136

이러한 수행문 유형의 분포는 몇 가지 사실을 말해준다. 첫째, 발화자 자신의 행위와 관련된 수행문이 가장 낮은 빈도를 보인다는 사실은 경영 담론의 권력적 언표가 경영자 개인의 권력 표현 및 행위의 의지를 드러내 는 담론이 아니라, 청자의 행위와 관련된 언표라는 사실을 입증한다. 즉 경영담론의 수행문은 무엇보다 청자의 행위를 유발하는 것에 그 목적이 있다. 둘째, 공동체적 주어 사용이 가장 많이 나타나는 것은 경영담론이 일방적인 지시와 명령보다는 다소 설득적인 형태를 지향한다는 사실을 보여준다. 공동체적 주어는 청자를 발화자의 위치로 끌어올림으로써 발화 된 내용에 대한 책임을 청자에게 부과하는 방법이다. 이것은 언표된 내용 과 행위를 자연스럽게 연결시키는 방법이며, 또한 그 행위의 주체로서 청 자를 자연스럽게 호명하는 방법이다. 셋째, 그럼에도 불구하고 경영담론 은 명백한 권력적 언어로, 명령체계에 기반하고 있다. 그것은 경영담론에 서 지시문이 상당히 높은 빈도를 보인다는 사실에서 확인된다.

한편 두 기업 사이의 수행문의 빈도 및 수행문 유형분포의 차이는 기 업의 특성을 반영하는 것으로 이해할 수 있다. H자동차에 비해 D자동차 는 경영담론이 보다 직설적이고 권력적임을 알 수 있다.

4. 기업어휘의 활용

소쉬르는 기호를 청각영상과 개념, 즉 signifiant과 signifie의 대응관계로 설명한다. 언어의 경우 청각영상은 표상된 말, 그리고 개념은 그것의 의미에 해당된다고 할 수 있다. 표상된 청각영상은 두 가지 상황에서만 유효하게 된다. 하나는 그것이 대응하는 개념, 즉 의미를 가진 경우, 그리고 다른 청각영상과 변별적일 경우가 그것이다. 어휘분석은 이런 변별적인 개별 언어기호의 분포특성을 보여줄 수 있는 한 가지 방법이다. 여기서 활용하고자 하는 어휘분석은 경영담론에서 특징적인 어휘, 즉 기업어휘(corporate vocabulary)의 존재를 밝히고, 그 어휘가 내포하는 의미들의 분포를 보여주는 방법이다. 단 여기서 제한되어야 할 것은, 어휘가 개념과 대응하고는 있지만, 그 개념을 정확히 반영하는 것은 아니라는 사실이다. 특정어휘는 다양한 의미의 저장고를 가진다. 그 이유는 이차적 의미들이 지속적으로 생성되기 때문이며, 맥락과 전달-수신 관계의 특성 속에서 의미가 변화할 수 있기 때문이다. 따라서 어휘분석은 내포적 의미를 밝혀주는 방법이 아니라 일차적 의미를 중심으로 분포의 특성을 살펴보는 방법이 된다.

특정하게 분류되고 유포되는 어휘들은 그 자체가 담론의 한계를 설정하는 작용을 한다. 언어가 한계지어져 있다면 사고도 그 한계를 넘어서지 못한다는 것은 자명하다. 따라서 한 영역에서 어떤 어휘들이 사용되고 또 사용되지 않는가는, 그 장에서의 의미투쟁을 조건짓는 중요한 전제조건이 된다. 기업에서는 전형적으로 사용되는 어휘와, 또 사용이 배제되는 어휘들이 있다. 기업어휘의 존재는 사고와 의미작용의 한계를 설정하고 그 어휘 내에서의 의미작용을 강제하여 틀지어진 담론구성체를 구성하려 한다. 더 나아가, 기업어휘는 새로운 명명법을 지속적으로 고안하여 상상적 관계를 구성한다. 대표적으로 고객, 경쟁회사, 팀 등의 어휘들을 들 수 있는데, 경영적 결정의 중요한 근거가 되는 이 어휘들은 실제적인 것이 아니라 상상적인 것이다. 예컨대 '소비자의 요구'라는 것이 기업실천의 중요

<표 5-4> 기업어휘 목록

민족주의 공동체주의	생산성	노사관계	위기론	인간주의
단결 우리회사 가족	생산성 이윤 품질	노사화합 분규 갈등(마찰)	땀 시련 어려움	사람 성실 마음

한 근거로 활용되지만, 그 요구가 구체적으로 무엇이고 어떤 분석을 통해 제시되는지에 대해서는 언제나 침묵한다.[4] 알튀세르가 지적하듯이 이런 어휘들은 '고객/생산자(나)' '경쟁회사/우리회사(나)' '팀/팀원(나)'이라는 상상적 관계를 구성하는 이데올로기적 작용인 것이다.

여기서 활용되는 어휘분석은 특정어휘들, 즉 낱말들이 경영담론 내에서 어떻게, 또 얼마나 사용되고 있는지를 살펴보는 것이다. 선택된 어휘들은 앞서 보았던 경영담론의 내용적 특성을 반영하는 것들로, 공동체주의, 민족주의, 과학주의, 그리고 노사관계와 위기론 등에 관련된 것들이다. 즉 이 어휘들은 경영담론에서 전형적으로 발견되는 낱말들로, 그 어휘의 사용 자체가 이데올로기적 효과를 가지는 것으로 여겨지는 것들이라 할 수 있다.

한편, 어휘의 확정에 있어 문제가 되는 것은 명사의 형용사적 활용이나, 복합명사의 경우인데, 이것은 선택된 어휘의 일차적 의미를 보존하는 한에서 동일한 어휘로 취급하였다.[5]

먼저 민족주의·공동체주의 어휘들의 분포를 살펴보자. <표 5-5>에서 보듯 H자동차의 경우는 '우리 회사'라는 어휘가 가장 높은 빈도를 보이고 있는 반면, D자동차는 '가족'이라는 어휘가 가장 높은 빈도를 보인다. '단결'이라는 어휘는 경영담론 내에서 거의 발견되지 않고 있다.

또 H자동차의 경우 '우리 회사'라는 어휘는 1980년대에는 빈번히 사용되지만 1990년대에는 그 사용빈도가 현격히 줄어듦을 알 수 있고, D자동차는 '가족'이라는 어휘를 1990년에 들어 더 빈번히 사용하고 있음을

---

4) 즉 실제적 준거가 아니라 '가상적 준거'로 작용한다(C. Casey, 1995: 101).
5) 예를 들면, 단결＝일치단결＝합심단결, 혁신＝자기혁신＝경영혁신, 화합＝노사화합 등이다.

<표 5-5> 민족주의·공동체주의 어휘들의 분포

구분 연도	H자동차				D자동차			
	단결	우리회사	가족	합계	단결	우리회사	가족	합계
1985. 1	.	2	1	3	1	1	.	2
1986. 1	.	3	.	3	.	1	.	1
1987. 1	.	3	.	3	.	1	.	1
1988. 1	2	6	1	9	.	.	.	.
1992. 1	1	.	.	1	.	.	.	.
1993. 1	.	1	.	1	.	1	2	3
1994. 1	.	1	.	1	.	.	3	3
1995. 1	.	.	.	.	.	.	2	2
합 계	3	16	2	21	1	4	7	12

보여준다.

이러한 어휘분포의 차이는 경영담론의 언어사용에 있어 몇 가지 점을 시사해준다. H자동차는 1990년대 들어 민족주의·공동체주의적 언표들이 상당히 약화되는 현상을 보이는 반면, D자동차는 1990년대에 오히려 강화되는 현상을 보인다. 이것은 두 기업에 있어 언어전략이 서로 다른 방향으로 전개되고 있음을 보여주는 것이다. 또 '단결'이라는 어휘가 두 기업 모두에서 거의 사용되지 않는 것은, 단결에 작용하는 의미작용의 약호가 경영담론의 질서에 기반하지 않는다는 사실을 반증한다. 아마도 단결은 경영담론보다는 노동담론 내에서 더욱 빈번히 사용되며,[6] 그런 까닭에 단결이라는 어휘는 기업어휘라기보다는 노동담론의 어휘로 이해되기 때문이라 할 수 있다.

생산성과 관련한 어휘는 '품질'이 압도적으로 높은 빈도를 보이고 있다. H자동차의 경우 전체 25개의 생산성 어휘 중 20개가 '품질'이며, D자동차의 경우도 52개의 전체 어휘 중 42개가 '품질'이다. 즉 자동차산업에 있어 생산성 담론은 '품질'이라는 기호를 중심으로 조직되고 있음을 알 수 있다. 이것은 품질이라는 기호가 경영자와 노동자 관계에 직접 관

6) 예컨대 '노동자 단결' '단결투쟁' 등은 노동조합을 중심으로 사용되는 전형적인 어휘통합체라 할 수 있다.

<표 5-6> 생산성 어휘들의 분포

구분 연도	H자동차				D자동차			
	생산성	성과	품질	합계	생산성	성과	품질	합계
1985. 1	.	.	3	3	.	.	4	4
1986. 1	.	1	2	3	.	.	8	8
1987. 1	.	.	8	8	.	.	10	10
1988. 1	1	1	.	2	.	1	4	5
1992. 1	1	.	.	1	.	.	.	.
1993. 1	.	.	3	3	2	2	3	7
1994. 1	.	.	4	4	.	2	5	7
1995. 1	1	.	.	1	2	1	8	11
합 계	3	2	20	25	4	6	42	52

련된 것이 아니라, 소비자라는 외부의 존재와 연결되어 있다는 데 그 이유가 있는 것으로 여겨진다. 즉 품질은 생산성 어휘와 결합될 수 있는 부정적 이미지로부터 자유로우며, 또한 소비자에 대한 생산자의 책임을 부과함으로써 의미작용의 정당성을 얻게 된다. 결국 이 품질이라는 어휘는 생산성 담론의 완곡어법에 해당된다고 할 수 있다.

또 두 기업의 차이를 비교해보면, 생산성 어휘의 빈도에서 D자동차가 H자동차보다 압도적으로 높은 빈도를 보이고 있다. 이것은 D자동차의 경영담론이 상대적으로 더 생산성 지향의 담론을 구사하고 있음을 보여주는 것이라 할 수 있다. 한편 두 기업 모두 '생산성'이나 '성과'와 같은 생산성을 직접 가리키는 어휘는 최고경영자 담화에서 그다지 빈번히 사용되지는 않고 있는 것으로 나타났다.

노사관계와 관련된 어휘는 대체로 자주 사용되지는 않음을 <표 5-7>은 보여준다. 노사관계 어휘 중에서는 상대적으로 '노사화합' 어휘가 빈번히 사용되고 있는데, H자동차의 경우 10개 중 6개가, 그리고 D자동차는 7개 중 4개가 '노사화합'이었다.

노사관계 어휘들이 경영담론에서 자주 드러나지 않는 이유는 그것이 노동자들에 대해 가지는 민감성을 반영하는 것으로 짐작된다. 특히 분규나 갈등과 같은 어휘들은 그 자체가 청자에게 심리적 저항을 불러일으킬

<표 5-7> 노사관계 어휘들의 분포

구분 / 연도	H자동차				D자동차			
	노사화합	분규	갈등	합계	노사화합	분규	갈등	합계
1985. 1	.	.	.	.	.	.	.	.
1986. 1	.	.	.	.	.	1	.	1
1987. 1	.	.	.	.	.	.	.	.
1988. 1	2	.	.	2	1	.	.	1
1992. 1	.	.	.	.	2	1	.	3
1993. 1	.	.	.	.	.	.	.	.
1994. 1	2	3	1	6	1	1	.	2
1995. 1	2	.	.	2	.	.	.	.
합　계	6	3	1	10	4	3	.	7

<표 5-8> 위기론 어휘들의 분포

구분 / 연도	H자동차				D자동차			
	땀	시련	어려움	합계	땀	시련	어려움	합계
1985. 1	.	.	.	.	1	.	1	2
1986. 1	.	.	1	1	.	1	1	2
1987. 1	.	1	.	1	.	.	1	1
1988. 1	1	1	.	2	.	1	1	2
1992. 1	1	1	1	3	.	.	2	2
1993. 1	.	.	4	4	.	.	3	3
1994. 1	.	.	4	4	.	1	.	1
1995. 1	.	.	4	4	.	.	1	1
합　계	2	3	14	19	1	3	10	14

수 있다는 점에서, 청자의 설득과 행위의 유발을 의도하는 경영담론은 이러한 어휘사용을 선호하지 않고 있는 것 같다.

위기론의 어휘들 중에서는 '어려움'이 가장 빈번히 사용되고 있다. <표 5-8>을 보면 H자동차는 전체 19개 중 14개가 '어려움'이었으며, D자동차는 14개의 어휘 중 10개가 역시 '어려움'이었다. '어려움'이라는 어휘는 구체적인 위기의 상황이나 정도를 표시하지 않는다. 이것은 앞서 4장에서 살펴보았듯이, 기업의 위기가 현실적인 것이라기보다는 상상된 것으로 언표되고, 그러한 상상된 관계 속에서 노동자들의 환기를 촉구하는 언어전략을 구사하고 있음을 보여주는 한 지표라 할 수 있다.

<표 5-9> 인간주의 어휘들의 분포

구분 연도	H자동차				D자동차			
	성실	사람	마음	합계	성실	사람	마음	합계
1985. 1	.	.	.	.	1	.	.	1
1986. 1	.	.	.	.	.	.	.	.
1987. 1	.	1	2	3	.	.	1	1
1988. 1	.	1	.	1	.	.	1	1
1992. 1	1	.	3	4	.	.	.	.
1993. 1	.	.	.	.	.	.	.	.
1994. 1	.	.	.	.	.	1	1	2
1995. 1	.	.	.	.	.	.	.	.
합 계	1	2	5	8	1	1	3	5

'성실' '사람' '마음' 등의 인간주의 어휘는 경영담론에서 다른 어휘들
에 비해 상대적으로 적게 사용되고 있는 것으로 나타났다. 상대적으로 가
장 많이 사용되는 어휘는 '마음'으로 H자동차의 경우 8개 중 5개, 그리고
D자동차는 5개 중 3개가 '마음'이라는 어휘였다.

생산성 어휘, 민족주의·공동체주의 어휘, 위기론 어휘, 인간주의 어휘,
그리고 노사관계 어휘의 전체 빈도를 비교하여 제시한 것이 <표 5-10>
이다. 가장 높은 빈도를 보이는 것은 역시 생산성 관련 어휘로, H자동차
는 83개 중 25개, D자동차는 90개 중 52개가 생산성 관련 어휘임을 보
여준다. 이것은 경영담론이 그 기본성격에서 생산성 담론임을 말해주는
것이다. 그 다음으로 높은 빈도를 보이는 것은 민족주의·공동체주의 담론
과 위기론 담론이다. H자동차는 민족주의·공동체주의가 21개, 그리고 위
기론이 19개였고, D자동차는 민족주의·공동체주의가 12개, 그리고 위기
론 어휘가 14개였다. 가장 적은 빈도를 보이는 것은 인간주의 어휘들이었
다.

어휘분석은 무엇보다 경영담론은 생산성 담론이라는 당연한 사실을 보
여준다. 이것은 경영담론이 궁극적으로 무엇을 목적으로 하는가를 말해주
는 것이다. 그러나 생산성 담론으로서의 경영담론은 단순히 생산성과 관
련한 어휘들을 동원하여 생산성을 의미작용하는 데 그치는 것이 아니라,

<표 5-10> 기업어휘 분포의 비교

구분 연도	H자동차						D자동차					
	민족주의	생산성	노사관계	위기	인간주의	합계	민족주의	생산성	노사관계	위기	인간주의	합계
1985. 1	3	3	.	.	.	6	2	4	.	2	1	9
1986. 1	3	3	.	1	.	7	1	8	1	2	.	12
1987. 1	3	8	.	1	3	15	1	10	.	1	1	13
1988. 1	9	2	2	2	1	16	.	5	1	2	1	9
1992. 1	1	1	.	3	4	9	.	.	3	2	.	5
1993. 1	1	3	.	4	.	8	3	7	.	3	.	13
1994. 1	1	4	6	4	.	15	3	7	2	1	2	15
1995. 1	.	1	2	4	.	7	2	11	.	1	.	15
합 계	21	25	10	19	8	83	12	52	7	14	5	90

생산성을 궁극의 목적으로 설정하고, 이를 위한 다양한 어휘와 수사들을 동원하는 담론구조를 가진다고 보아야 할 것이다.[7] 어휘분석은 어휘분포의 빈도를 통해 경영담론의 내용이 어떤 형식으로 분포하는지를 보여준다. 즉 상대적으로 공동체주의와 위기론이 빈번히 활용된다는 특성을 보여주는데, 이것은 발화를 통해 청자를 공동체적 주체의 위치로 포섭하고, 상상된 위기를 통해 청자의 주의를 환기시키며 행위유발을 꾀하는 형태로 드러난다. 반면 노사관계 담론은 그것이 어떤 수사로 치장되든 노동자들의 저항에 쉽게 직면할 수 있다는 점에서 상대적으로 낮은 빈도를 보인다. 이러한 어휘 사용의 특성은 경영담론의 언어 전략의 중요한 특성인 자연화와 목적의 은폐라는 이데올로기적 성격을 보여주는 것이라 할 수 있다.

5. 맺는 말

이 장에서는 경영담론은 어떻게 말하는가의 측면을 화용적 특성에 초

---

7) 이것은 앞서 살펴보았듯이 민족주의·공동체주의나 인간주의 담론이 모두 생산성을 위한 수행문의 형식을 띠고 있다는 사실에서 단적으로 드러난다.

점을 맞추어 분석했다. 화용론은 발화자와 청자의 관계 속에서 언어 작용을 이해하는 기호학 영역으로, 이것은 양자의 관계 속에 말해지는 방식에 대한 언어 외적 함의들을 제공한다. 이런 점에 주목하여 경영담론의 화용 특성을 분석한 결과 크게 세 가지 점을 확인할 수 있었다. 첫째, 경영담론의 문장구성 형식에 있어 수행문이 상당한 비율을 차지함을 확인하였다. 이것은 우선 경영담론이 권력적 언어이며, 행위의 유발을 의도하는 담론임을 확인시켜주는 것이다. 이 수행문을 발화 주체의 명시방식에서 구분한 결과 세 가지 유형의 수행문 형식이 발견되었다. 이 중 가장 빈번하게 사용되는 수행문 형식이 바로 공동체적 주어를 사용하는 수행문으로, 이것은 발화자와 청자의 구분을 해소하고 발화자가 발화함과 동시에 청자를 발화자의 위치로 끌어들이는 효과를 가진다. 곧 청자를 통해 발화되는 형식을 취함으로써 발화된 내용 자체가 발화됨과 동시에 청자에게 승인되는 결과를 가져오게 된다. 발화에 대해 공동의 책임을 부과하는 이러한 언어전략은 경영담론이 명백히 청자의 행위유발을 의도하는 권력적 성격을 가지며, 또한 이러한 지시와 명령이라는 권력적 성격을 은폐하는 언어 사용을 보여주고 있다.

둘째, 경영담론 텍스트를 지배하고 있는 몇 가지 핵심어휘들에 대한 검토결과는, 무엇보다 생산성 담론이 큰 줄기를 이루고 있음을 보여주었다. '품질'이라는 기호는 경영담론의 핵심어휘로 기능하고 있는데, 이 어휘는 여러 점에서 상징적이며 의미 중첩되어 있다. 품질은 노동자의 노력과 성실이라는 요소와 직접 결부되어 그것의 결과로 제시되고 있다. 따라서 품질에 대한 강조는 노동자에게 노력, 노동의 지출을 지시하는 것이다. 또한 품질은 소비자 만족이라는 이차 의미를 함축한다. 즉 '품질'이라는 어휘는 노동자의 성실한 노동→품질→소비자 만족이라는 의미연쇄의 중심에 존재하고 있다. 따라서 품질을 위한 노동자의 노력은 기업이나 경영자를 위한 기업 내부적 행위의 차원을 넘어서서, 소비자라는 가상의 대상을 만족시키기 위한 행위의 의미로 확장된다. 품질이라는 어휘는 경영담론이 생산성이라는 이데올로기적 가치 위에서 언표됨에도 불구하고, 이것을 노

동자의 노력과 자질 및 소비자라는 준거와 연결시킴으로써 생산성과 성
과에 대한 요구를 정당화하는 핵심적 기호라 할 수 있다. 따라서 품질이
라는 어휘를 사용하는 것은 노력지출을 직접 언표하지 않고서도 기업 외
부의 정당성, 즉 소비자에 근거하여 노동자들의 노력을 촉구할 수 있는
이데올로기적 상징이 되는 것이다.

또한 민족주의·공동체주의 어휘와 위기론 어휘 역시 경영담론에서 발
견되는 어휘들이다. 민족주의·공동체주의 어휘는 민족이나 국가라는 상
위의 가치 기준을 제시함으로써 발화된 내용의 정당성을 확보하는 담론
전략을 구사한다. 담론의 외연을 확대하여 그것의 논쟁될 수 없는 영역으
로 만드는 전략은 그 자체가 하나의 설득적 담론이 된다. 위기론은 경영
담론의 언어전략이 상상된 관계 속에서 작동한다고 볼 여지들을 보여준
다. 위기가 항상 경영담론 속에서 현존하는 이유는 역설적으로 실제적인
위기를 반영하지 않기 때문이다. 상상된 위기는 청자를 쉽게 환기시킬 수
있으며, 위기라는 전제에서 도출될 수 있는 다양한 언어들을 정당화시키
는 작용을 한다. 이것은 비단 우리 사회에서뿐만 아니라, 다른 사회 그리
고 다른 지배담론에서도 일반적으로 발견되는 것이다.

또 하나 흥미로운 대목은 노사관계를 직접 표현하는 어휘가 경영담론
에서 별로 발견되지 않는다는 사실인데, 이것은 노사문제에 대한 어떤 방
식으로의 묘사든 노동자들의 저항에 쉽게 직면할 수 있다는 사실에 기인
한다. 노동조합을 중심으로 노사관계를 명시적으로 규정하는 선언들은 노
동자들이 공유하는 노동담론의 일반적 전제를 구성하고 있다. 이런 점 때
문에 경영담론에서 노사관계 어휘의 부재는 노동담론과의 충돌을 회피하
려는 언어전략으로 이해될 수 있을 것이다.

경영담론의 화용적 특성을 통해 그 권력적 성격이 어떻게 담론 속에
구체화되고 실행되는지를 알 수 있다. 결국 지배언어로서의 경영담론은
무엇보다 권력 위에서 작동하는 담론이며, 이것은 그 사용 형식의 측면에
서 은폐되기 어렵다는 점을 상기시킨다. 언어사용의 측면에서 경영담론은
이데올로기적 핵심어라 할 수 있는 생산성 담론을 은폐하고, 이를 민족주

의나 인간주의 등의 정당화 담론으로 치장하며, 창업신화나 영웅 이야기 등의 삽입을 통해 말해진 것을 자연화하고자 하는 이데올로기적 언표의 전형을 보여준다. 하지만 그 언어사용의 형식, 화용의 측면에서 경영담론은 비교적 명확한 지시·명령의 체계를 드러낸다. 이는 바꾸어 말하면 담론의 의미론적 전략이 담론의 의도를 숨길 수 있는 반면, 화자와 청자의 관계를 설정하는 화용적 형식성은 결국 그 권력적 성격을 드러낼 수밖에 없다는 사실을 말해주는 것이라 할 수 있다.

제6장 노동자 담론

순응, 저항, 타협

1. 노동자와 노동담론

노동담론을 전달-수신의 관계에서 정의한다면 노동자라는 발화자의 사회인구학적 특성을 반영하는 담론형태로 규정할 수 있다. 즉 사회계급적 속성, 학력 및 경제적 수준, 그리고 노동경험을 통해 형성된 노동자 의식 등의 토대 위에서 발화되고 만들어지는 담론 및 텍스트를 노동담론으로 정의할 수 있을 것이다. 하지만 모든 담론은 발화자와 청자의 관계 속에 존재하는 언어사용이기 때문에 화자-청자 사이의 관계성은 담론의 성격을 결정하는 중요한 요인이 된다. 노동자는 일차적으로 경영자 혹은 자본가와의 관계 속에서 노동자로 호명되며, 이 때문에 기업공간의 테두리 내에서 발화되는 노동담론은 그 관계적 성격이 상대적으로 더 크게 작용하는 담론이라 할 수 있다. 즉 노동담론은 경영담론과의 관계, 그리고 기업 내 노사관계라는 특정한 관계 속에서만 효력을 발휘하거나, 혹은 효과를 의도한다. 이런 특성은 노동담론을 독립적인 담론형태로 규정하는 데 어려움을 준다.

노동담론은 실제로 많은 경우 경영담론에 상관적인 담론이다. 노보의 경우가 전형적으로 그러한데, 그 한 예로 1997년 H자동차 ≪노동조합 신문≫ 기사의 경우를 살펴보면, 기사의 대부분은 경영자의 언표나 기업의 관리행위에 대한 해석과 비판, 저항의 내용들로 구성되어 있음을 알 수

<표 6-1> H자동차 노동조합 신문 기사 목록(1997년 12월)

1997. 12. 24. 　노사협의회, 서로입장만 확인하고 끝나 　　−노동조합 요구내용 　　−회사측 요구내용 　오늘 협의, 공동발전이냐 공멸이냐의 갈림길 　　−회사는 자구책을 마련하라 　　−금일 비상 대의원 간담회 　H그룹의 교묘한 탄압을 분쇄하자 　　−유언비어 타파, 결속력 강화, 노동조합 중심의 단결력 필요
1997. 12. 16. 　'노조무력화' 기도는 파멸의 길이다 　　−경제파탄 원인제거 없이 일방적 고통강요는 노조탄압일 뿐 　동지들의 제보와 진술을 바랍니다 　결전의 날, 노동자의 분노를 보여주자 　　−18일 대선투표는 정리해고 찬반투표 　조합원 알뜰살림 바자회
1997. 12. 3. 　무능한 자들의 잔치를 끝장내야 우리가 산다 　　−노동자의 힘으로 새로운 희망을 만들어가자 　집단 연월차 휴가 사용 강요 말도 안된다 　회사의 강경책, 누구의 지시인가? 　　−노사관계의 발전적 전망을 노사 상호간에 만들 것을 제의한다 　달러를 모으자는데 어떻게 생각하십니까? 　사업부 순회집회를 개최하면서 　교육을 신청받습니다

있다. 이것에서 쉽게 알 수 있듯이 노동조합 신문의 기사들은 경영담론에 대한 일종의 참조체계를 구성하고 있다. 즉 경영담론과 노동담론이 강한 상호 텍스트를 이루고 있으며, 경영담론이 먼저 말하고 노동담론이 그것을 재해석하는 형식을 띠고 있다. 이러한 노동담론의 특성은 결국 경영담론의 성격과의 연관 하에서만 해명될 수 있음을 말해준다.

경영담론에 대한 재해석을 주된 내용으로 하는 노동담론은, 경영담론이 발의권을 행사하고 있다는 사실, 그리고 경영자와 노동자의 권력 불균형이 존재한다는 사실을 함축한다. 그 어떤 담론 공간에서건, 먼저 지시하고 의미를 창출하는 역할은 지배담론에게 주어진다. 그렇기 때문에 기업공간에서는 경영담론이 먼저 지시체계를 구성하고, 노동담론은 이 지시

체계에 대해 반응하는 형태로 일반화되어 있는 것이다. 따라서 이런 관계
성의 특성을 고려하지 않고, 노동담론 자체를 열린 텍스트로 간주거나,
노동담론을 발화 주체의 특성과의 연관 하에서만 해석하는 것은 담론의
권력관계, 의미의 정치에 대한 잘못된 이해에 도달하게 된다.[1] 또한 발화
주체의 측면을 본다면, 노동담론은 경영담론에 비해 상대적으로 다양한
발화 주체들 — 즉 개인들 — 로 구성된다. 이 무수한 개인적 발화들을
노동담론이라는 단일범주로 포괄하기란 사실상 불가능하다.

물론 이런 문제점은 극복해야 할 장애일 뿐 노동담론이 연구대상으로 성
립할 수 없음을 의미하는 것은 아니다. 노동자 담론이 가지는 이런 특성들
을 고려할 때, 그 성격을 이해하는 한 가지 방법은 경영담론에 대한 노동자
들의 언어전략이 어떤 수용방식으로 나타나는가를 살펴보는 것이다. 즉 지
배담론으로서의 경영담론에 대해 노동자들은 수용자(audience)의 위치에 서
게 되며, 경영담론은 특정의미를 부호화(encoding)한 메시지가 된다. 따라서
메시지에 대한 수용자의 독해결과로 나타나는 노동자들의 발화는 경영담론
과의 관계 하에서 만들어지는 노동담론으로 이해될 수 있는 것이다.

2. 수용자론에 대한 검토

지금까지 수용자 연구는 매체연구나 문화연구에서 중요한 주제의 하나
로 다루어져왔다. 커뮤니케이션 이론은 매우 다양한 이론적 전개를 보여왔
지만, 그 접근법을 거칠게 일반화해본다면 매체의 자극에 대한 수용자의
반응을 이해하는 방법으로 요약될 수 있다.[2] 특히 매체효과 연구는 자극-

---

1) 노동담론의 독자성과 그 문화적 특성을 과장할 위험이 가장 먼저 지적될 수 있다.
   예를 들면 콜린슨(Collinson)의 경우 경영혁신운동의 경영 메타포들에 대한 노동자
   들의 반응이 일관되게 부정적임을 지적하는데, 그러나 이것이 노동자들의 '저항'
   을 의미하지는 않는다. 톰슨과 맥휴(Thompson & McHugh)가 지적하듯이, 이 저항
   은 흔히 지배질서의 재생산으로 귀결된다.
2) 매체효과 이론의 접근법과 내용에 대해서는 이정춘, 1997을 참조할 수 있다.

반응 모델에 기초하여 매체효과를 양적으로 파악하려는 접근을 취한다(이정춘, 1997: 62-63). 또한 매체효과 연구는 충성스런 수용자를 생산 및 재생산하기 위한 사회인구학적 특성을 밝히거나, 어떻게 보다 많은 시간에 보다 많은 시청자를 TV 앞에 붙들어놓을 수 있는가라는 조작적 관심을 깔고 있다. 그 이유는 매체효과에 대한 관심이 결국은 매체의 상업적 이해관계를 반영할 수밖에 없기 때문이다. 이런 흐름은 기계적 자극-반응 모델에 기초하여, 수동적 수용자의 반응치만을 의미 있는 연구대상으로 설정하는 기능론적인 인식구조의 한계를 드러낸다(김문조·박선웅·박해광, 1999: 128).

반면 문화적 수용이론은 기존의 이러한 수동적 수용자 가정에 반발하여, 대중이 문화를 향유하고 참여하는 현상, 즉 대중문화의 적극적 향유와 재해석에 주목하며, 미디어에 의해 주어지는 의미들을 재구성하고 재해석하는 수용자의 능동성을 강조한다. 문화적 수용이론은 그 자체가 중요한 정치적 실천으로 간주될 수 있는데, 그것은 수용자라는 단어 자체가 가지는 수동성의 의미를 전복하여, 저항적 수용자 혹은 생산적 수용자라는 형용모순적 표현을 성립시키고, 이를 통해 일상적 권력의 해체를 꾀하고 있기 때문이다. 이런 인식은 텍스트나 표상들이 '위로부터' 혹은 '누군가에 의해' 만들어져 수용자들에게 유포되더라도, 수용자 개인들이 그것을 어떤 의미로 받아들이는가는 텍스트의 의미와는 별개로 존재한다는 가정 위에 성립된다.3) 그러나 엄격하게 본다면 문화적 수용이론은 텍스트의 생산과 수용이라는 틀보다는, 텍스트의 생산과 소비라는 틀 속에서만 존재한다. 즉 생산에 대응하는 소비라는 영역의 상대적인 독자성과 그것의 생산성을 부각시킴으로써 생산된 텍스트의 의미가 아닌, 소비되는 의미로 초점을 이동시켜버린다. 따라서 이것은 수용자의 주관적 반응치를 극단적으로 과장할 위험이 크다.

이 연구가 경영담론의 수용자 측면에 주목하는 것은 기업 내의 동의

---

3) "우리는 또한 창조자가 아닌 이용자들이 그것을 조작하는 것을 분석해야 한다. 그때에야 비로소 우리는 이미지의 생산과, 그것의 이용과정에 감추어져 있는 이차적 생산 사이의 차이와 유사성을 측정할 수 있다(Michel de Certeau, 1996: 136)."

(consent)의 생산과 관련이 있다는 가정 하에서다. 뷰러워이가 작업장 내 동의의 생산에 대해 선구적이고도 탁월한 업적을 제시하기는 했지만, 이 동의는 마치 '자진해서 하기(willingness)'라는 심리적 변수로 이해되고 있다. 그러나 이렇게 이해하는 것은 결국 노동자들의 정서적 반응을 어떻게 조작할 것인가의 문제가 되며, 이것은 동의의 생산이 근본적으로 불가능하다는 결론에 이를 수밖에 없다. 아무리 정서적 반응치를 높인다 하더라도, 고된 작업장 환경을 '긍정적인 정서'로 바꿀 수는 없기 때문이다. 즉 동의의 생산은 자발적인 헌신이나 충성하고자 하는 심성의 생산이 아니다. 오히려 동의는 노동자들에게 표상되는 기호와 이미지에 무의식적으로 동화되고 그로 인해 주어진 것을 당연시하게 되는 결과를 가리키는 것으로 보아야 할 것이다. 따라서 이 무의식적인 동화의 과정을 이해하기 위해서는 의식의 차원이 아니라 무의식의 차원, 현재화된 사실보다는 잠재적인 가능성에 대한 분석으로 나아가야 한다. 언어와 담론분석은 그 한 가능성을 제공한다. 중립적이고 일반화된 의사소통의 수단인 언어는 무의식적인 것이지만, 동시에 권력이 작용하는 대상이다. 기업 내에서 노동자는 경영담론의 지배라는 언어적 제약 속에 존재하며, 그 제약이 언표를 통해 드러나는 양상이 경영담론의 수용자 특성을 구성하는 것으로 이해할 수 있다. 즉 경영담론의 언표를 모방하고, 그 의미를 받아들이며, 발화형식을 답습함으로써 경영담론이라는 권력적 언어에 제약되고 포섭되는 것을 수용의 한 형태로 이해할 수 있는 것이다.

이러한 문제의식 하에서 이 장에서는 두 가지 차원에서 노동자 수용의 문제를 분석한다. 첫째는, 지배담론의 텍스트가 지시하는 핵심적인 의미에 대한 노동자들의 수용형태. 여기에는 지배적 해독과 일탈해독이라는 상반된 두 가지 가능성이 존재한다. 여기서 지배적 해독이란 텍스트가 의도하는 대로 따르는 해독을 지칭하며, 여기서 벗어난 해독을 일탈해독이라 정의한다.[4] 경영담론에 대한 수용은 어떤 해독 방식으로 드러나는지,

---

4) 홀은 부호화된 메시지에 대한 해독의 위치를 크게 지배적, 교섭적, 저항적 해독의 가능성으로 구분한다. 일탈해독은 홀의 개념을 따를 때 교섭적 및 저항적 해독에 해당된다. Hall, 2000.

그리고 일탈해독은 노동자들의 사회적 특성과 관련하여 어떤 분포를 보이는가를 살펴볼 것이다. 이를 통해 지배적 해독-일탈해독의 사회적 경계선을 확인하고, 동시에 수용의 편차를 가져오는 텍스트의 특성과 그 언표적 힘을 파악할 수 있다. 둘째, 기업공간에서 빈번하게 사용되고 통용되는 기업어휘를 제시한 후, 이것을 이용한 문장을 구성하게 함으로써, 구성된 문장의 화용적 특성을 수용자 태도와 연관시켜 분석해 볼 것이다. 노동자들이 구성하는 문장은 단순한 언어의 배열이 아니라, 지배적인 의미구성 방식, 경영자 및 노동자에 대한 계급적 태도, 언어를 통해 구사되는 권력작용 등을 반영하는 함축적이고 다의적인 지표다. 노동자들이 구성해낸 언표들은 경영담론에 대한 수용자 반응을 언어적으로 표현한 것으로, 이 자체가 하나의 텍스트가 되기 때문에 다양한 텍스트 분석을 가능하게 한다는 장점이 있다.

3. 방법론과 자료에 대해

언어학이나 담론이론을 사회학적 분석으로 확장하고자 할 때에도, 여전히 그 분석 대상은 대체로 언어 텍스트에 한정된다는 한계를 가진다. 본질적으로 언어는 의미 결정체이며 사회적 물질의 성격을 제한적으로만 가지기 때문에, 사회학적 분석을 가능하게 하기 위한 언어 텍스트는 특별한 방식으로 재조직되어야 한다. 이것이 언어 자체를 대상으로 하는 언어학적 접근과, 연구대상을 언어로 삼는 사회학적 접근과의 차이다. 언어를 사회학적 대상으로 끌어오기 위해서는 두 가지 조건이 동시에 성립되어야 한다. 그것은 첫째, 자료가 언어 텍스트의 형태여야 하며, 둘째 동시에 그 언어 텍스트는 언어가 가지는 일반적 성격에 더하여, 발화자가 보유한 특성들을 '측정'한 결과들일 필요가 있다.

노동자들의 태도와 특성을 측정하는 방식에는 전통적으로 양적 접근과 질적 접근의 두 가지 큰 갈래가 있다. 양적 접근의 경우 표준화된 문항의 설문지를 통해 노동자들의 반응을 수집한 후 이것의 집합적인 특징을 다양한 통계적 절차를 통해 확인하고 가설을 검증하는 방식이 주된 것이다. 그러나 이런 방법은 손쉽게 자료를 획득할 수 있고 많은 표본수를 확보함으로써 일반화 가능성을 높일 수 있지만, 그 수집된 자료의 의미론적 정당화 측면에서는 심각한 문제를 안고 있었다. 그 첫번째 이유는 조작적 정의가 원래의 의미를 제대로 표현하고 있는가의 문제가 제기되기 때문이며, 두번째는 수집된 심리적 반응치가 노동자의 태도를 정확히 측정하고 있는가의 문제가 또한 발생하기 때문이다.[5] 반면 질적 방법은 이런 양적 방법의 한계를 비판하는 대안적 성격을 띠는데, 특히 산업인류학의 경우 작업장에 직접 들어가서, 노동자들 개인의 상황과 태도를 깊게 읽어내고, 이들이 의미를 구성하는 맥락을 고려함으로써 양적 접근에서 흔히 일어나는 측정실수를 줄이고자 하였다. 그러나 질적 방법은 그 성격상 지극히 사례 중심적이어서 일반적 경향을 보여주기에는 미흡하며, 또 이런 성격에서 야기되는 과잉의미작용의 위험에 노출되어 있기도 하다.[6]

　　이런 난점은 일거에 해소되지는 않는다. 이 연구는 전략상 맥락에 함몰됨으로써 야기되는 과잉의미작용의 위험보다는, 다소의 의미적 정당화에 문제가 있더라도 일반화 가능한 접근, 즉 조사연구의 방법을 취했다. 이것은 무엇보다 연구의 목적이 어디에 있느냐에 따라 선택될 수 있는 것으로, 노동자 언어에 대한 관심이 그 언어사용의 특징과 구조분석에 있다면 일상언어나 쓰인 언어 텍스트에 대한 분석이 요구될 것이다. 반면 그 관심이 발화자-청자의 관계, 그리고 그 양자를 매개하는 텍스트의 효과에

---

5) 즉 타당도와 신뢰도의 문제로, 이를 확보하기 위한 방법론적 절차들이 있지만, 그것의 본질적인 의미론적 정당화의 문제는 해결되지 않는다.

6) 사실 이런 점은 질적 접근의 양날의 칼이기도 하다. 예를 들면 리치(Leach)는 레비스트로스의 원시부족 연구가 현지조사의 원칙을 전혀 따르지 않은 겉핥기 식 연구였기 때문에 자의적 일반화가 가능했다고 비판한다. 레비 스트로스는 한 부족에 3~4주 이상은 절대 머물지 않았다고 하는데, 이런 연구방식은 그 부족사회의 맥락에 대한 이해를 통해 연구하기보다는 자신이 지닌 일반법칙의 선입견을 투사한 것에 불과하다는 것이다. Leach, *Claude Levi-Strauss*, 시공사 역, 『레비 스트로스』, 시공사, 1998.

있다면, 양자의 관계와 맥락을 반영하는 특정 텍스트를 선택해야 한다. 아울러 텍스트의 효과는 텍스트 자체에서는 분석될 수 없으므로, 이 효과를 측정할 수 있는 새로운 방법이 필요하다.

이 장에서는 경영담론 텍스트에서 발췌된 문장을 제시한 후, 이 문장이 환기한다고 여겨지는 어휘를 노동자들로 하여금 선택하도록 하여 그 의미를 추론하는 방법을 취한다. 이것은 경영담론에서 흔히 발견되는 언표들에 대해 노동자들이 어떤 핵심어휘를 중심으로 반응하는가를 보여줄 수 있는 한 방법이다.[7] 이렇게 해서 노동자들이 선택된 어휘들은 다양한 의미들로 해석될 수 있다. 우선 한 문장이 메시지로 존재할 때, 그 문장에는 환기를 요하는 어휘(들)가 존재한다. 따라서 노동자들이 어떤 어휘를 선택하는 것은 메시지의 호명을 받은 결과로 볼 수 있다. 또한 메시지는 맥락(context) 속에서 이해되며, 따라서 선택된 어휘는 발신자와 노동자가 공유하는 맥락에 대한 정보를 반영하는 것이다. 또한 응답된 어휘는 그 텍스트가 지시하는 가장 중요한 의미일수도 있고, 노동자들이 텍스트를 다르게 해석한 가장 중요한 단어일 수도 있다.

그러나 이 텍스트가 노동자들에게 가장 익숙하게 제시되는 경영담론의 한 내용이라 본다면, 결국 노동자들의 응답은 이런 자연화한 경영담론에 대한 특정한 반응들, 즉 선호되거나 거부된, 그리고 지배적이거나 혹은 일탈적인 독해의 형태들을 보여주는 것이다. 제시된 경영담론 텍스트들은 기업어휘를 포함하고 있다. 기업어휘는 기업 내에서 지배적으로 사용되고 빈번히 유포되는 어휘들로, 높은 상징성[8]을 가지며 강한 이데올로기적 동원

---

7) 이와 유사하게 부르디외는 계급적 취향을 선별하는 데 몇 가지 어휘들을 제시한 후 이 중 하나를 선택하게 하는 방법론을 사용했다(Bourdieu, 1996: 826-828).

8) 이 상징성은 대체로 기업신화와 연결되어 있는 것이 일반적이다. 앞서 보았듯이 기업신화는 기업의 위대한 승리나 성공, 혹은 위기의 극복을 주된 내용으로 하며, 이런 내용을 기업어휘로 압축하여 유포시킨다. '도전정신' '개척정신' '단결' 등의 어휘들이 기업의 사훈이나 사보의 내용에서 일반적으로 발견되는 것은, 결국 그 어휘 자체의 정확한 의미보다는, 어휘가 의미분화한(connotation) 이차적 의미로서이며, 그 이차적 의미의 원천이 바로 기업신화인 것이다.

<표 6-2> 경영담론 텍스트의 내용

1	인간존중의 정신으로 기업이 가진 가장 중요한 자원인 사람을 더욱 값지게 만들기 위해 인사제도의 합리적 운용과 개발이 필요하다
2	씨 뿌리는 사람으로 가득한 직장은 자아실현의 성소가 된다
3	지금 세계의 경제 사회적 환경은 하루가 다르게 변화하고 있으며 이 변화를 수용하지 못하는 기업은 곧바로 도태되는 시대입니다
4	현장에서 일하는 종업원들의 생생한 경험에서 나온 생산성 향상 방안이 적극적으로 활용될 수 있는 체계가 마련되어야 한다
5	회사가 잘되는 것이 내가 잘되는 것이고 내가 회사를 위해 일하는 것이 바로 나의 장래를 위해 저축하는 것임을 알아야 한다
6	세계 1위의 제품을 만들어내지 못하면 도태되는 시대가 곧 옵니다
7	노사화합에 의한 무쟁의 임금협상의 결실이 이어지면, 생산과 영업이 안정되고 고객들의 신뢰도도 높아집니다
8	세계가 보호막 없는 단일시장으로 바뀌고 세계 각 기업들이 무한경쟁에 돌입합니다. 우리는 이러한 시대를 앞서 예측하고 이에 대응하는 세계화 전략을 추구해야 합니다
9	현실을 노라고 생각하며 뿌리내리지 못하는 사람이 되지 말고, 현실을 예스라고 생각하는 긍정적인 사람이 되도록 합시다
10	한 식구가 합심해 제품을 만들어 싸움은 밖에서 다른 경쟁업체와 해야 합니다.

의 의도를 내포한다는 특징을 가진다. 따라서 기업어휘의 존재 자체가 경영담론의 지배권력을 드러내며, 또한 이것이 노동자들에게서 어떻게 드러나는지가 지배권력에 대한 순응을 보여주는 지표가 된다고 가정할 수 있다. 이 점에서 어휘를 선택하는 방법은 노동자들이 경영담론 메시지에 호명되는 방식, 메시지를 독해하는 방식과 편차를 보여줄 수 있게 된다.

이 기업어휘의 수용과 관련하여 생각해볼 수 있는 문제가 바로 일탈해독이다. 즉 이 빈번히 유포되고 높은 상징성을 가지며, 이데올로기적 함의를 지니는 기업어휘에 대해 노동자들이 어떤 독해방식을 보이고 있는가가 수용태도의 한 측면을 구성하는 것으로 볼 수 있다. 지배적 해독과 일탈해독은 상반된 의미를 가지는 것으로 이해할 수 있으며, 일탈해독이 많이 나타날수록 경영담론에 대한 수용은 지배적이라기보다는 교섭적이거나 저항적일 가능성이 크다. 일탈해독을 파악하는 방법으로 10개의 텍스트를 제시하고, 이 각 텍스트에서 가장 중요하다고 생각하거나 눈에 띄는 단어가 무엇인지를 직접 기입하게 하였다. 각 텍스트들은 H자동차와

<표 6-3> 표본의 일반적 특성

구분		빈도(%)
기업	H 자동차	172 (53.3)
	D 자동차	151 (46.7)
연령	20대 이하	72 (23.3)
	30대	177 (57.3)
	40대 이상	60 (19.4)
학력	고졸 이하	152 (49.6)
	전문대졸 이상	164 (50.4)
직위	평사원	166 (51.9)
	대리	126 (39.4)
	과장 이상	28 (8.8)
직업 계층	생산직	195 (60.7)
	사무직	123 (39.3)

D자동차의 사보에서 발췌한 것으로, 가장 일반적이고 사용빈도가 높다고 생각되는 내용을 선정한 것이다.9)

한편 조사연구의 자료는 D자동차와 H자동차의 노동자들을 대상으로 하여 1999년 1월과 5월, 두 차례에 걸쳐 실시한 설문조사를 통해 수집되었다. 최종분석에 활용된 표본수는 323개이며, 표본의 일반적 특성은 <표 6-3>에 제시되어 있다.

4. 경영담론의 해독

1) 지배적 해독과 일탈해독

지배담론에는 지배적 약호가 작동한다. 즉 생산된 텍스트는 항상 그것의 해독방식을 동시에 내포하고 있다. 홀(Hall)의 부호화/해독(encoding/ decoding) 모델은 메시지가 생산되고 해독되는 체계에 대한 하나의 해석방

---

9) 또다른 방법으로 노동자들의 수기를 이용하는 것이 가능한데, 대표적으로 박영원 (1994)은 수기의 특정어휘와 기업경영 성과와의 관련성을 분석하고 있다.

식을 제공한다. 발화자는 자신의 지식체계와 사회경제적 지위의 기반 하에서 텍스트를 생산하며, 수용자는 그것을 마찬가지로 자신의 근거 위에서 해독한다. 홀은 이 양자가 서로 다를 가능성을 시사하면서, 해독에 있어 지배적 해독, 교섭적 해독, 저항적 해독이라는 가능형태를 제시하고 있지만, 일반적으로 지배적 의미작용 하에서 이 양자는 동일하다고 보아야 할 것이다.

하지만 홀의 부호화/해독 모델은 여러 가지 점에서 문제를 안고 있다. 우선, 메시지 생산자와 수용자를 동일한 수준에서 설정하고, 생산과 해독이 각자가 근거한 지식 및 토대에 의해 이루어진다는 가정을 하지만, 여기서 간과하고 있는 것은 그 지식체계와 토대에 이미 작용하고 있는 사회적 위계와 불평등의 문제다. 예컨대 해독이 이루어지는 개인의 지식체계가 학교교육을 통해 형성된 문법 등 언어구사 능력이라면, 이것은 부르디외가 지적하듯이 올바른 문법의 구사나 수준 높은 어휘의 사용 등과 같은 형태로 이미 계급적 차별을 생산한다. 따라서 부호화와 해독의 수준을 동등하게 간주하는 것은 메시지를 둘러싼 발화자와 수신자를 추상화시켜버리는 것에 다름아니다.

또한 이러한 약점 때문에 홀이 제시하는 해독의 세 가지 위치에서도 문제가 발생한다. 저항적이거나 교섭적 해독이라는 위치는 메시지에 대한 정확한 이해를 가정하는 개념이다. 저항적이라는 의미는 메시지가 말하고자 하는 방향과 반대되는 지향을 의미하며, 메시지의 의미작용에 대한 이해를 기반으로 새로운 의미를 생산함을 의미하는 것이다. 그러나 지배적 메시지가 지배적 약호를 포함한다고 볼 때, 이것은 매우 예외적인 경우를 지칭하는 것이다. 이와 달리 부호화와 해독의 지식체계와 토대와 완전히 다를 경우는 논리적으로 불가능한데, 그것은 의사소통 자체가 불가능해지기 때문이다.

이런 약점 때문에 필자는 일탈해독(aberrent decoding)이라는 개념을 차용한다. 해독방식이 지배적이냐 저항적이냐는 판단의 위치에 따라 매우 상대적일 수밖에 없기 때문에, 홀의 구분은 분석적으로 유용성이 낮다. 일탈해독은 텍스트 해독에 있어 발화자의 체계와는 다른 기반 하에서 메시지를 해독하는 경우를 가리킨다.[10] 이것은 저항적 해독이나 교섭적 해독과도 구분되는 것으로, 메시지에 대한 전적인 오독이나 의도적 변형을 모두 포함하지만, 그러나 메시지에 대한 이해를 기반으로 하는 의도적 변형이 아닌 의사소통의 성공 정도를 지칭하는 개념이다. 이렇게 본다면 지배적 해독은 지배적 약호의 내면화를, 반대로 일탈해독은 그것에서 벗어나 있을 가능성을 내포하는 개념이라 할 수 있다.[11]

제시된 텍스트들은 일반적으로 경영자와 노동자의 화합을 강조하고, 과학적 기준에 근거한 노사관계를 지향하며, 위기감 속에서 개인의 노력을 유도하는 강한 이데올로기적 성격을 띠는 것들이다. 이 각 텍스트들에 있어서 어떤 단어들이 지시되고 있으며, 이것에 대한 노동자들의 어휘수용이 어떻게 이루어지는지를 살펴보자. 여기서 문장 분해의 방법으로 사용된 것은, 바르트가 『모드의 체계』에서 사용했던 절단과 변형의 방법 중 변형의 방법에 해당된다.[12] 분할이나 변형은 모두 치환 텍스트를 근거로 하여, 어느 요소를 바꾸면 텍스트의 의미 변화가 발생하는지를 검토하여 텍스트의 가장 단순한 층위까지 확인해가는 방법이라 할 수 있다.

첫번째 텍스트는 인사제도의 개편, 즉 신인사제도의 도입과 함께 만들어진 경영담론의 일부로 이 신인사제도의 도입이 사람을 값지게 한다는

---

10) 전형적인 일탈해독은 서로 다른 언어권간의 소통의 실패, 다의적 의미로 인한 의사소통의 실패 등의 경우를 일컫는 개념이다.

11) 그러나 일탈해독의 존재가 곧바로 저항담론과 등치되지는 않는다. 담론은 앞서 보았듯이, 기호체계를 위반하면서 그 총체적 사용 속에서 의미를 구성하는 기호다. 따라서 노동담론은 지배담론에 대해 저항적 약호를 구성할 수 있을 때에만 저항담론이 될 수 있다. 저항담론은 지배적 언어질서 속에서 형용모순적인 개념이다. 담론은 주체를 구성하는 이데올로기적 실천이며, 알튀세르에 의하면 그 속에서 주체는 자유로운 주체로 호명된다. 따라서 저항담론이란 다름아닌 지배담론 속에서 호명된 주체들이 '자유롭다고' 오인하는 저항적 실천에 다름아니다. 이런 의미에서 지배담론은 저항담론을 포함하며, 지배적 약호에 대립하는 저항적 의미작용의 규칙을 구성할 때만 그것은 진정한 저항담론이 될 수 있다.

12) "체계들을 축소시킬 때에는 변형작업을 해야 하며, 의미를 나타내는 요소와 의미되는 요소를 분리해내고자 할 때는 분할작업을 해야 한다(Barthes, 1998b: 72)."

것을 핵심으로 하는 문장으로 이루어져 있다. 즉 이 문장은 다음과 같은 의미 층위를 가장 기본으로 한다.

| 인사제도의 합리적 운용과 개발 | — | 사람을 값지게 함 |

따라서 이 텍스트에서 강조되는 핵심어휘들은 "인사제도의 합리적 운용과 개발" 그리고 "사람을 값지게 함"이다. 이것은 전형적인 인간주의 담론의 하나라 할 수 있다. 즉 "인사제도의 합리적 운용과 개발"이 궁극적으로 이 텍스트가 지향하는 대상이고 이는 "사람을 값지게 함"으로 제시되지만, 이를 정당화하기 위해 '인간존중의 정신'이 문장의 앞에 제시되어 주의를 환기시키고 있다. 이 책의 앞에서도 살펴보았듯이 인간주의 담론은 보편적 가치를 전면에 내세우고 환기시킴으로써, 담론이 궁극적으로 의도하는 바를 보편적 가치 아래 숨겨버리는 의미작용을 수행한다. 이런 점에서 이 담론 텍스트에서 드러난 가치는 인간주의이며, 담론의 대상은 인사제도라는 구조를 가진다. 여기에 대해 노동자들은 다음과 같은 어휘들을 지적하고 있다.

<표 6-4> 1번 텍스트의 해독

어휘	빈도(%)
인간존중	137 (50.2)
인사제도	26 (9.5)
자원	10 (3.7)
사람	33 (12.1)
합리적	44 (16.1)
개발	21 (7.7)
값지게	2 (0.7)
합계	273 (100)

가장 많은 빈도를 차지한 것은 '인간존중'으로 전체의 50.2%를 차지하였고, 그 다음이 '합리적' 16.1%, '사람' 12.1%의 순으로 나타났다. 반면

'인사제도'에 응답한 사람은 9.5%에 불과하였다. 이것은 '인간존중'이라
는 환기를 위한 어휘가 문장 전체의 어휘들을 압도한 결과라 할 수 있다.
　두번째 텍스트는 직장을 자아실현의 성소로 표현한 문장으로, 매우 은
유적인 수사를 구사하고 있다는 특징을 가진다.

직장	—	자아실현의 성소

　이 텍스트에서는 대다수인 77.9%가 '자아실현'을 가장 중요한 어휘로
지목하고 있다. 자아실현이라는 일반화된 인간주의 가치가 높은 수용 정
도를 보이는, 전형적인 지배적 해독형태를 보이고 있다.

<표 6-5> 2번 텍스트의 해독

어휘	빈도(%)
자아실현	212 (77.9)
씨뿌리는	21 (7.7)
사람	10 (3.7)
직장	18 (6.6)
성소	10 (3.7)
가득한	1 (0.4)
합계	272 (100)

　세번째 텍스트는 두 문장이 복합된 텍스트다. '변화'라는 어휘가 두 번
에 걸쳐 강조되고 있고, '도태'라는 어휘가 최종적인 술어로 제시되고 있
다. 이 텍스트의 문장 구조는 '세계환경→변화→도태'라는 삼단논법으로
이루어져 있다. 이 문장에서 가장 핵심적인 어휘는 '변화'라 할 수 있다.

세계환경	—	변화
변화 수용 못하는	—	도태

노동자들의 응답은 '변화'가 42.1%로 가장 높은 비율을 보였고, 그 다음이 '도태'로 32.6%로 나타났다. 즉 변화와 도태를 중요한 지시어휘로 하는 이 텍스트에 대해 대다수가 텍스트가 강조하고 있는 어휘를 수용하고 있음을 보여준다.

<표 6-6> 3번 텍스트의 해독

어휘	빈도(%)
사회적 환경	39 (14.3)
도태	89 (32.6)
변화	115 (42.1)
수용	9 (3.3)
세계	5 (1.8)
기업	2 (0.7)
경제	11 (4.0)
시대	3 (1.1)
합계	273 (100)

4번 텍스트는 전형적인 생산성 담론으로, 다양한 수사들이 치장되고 있지만, '생산성 향상'을 위한 '체계'가 마련되어야 한다는 것을 강하게 주장하고 있는 텍스트다. 즉 이 텍스트에서 가장 중요한 지시어휘는 생산성 향상과 체계라 할 수 있다.

생산성 향상   ─   체계

결과를 보면 '생산성 향상'이 전체의 36.4%로 가장 많은 응답을 보였고,, 그 다음이 '경험' 35.7%, '체계' 9.2%의 순으로 나타났다. 생산성 향상과 체계로 응답한 경우를 지배적 해독이라 한다면, 이 텍스트에 대한 일탈해독은 다른 텍스트들에 비해 상대적으로 높은 편이라 할 수 있다.

5번 텍스트는 기업과 개인을 동일시하고, 개인의 장래를 기업의 발전에 투영시키는 전형적인 공동체주의적 담론이라 할 수 있는데, 이러한 공

<표 6-7> 4번 텍스트의 해독

어휘	빈도(%)
경험	97 (35.7)
생산성향상	99 (36.4)
종업원	14 (5.1)
현장	16 (5.9)
체계	25 (9.2)
활용	11 (4.0)
적극적	5 (1.8)
방안	5 (1.8)
합계	272 (100)

동체주의 담론은 경영담론에서 매우 일반화된 것임을 이 책의 앞에서 살펴본바 있다.

이 텍스트는 두 문장이 대칭을 이루면서 복합되어 있는 텍스트로, 회사를 위해 일하는 것이 곧 '내가 잘되는 것' '나의 장래를 위해 저축'이라는 개인적 이익을 강조하고 있다. 그 기본구조는 회사가 곧 나라는 단순한 언명이며, 두 문장에서 반복되고 있을 뿐이다.

회사	—	나의 장래

여기에 대해 가장 많이 응답한 어휘는 '장래'로 전체의 56.3%이며, 그 다음이 '저축'으로 28.3%, '회사' 11.8%의 순으로 나타났다. 이 결과는 노동자들의 반응이 텍스트에서 제시되는 미래의 발전에 대한 기대에 환기되고 있음을 보여주는 것이다.

6번 텍스트는 '세계 1위'와 '도태'라는 상반된 어휘를 대비시켜 환기 효과를 높이는 전형적인 위기론 담론에 속한다. 위기론 담론은 상상된 위기를 언표함으로써 노동자들을 상상된 관계 속에 주체로 위치시키는 효과를 가진다. 그래서 지배적 해독은 '세계 1위'와 '도태'라는 상반된 의미 계열체가 가장 높은 빈도를 보일 것으로 예상할 수 있다.

<표 6-8> 5번 텍스트의 해독

어휘	빈도(%)
장래	153 (56.3)
나	3 (1.1)
저축	77 (28.3)
일	3 (1.1)
회사	32 (11.8)
잘되는 것	3 (1.1)
알아야	1 (0.4)
합계	272 (100)

세계 1위 (못하면)	—	도태

　　결과는 '세계 1위'로 응답한 사람이 56.3%, '도태'가 23.5%로 전체의
79.8%가 경영담론 텍스트에 대한 지배적 해독를 하고 있음을 보여준다.

<표 6-9> 6번 텍스트의 해독

어휘	빈도(%)
세계 1위	153 (56.3)
도태	64 (23.5)
제품	48 (17.6)
시대	6 (2.2)
곧	1 (0.4)
합계	272 (100)

　　7번째 텍스트는 노사화합과 기업의 성과를 연결시키는 전형적인 노사
관계 담론이라 할 수 있다. 이 텍스트는 노사화합을 전체 텍스트를 설명
하는 핵심어휘로 문장의 앞부분에 배치시켜 환기와 동시에 설명을 위한
근거를 제공하며, 그 결과를 생산과 영업, 고객에 연결시키고 있다. 즉
'노사화합'은 '생산과 영업의 안정' 그리고 '고객의 신뢰도 상승'을 설명
하는 어휘가 된다. 세 개의 문장이 복합적으로 구성된 이 텍스트는 다음
과 같은 기본 구조를 갖고 있다.

| 노사화합 무쟁의 | — | 생산과 영업안정, 고객 신뢰도 |

　노동자들의 응답결과는 '신뢰도'가 36.0%로 가장 많았고, '노사화합'이 32.1%, 그 다음이 '무쟁의' 12.1% 등의 순으로 나타났다. 이것은 신뢰도가 문장에서 최종주어의 위치에 있음으로써 노동자에 대해 환기효과를 가지며, 신뢰라는 보편적 가치가 강한 정당화의 효과를 가지기 때문이라 할 수 있을 것이다.

<표 6-10> 7번 텍스트의 해독

어휘	빈도(%)
신뢰도	98 (36.0)
고객	22 (8.1)
무쟁의	33 (12.1)
노사화합	88 (32.4)
결실	3 (1.1)
임금협상	14 (5.1)
안정	14 (5.1)
합계	272 (100)

　8번 텍스트는 최근 자주 등장하고 있는 세계화 담론의 하나다. 세계화 담론은 국제경쟁이라는 위기요인의 제시를 통해 생산성에의 지향을 의도하는 담론으로 이해할 수 있다. 두 개의 문장으로 이루어진 텍스트는 세계화와 경쟁을 강하게 대비시키고 있다.

| 무한경쟁 | — | 세계화 전략 |

　응답결과는 '무한경쟁'이 48.3%로 가장 높은 비율을 차지하고 있고, 그 다음이 '세계화 전략' 42.8%로 나타났다. 이 결과는 텍스트가 말하고

있는 핵심어휘에 대해 대부분 지배적 해독을 하고 있음을 보여준다.

<표 6-11> 8번 텍스트의 해독

어휘	빈도(%)
무한경쟁	131 (48.3)
세계화 전략	116 (42.8)
예측	6 (2.2)
단일시장	12 (4.4)
보호막	2 (0.7)
대응	2 (0.7)
추구	2 (0.7)
합계	271 (100)

9번 텍스트는 '노'/'예스' '뿌리내리지 못하는'/'긍정적인'이라는 상반된 어휘를 대비시켜 환기효과를 극대화하고, 현실 긍정적인 자세를 유도하는 텍스트다. 응답결과는 '긍정적'이 65.7%로 가장 많았고, 그 다음이 '예스' 19.2%, '현실' 11.4%의 순으로 나타났다. '현실에 대한 긍정'을 언표하는 텍스트에 대해 대부분 지배적 해독을 하고 있음을 보여준다.

노	—	뿌리 내리지 못하는
예스	—	긍정적

10번 텍스트는 공동체주의 담론의 하나로, 기업 공동체와 외부의 경쟁업체를 대비시키는 구조를 보이고 있다. 그래서 가장 강조되고 있는 어휘는 '합심'과 '경쟁업체'라 할 수 있다. 응답결과를 보면, '합심'이 38.3%로 가장 높은 응답을 보였고, 그 다음이 '경쟁업체'로 32.7%였다. '한 식구'는 14.5%로 나타났다.

<표 6-12> 9번 텍스트의 해독

어휘	빈도(%)
긍정적	178 (65.7)
예스	52 (19.2)
노	4 (1.5)
사람	2 (0.7)
현실	31 (11.4)
뿌리	4 (1.5)
합계	271 (100)

<표 6-13> 10번 텍스트의 해독

어휘	빈도(%)
합심	103 (38.3)
경쟁업체	88 (32.7)
싸움	18 (6.7)
한식구	39 (14.5)
제품	18 (6.7)
다른	1 (0.4)
밖에서	2 (0.7)
합계	269 (100)

　　이상의 수용어휘 분석을 통해, 텍스트가 핵심적인 것으로 지시하고 있고 또 환기되고 있는 어휘들에 대한 해독은 대체로 지배적 해독의 형태로 이루어지고 있음을 알 수 있다.

　　그 다음으로, 다양한 인구집단별 수용의 차이가 어떻게 나타나고 있는지를 검토할 필요가 있다. 노동자들이 처한 위치와 사회경제적 배경의 차이는 홀이 지적하듯이 해독이 차별적으로 이루어지는 토대의 영향을 보여주는 지표다. 이를 위해 우선, 수용어휘를 지배적 해독과 일탈해독으로 구분한 후, 어떤 집단에서 일탈해독이 두드러지게 나타나는지를 확인하는

<표 6-13> 지배적 해독과 일탈해독 재부호화

텍스트	지배적 해독	일탈해독
1	인사제도, 인간존중, 합리적, 사람, 값지게	자원, 개발
2	직장, 자아실현, 성소	씨 뿌리는 사람, 가득한
3	세계, 도태, 변화	사회적 환경, 수용, 기업, 경제, 시대
4	생산성 향상, 체계	경험, 종업원, 현장, 활용, 적극적, 방안
5	회사, 나의 장래, 저축	일, 잘되는 것, 알아야,
6	세계1위, 도태	제품, 시대, 곧
7	신뢰도, 노사화합, 무쟁의	고객, 결실, 임금협상, 안정
8	무한경쟁, 세계화 전략	예측, 단일시장, 보호막, 대응, 추구
9	긍정적, 예스, 노, 뿌리	사람, 현실
10	합심, 제품, 경쟁업체, 싸움	한식구, 다른, 밖에서

방법을 취하기로 한다.

먼저 앞서 보았던 각 텍스트들에서 지시된 단어의 빈도를 의미 있게 조작화할 필요가 있다. 응답자들을 언어사용 대중이라고 본다면, 주어진 텍스트에서 지시된 어휘는 통념적으로 공유되는 의미를 표현하는 것으로 볼 수 있다. 따라서 가장 많은 지시빈도를 나타내는 것일수록 가장 통념적으로 사용되는 단어를 가리킨다고 가정할 수 있다. 즉 응답결과의 최빈치는 지배적인 통념을 반영한다. 나아가 주어진 텍스트가 경영담론에서 가장 빈번하게 발견되는 유형의 텍스트이기 때문에 강한 이데올로기의 성격을 띠며, 이것에 대한 통념에 가까운 응답은 곧 경영담론에 대한 동의의 정도를 표현하는 것으로 간주해도 무방할 것이다. 그래서 지배적 해독과 일탈해독의 구분은 텍스트에서 주요하게 지시되는 어휘, 그리고 응답결과로 나타난 최빈치(mode)를 지배적 해독의 간접지표로 조작화하고, 그 나머지 응답을 일탈해독으로 조작화하여, 10개의 변수를 구성하였다.13) 지배적 해독과 일탈해독으로 재부호화한 결과는 다음의 표에 제시

13) 이것은 바르트의 절단(decoupage)의 방법을 양적 방법으로 변용한 것이다. 바르트는 텍스트의 성격을 이해하기 위해서는 그 구성요소들로의 분해가 필요하다고 지

되어 있다.

이 지배적 해독과 일탈해독의 분포는 <표 6-14>와 같이 나타났다.

<표 6-14> 지배적 해독과 일탈해독의 분포

텍스트	지배적 해독	일탈해독
1	181 (56.0)	142 (44.0)
2	212 (65.6)	111 (34.4)
3	204 (63.2)	119 (36.8)
4	196 (60.7)	127 (39.3)
5	230 (71.2)	93 (28.8)
6	217 (67.2)	106 (32.8)
7	186 (57.6)	137 (42.4)
8	247 (76.5)	76 (23.5)
9	230 (71.2)	93 (28.8)
10	191 (59.1)	132 (40.9)

지배적 해독은 현실에 대한 긍정을 언표하는 인간주의 담론인 8번 텍스트가 76.5%로 가장 높은 빈도를 보였고, 반대로 일탈해독은 1번 인간주의 담론 텍스트, 7번 노사관계 담론이 상대적으로 높게 나타났다. 특히 흥미로운 점은 1, 4, 5, 8, 9, 10번 텍스트는 문장이 수행문의 형태로 이루어진 반면, 나머지는 진술문의 형태이며, 이 양자를 비교할 경우 수행문 텍스트의 지배적 해독이 대체로 높은 경향을 보인다는 점이다. 수행문은 발화함으로써 행위를 구성하거나 행위를 수행할 것을 요구하는 문장으로, 발화자의 권력과 행위의 유발이 결합되는 독특한 문장형태다. 이런 특성 때문에 사실에 대한 진위의 진술에 그치는 진술문에 비해 수행문은 강한 환기작용을 하는 것으로 여겨지며, 이것이 노동자들의 어휘선택에도 영향을 미치고 있는 것으로 생각된다.

2) 일탈해독의 사회언어학적 분석

사회언어학은 언어현상을 언어 내적 현상으로만 보지 않고, 사회적 사

적한다(Barthes, 1986).

실과 연관되어 있다고 보는 언어연구 흐름을 통칭한다. 실상 언어현상은 매우 다양한 변이를 가지기 때문에 완전히 동질적인 언어공동체를 가정하지 않는 한 순수한 언어적 현상이란 존재할 수 없는 것이다.[14] 이런 이유에서 사회적 사실과의 연관 속에서 언어를 이해하는 사회언어학적 접근이 가능해진다. 사회언어학은 다양한 분야로 나뉘는데,[15] 주로 사회적 집단별로 나타나는 언어사용의 차이에 관심을 기울인다는 공통점을 가진다. 이런 사회언어학적 접근을 따라 여기서는 앞서 보았던 텍스트의 어휘 수용의 결과인 일탈해독의 사회언어학적 분석을 시도한다. 이 분석결과는 지배담론에 대한 대안적 해석 혹은 저항적 해석의 가능성과 연결되는 일탈해독이 어떤 사회학적 요인과 연결되어 있는가의 문제를 함축한다.

(1) 위세형 언어가설

라보프(Labov)는 다른 연령집단에 비해 청소년집단에서 비표준적 언어 사용이 두드러짐을 지적하고 있다. 청소년의 언어사용은 새로운 준거집단, 즉 또래집단의 형성과 더불어 시작되는데, 이것은 청소년 문화의 한 특징인 스타일과 관련되어 있다. 스타일의 인식과 수용은 동시에 부모로부터의 탈피를 꾀하는 것이며, 부모집단의 표준적 언어사용과 대비되는 은어, 비속어 등의 비표준적 언어사용을 꾀하게 되는 것을 포함한다. 한편 이런 청소년기를 거쳐 장년으로 성장함에 따라 사회의 표준적 언어사용에 안정적으로 진입하게 되는데, 이것은 다시 말하면 사회적 규범의 망 속으로 편입됨을 의미하는 것이다. 라보프는 사회적 표준으로 통용되는 언어사용을 위세형(prestige form)으로 정의하는데, 이 위세형이 개인의 생애에 있어 가장 강하게 나타나는 시기가 사회적 압력을 가장 많이 받는

---

14) 단적인 예를 들어 보면 '밥 먹었니?'라는 평어법과 '식사 하셨습니까?'라는 경어법 사용은 동일한 의미를 지니고 있지만 화자와 청자의 사회적 지위의 차이를 반영하는 표현이다.

15) 예를 들면 Labov는 사회언어학을 '언어사회학' '말하기의 민속지학' '일반언어학'의 세 분야로, Hymes는 '언어적이면서 사회적으로도 지향하는 영역' '사회적으로 실증적인 언어학' '사회적으로 구축된 언어학'으로 구분한다(이익섭, 1994: 32-40).

<표 6-15> 연령별 지배적 해독과 일탈해독의 분포

텍스트	연령집단	지배적 해독	일탈해독
1	저연령집단	96 (56.8)	73 (43.2)
	고연령집단	78 (55.7)	62 (44.3)
2**	저연령집단	123 (72.8)	46 (27.2)
	고연령집단	80 (57.1)	60 (42.9)
3*	저연령집단	116 (68.6)	53 (31.4)
	고연령집단	81 (57.9)	59 (42.1)
4	저연령집단	108 (63.9)	61 (36.1)
	고연령집단	79 (56.4)	61 (43.6)
5**	저연령집단	131 (77.5)	38 (22.5)
	고연령집단	89 (63.6)	51 (36.4)
6**	저연령집단	127 (75.1)	42 (24.9)
	고연령집단	83 (59.3)	57 (40.7)
7**	저연령집단	110 (65.1)	59 (34.9)
	고연령집단	70 (50.0)	70 (50.0)
8***	저연령집단	144 (85.2)	25 (14.8)
	고연령집단	94 (67.1)	46 (32.9)
9**	저연령집단	134 (79.3)	35 (20.7)
	고연령집단	89 (63.6)	51 (36.4)
10	저연령집단	104 (61.5)	65 (38.5)
	고연령집단	80 (57.1)	60 (42.9)

* p<.05   ** p<.01   *** p<.001

시기인 30~55세 사이라고 한다(Holmes, 1992: 186). 이를 이 연구와 연결시켜본다면, 30~55세 시기는 사회적 압력만큼 이데올로기적 수용도 높게 이루어지는 시기라고 가정할 수 있고, 따라서 담론형태에서도 다른 연령집단과 차별적인 형태를 보일 것이라고 가정해볼 수 있다. 이런 전제하에 30세 미만 집단과 30세 이상 집단의 두 집단으로 크게 나누어, 앞서 보았던 텍스트의 지시단어에서의 차이를 살펴봄으로써, 일탈해독에 위세형 언어가설이 성립되는지를 살펴보았다. 결과는 1번 인사제도와 관련한 인간주의 텍스트, 전형적인 생산성 담론인 4번 텍스트, 그리고 타업체와의 경쟁을 부각시키는 10번 공동체주의 텍스트를 제외하고, 연령과 일탈해독 정도 간의 유의미한 관계가 발견되었다.

직장을 자아실현의 장으로 묘사한 2번 텍스트에서는 연령에 따른 유의미한 차이가 발견되었다. 그러나 라보프의 위세형 언어사용 가설과 달리 지배적 해독은 고연령집단보다 저연령집단에서 더 두드러지게 나타났다. 저연령집단에서 일탈해독은 27.2%에 불과한 반면, 고연령집단에서는 일탈해독이 42.9%나 되었다.

세번째 텍스트는 변화와 도태를 핵심어로 하는, 전형적인 위기담론을 표현하고 있다. 여기에 대한 해독의 연령집단별 차이는 유의미하게 나타났지만, 역시 저연령집단이 고연령집단보다 지배적 해독의 비율이 더 높게 나타났다. 저연령집단의 일탈해독이 31.4%인데 비해 고연령집단의 일탈해독은 42.1%로 나타났다.

기업의 발전과 개인의 발전을 동일시하는 5번째 텍스트에서도 집단별 유의미한 차이가 발견되고 있다. 그러나 저연령집단의 일탈해독이 22.5%, 고연령집단의 일탈해독이 36.4%로, 이 역시 저연령집단이 고연령집단보다 지배적 해독이 우세함을 보여주고 있다.

세계 1위라는 상징어를 사용하여 경쟁을 설득하고 있는 6번 텍스트에서도 역시 저연령집단이 고연령집단보다 지배적 해독의 비율이 높음을 보여준다. 저연령집단의 일탈해독은 24.9%에 불과한 반면, 고연령집단의 일탈해독 비율은 40.7%에 이르고 있다.

노사화합을 강조하는 전형적인 '산업평화' 담론 텍스트에 대해서도 연령별 차이가 나타났다. 일탈해독은 저연령집단이 34.9%인 반면, 고연령집단은 50.0%로, 저연령집단에서 지배적 해독이 더 높음을 알 수 있다.

세계적 경쟁과 세계화 전략을 강조하는 8번 텍스트에 대한 어휘수용에서도 연령집단별로 유의미한 차이를 보여주고 있다. 이 텍스트에 대한 어휘수용의 집단간 차이는 다른 텍스트들보다 월등히 크게 나타난다. 일탈해독의 경우 저연령집단은 14.8%에 불과하여 대부분이 지배적 해독을 하고 있음을 보여준다. 반면 고연령집단에서는 일탈해독의 32.9%나 되어, 저연령집단 비율의 2배 이상 높은 비율을 보여준다.

현실에 대한 긍정을 강조하는, 전형적인 이데올로기적 수사를 구사하는 9번 텍스트에서도 연령별 차이를 발견할 수 있다. 여기서도 앞서의 결

과들과 동일하게 저연령에서 지배적 해독의 비율이 상대적으로 높음을
알 수 있다. 지배적 해독비율이 저연령집단은 79.3%, 고연령집단은
63.6%로 나타났다.

이상의 결과를 통해, 우선 기업어휘의 수용 정도로 일탈해독의 여부를
판명함에 있어, 연령이 중요한 변수로 작용한다는 사실을 확인할 수 있다.
이것은 연령이라는 변수가 가지는 사회적 의미들을 반영하는 결과로 해
석할 수 있다. 일반적으로 연령은 사회화 기간, 그리고 지배 언어질서에
의 편입기간이라는 두 변수와 정의 함수관계에 있다. 하지만 이 분석결과
는 라보프의 가설과 달리 지배적 해독이 위세형 언어사용을 따르지 않고
저연령집단에서 오히려 높게 나타나는 특이한 결과를 보이고 있다. 이런
특수한 결과를 이해하기 위해서는 응답자들이 처한 특수한 사회적 위치,
즉 노동자라는 위치를 고려해야만 한다. 통상적으로 연령은 지배질서에의
편입 정도를 보여주는 지표로 이해할 수 있지만, 그러나 여기에는 상반된
측면이 존재한다. 라보프의 위세형 언어가설에서 보여주듯이, 연령이 상
대적으로 높을수록 지배적 언어질서에 보다 깊이 편입될 가능성은 더 높
아진다. 하지만 또한 지배 언어질서로의 편입은 교육효과를 반영한다. 즉
언어질서에 대한 편입은 상당부분 학교 등 교육을 통한 언어능력의 습득
을 통해 이루어지며, 이러한 언어능력은 저연령집단이 상대적으로 고연령
집단보다 우수하다. 텍스트에 대한 독해의 차이도 마찬가지로 언어능력의
차이에 의해 나타날 수 있다.

또한 노동자라는 위치는 기업과의 관계에서 특정한 연령효과를 산출한
다. 근속기간이 짧은 젊은 노동자일수록 기업과의 동일시 정도도 더 강하
기 때문에, 이러한 기업에 대한 헌신적 태도가 지배적 해독에 영향을 미
친 것으로 이해해볼 수 있다. 많은 연구들은 젊은 노동자들이 성취욕구가
강하고, 회사에서의 승진과 보상에 대한 동기화가 강하게 이루어져 있다
는 사실을 지적한다. 이러한 이유들로 인해 연령효과는 저연령층에서 지
배해독을 더 우세하게 만든다고 가정해볼 수 있다.

마지막으로 노동자들의 경험축적과 노동자계급적 의식과의 상관성을

가정해볼 수 있다. 마르크스가 지적한 바 있듯이 노동자들의 동질성은 계급적 자각으로 유도된다. 그것이 즉자적이든 대자적이든, 적어도 사회적 관계 속에서의 노동자라는 위치는 기업과 자신의 관계를 특정방식으로 규정하게 된다.

이렇게 잠정적으로 추론된 결론 중 몇 가지를 다음 절에서는 통계적 방법을 통해 검증해볼 것이다.

(2) 계급과 일탈해독

계급간 이질적 언어사용에 대한 연구는 사회언어학의 대표적인 연구주제 중 하나다. 계급언어에 대한 연구는 사회언어학 내에서 방언(dialect) 연구에 포함되는데, 원래 방언은 지역적 방언을 주로 지칭하는 것이지만, 사회언어학에 의해 계급방언까지 포함하는 것으로 그 외연이 확장된다. 이를 지역방언(regional dialect)과 구별짓기 위해 사회방언(social dialect 혹은 sociolect)이라 지칭하며, 사회계급, 연령, 성별, 종교, 인종 등 사회적 요인 모두에 의해 규정되는 방언을 포함하는 것으로 간주한다(이익섭, 1994: 79-80). 그 중 특히 계급방언은 사회언어학에서 크게 관심을 가졌던 주제며, 영어 사용권에서 언어사용의 계급적 차별화는 일반적으로 인정되고 있는 현상이다.[16] 나아가 사회언어학의 계급방언 연구가 언어의 계급적 분포를 확인하는 데 그치는 반면, 사회적 불평등의 언어적 구조화라는 문제의식을 심화시키는 연구들은 담론연구에서 발견된다. 대표적으로 반 다이크는 이 계급적 차별화를 권력자원과 연계시켜, 권력자원에 밀접할수록 권위적 언어사용이 이루어진다는 사실을 밝히고 있다(van Dijk, 1996). 또 부르디외는 언어시장 내에서의 배타적 언어자원의 보유가 계급적 경계와 일치함을 보여준다. 언어자본량[17]의 차이는 곧 언어시장 내에서의 지위

---

16) 단적인 예로 영어에서 하층계급의 'toilet'은 상류계급에서 'lavatory'로, 'lounge' 는 'setting room', 'relatives'는 'relations'로 사용되는 경우를 들 수 있다.

17) 부르디외에 있어 언어자본은 "문법적으로 완벽한 표현을 생산할 수 있는 능력 뿐 아니라, 특수한 시장에 내놓을 수 있는 적절한 표현을 생산할 수 있는 능력"으로 정의된다(Bourdieu, 1992: 56-58).

를 결정하며, 이 차이는 다시 사회적 지위의 차이와 구조적으로 연결되어 있다.

이 연구에서는 계급적 경계를 확인할 수 있는 변수로 직업계층과 직위를 사용한다. 직업계층은 계급구분에서 가장 일반적으로 이용되는 지표다. 직위 역시 이와 유사한 변수지만, 일의 성격이 고려되지 않는다는 점에서 사회적 지위를 반영하는 지표라 할 수 있다. 직업계층은 생산직과 사무직으로, 그리고 직위는 평사원과 대리 이상으로 구분하였다.

먼저 직업계층별로 텍스트에 대한 지배적 해독과 일탈해독의 분포를 살펴본 것이 <표 6-16>이다.

<표 6-16> 직업계층별 지배적 해독과 일탈해독의 분포

텍스트	직업 계층	지배적 해독	일탈해독
1	생산직	116 (59.5)	79 (40.5)
	사무직	64 (50.8)	62 (49.2)
2*	생산직	118 (60.5)	77 (39.5)
	사무직	93 (73.8)	33 (26.2)
3**	생산직	112 (57.4)	83 (42.6)
	사무직	91 (72.2)	35 (27.8)
4*	생산직	108 (55.4)	87 (44.6)
	사무직	87 (69.0)	39 (31.0)
5	생산직	138 (70.8)	57 (29.2)
	사무직	91 (72.2)	35 (27.8)
6**	생산직	119 (61.0)	76 (39.0)
	사무직	97 (77.0)	29 (23.0)
7	생산직	112 (57.4)	83 (42.6)
	사무직	73 (57.9)	53 (42.1)
8*	생산직	140 (71.8)	55 (28.2)
	사무직	106 (84.1)	20 (15.9)
9	생산직	135 (69.2)	60 (30.8)
	사무직	94 (74.6)	32 (25.4)
10*	생산직	105 (53.8)	90 (46.2)
	사무직	85 (67.5)	41 (32.5)

* p<.05   ** p<.01   *** p<.001.

생산직과 사무직으로 구분한 직업계층별 지배적 해독과 일탈해독의 분포는 상당한 차이가 발견되었다. 인사제도의 도입을 표현한 1번 텍스트에 대해서는 독해의 계급적 차이는 발견되지 않았다. 각 집단별 지배적 해독과 일탈해독의 차이가 그다지 크지 않아, 이 텍스트에 대한 독해방식은 일반화되어 있음을 짐작하게 한다. 그러나 직장을 자아실현의 장으로 지시하고 있는 2번 텍스트에 대해서는 직업계층별 차이가 뚜렷이 드러나고 있다. 생산직의 지배적 해독이 60.5%인 것에 반해 사무직에서는 73.8%로 더 높게 나타난다. 이런 결과는 상위계급일수록 지배질서에 보다 가깝다는 사회언어학적 가설을 확인시켜주는 것이다.

변화와 도태를 대비시키고 있는 3번 텍스트에서도 직업계층별 차이가 확인된다. 생산직에서 지배적 해독은 57.4%인 반면, 사무직은 72.2%로 매우 높게 나타난다. 이 역시 지배언어로서의 경영담론에 대한 지배적 해독이 상대적으로 상위계급인 사무직에서 높게 나타남을 보여준다. 4번 텍스트에서도 직업계층별 차이가 나타났다. 생산직의 지배적 해독이 55.4%인 반면 사무직은 69.0%로 나타났다. 이 결과 역시 생산직보다 사무직에서 지배적 해독의 비율이 높음을 보여주고 있다.

회사의 발전과 개인의 발전을 등치시키면서 회사에의 헌신을 유도하고 있는 5번 텍스트에 대해서는 계급적 차이가 발견되지 않는다. 즉 직업계층이나 직위에 상관없이 모두 지배적 해독이 우세하게 이루어지고 있다. 생산직의 지배적 해독은 70.8%, 그리고 사무직의 지배적 해독은 77.2%로 나타나고 있다. 세계 1위와 도태를 강하게 대비시키고 있는 6번 텍스트에서도 생산직과 사무직 간의 독해방식의 차이가 드러났다. 생산직의 지배적 해독이 61.0%인 반면, 사무직의 지배적 해독은 77.0%로 사무직의 지배적 해독비율이 매우 높음을 보여준다.

노사화합에 관련된 텍스트인 7번 텍스트에 대해서는 독해의 계급적 차이가 발견되지 않았다. 또한 지배적 해독의 비율도 다른 텍스트들에 비해 상대적으로 낮음을 알 수 있는데, 이것은 노사화합에 대응하는 노동조합 담론의 존재가 일탈해독의 가능성을 높이기 때문으로 생각된다.

세계화와 관련된 8번 텍스트에서는 직업계층별 독해차이가 나타났다. 생산직의 지배적 해독이 71.8%인 반면, 사무직의 지배적 해독비율은

84.1%로 매우 높게 나타났다.

현실에 대한 긍정을 설득하는 9번 텍스트에서는 지배적 해독이 일탈해독보다 높지만, 직업계층에 따른 차이는 드러나지 않는다. 마지막 결속과 대외적 경쟁을 강조하고 있는 10번 텍스트에서는 직업계층의 차이를 보여준다. 이 역시 사무직이 생산직보다 지배적 해독이 우세하게 나타나고 있다.

생산직과 사무직이라는 직업계층별 차이는 경영담론 텍스트에 대한 해독에 뚜렷한 차이를 발생시키고 있다. 마르크스나 브레이버만(Braverman)이 지적하고 있듯이, 정신노동과 육체노동의 분리나 구상과 실행의 분리는 생산의 사회적 관계에서 계급적 이해관계의 분할로 나타난다. 예상대로 생산직보다 사무직의 지배적 해독비율이 일관되게 높게 나타남으로써, 경영담론에 대한 동의 및 지배적 약호의 내면화가 보다 깊게 이루어져 있음을 보여준다. 이 결과는 두 가지 방식으로 해석할 수 있다. 하나는 상대적으로 생산직의 일탈해독의 비율이 높다는 사실을 저항적 혹은 대안적 약호의 가능성으로 이해하는 방식이다. 즉 노동조합을 중심으로 한 노동담론의 존재가 지배적 약호에 대한 대안적 해석을 현실화시키고 있다는 해석이 가능하다. 다른 하나는 보다 소극적으로, 생산직에 있어 지배적 약호에 대한 해독 능력의 부재로 이해할 수도 있다. 이것은 번스타인의 연구가 제시하듯, 계급약호의 존재를 보여주는 결과로 해석된다. 바꾸어 말하면 해독능력의 부재는 경영담론을 통해 드러난 계급약호에 접근하지 못하고 있음을 보여주는 결과로도 이해할 수 있다. 이러한 해석은 텍스트별로 일탈해독 비율의 차이가 존재하는 이유를 부분적으로 설명해준다.

한편 평사원과 대리 이상의 관리직으로 나눈 직위별 분포는 두 집단의 차이가 거의 없는 것으로 나타났다. 이것은 조직 내에서의 위치라는 직위요인보다는, 근본적인 작업장 조건의 차이, 즉 정신노동과 육체노동의 구분이 경영담론에 대한 해독에 더 결정적으로 작용하는 요인임을 말해주는 것이다.

이상의 결과를 통해, 계급이 사회적 약호를 수용하고 지배적 언어를 내면화함에 있어 중요한 변수라는 사회언어학적 가정이 확인됨을 알 수 있다.

<표 6-17> 직위별 지배적 해독과 일탈해독의 분포

텍스트	직위	지배적 해독	일탈해독
1	평사원	97 (58.4)	69 (41.6)
	대리 이상	83 (53.9)	71 (46.1)
2	평사원	113 (68.1)	53 (31.9)
	대리 이상	98 (63.6)	56 (36.4)
3	평사원	103 (62.0)	63 (38.0)
	대리 이상	99 (64.3)	55 (35.7)
4	평사원	105 (63.3)	61 (36.7)
	대리 이상	90 (58.4)	64 (41.6)
5	평사원	124 (74.7)	42 (25.3)
	대리 이상	104 (67.5)	50 (32.5)
6	평사원	109 (65.7)	57 (34.3)
	대리 이상	106 (68.8)	48 (31.2)
7	평사원	103 (62.0)	63 (38.0)
	대리 이상	81 (52.6)	73 (47.4)
8	평사원	129 (77.7)	37 (22.3)
	대리 이상	116 (75.3)	38 (24.7)
9	평사원	120 (72.3)	46 (27.7)
	대리 이상	108 (70.1)	46 (29.9)
10	평사원	99 (59.6)	67 (40.4)
	대리 이상	90 (58.4)	64 (41.6)

나아가 직업계층별로는 뚜렷한 해독방식의 차이가 발견되는 반면, 직위에 따른 차이는 발견되지 않는다는 사실은 계급적 경험, 즉 수행하는 일의 성격이 지배담론에 대한 해독방식을 규정하는 매우 중요한 요인임을 말해준다. 이것이 노동자 개인이 경영담론을 접하는 빈도의 차이를 반영하는 것이든, 개인적 경험을 통한 정체성 구성의 결과를 반영하든, 수행하는 일의 성격이 경영담론의 수용에 있어 매우 중요한 관건이 됨을 의미하는 것이다.

많은 계급연구들이 지적하듯이, 정신노동과 육체노동의 분리를 반영하는 생산노동과 사무노동의 차이는 생산수단 및 자본가에 대한 관계, 노동내용의 차이 등을 통해 이질적인 계급경험을 구성한다(Carchedi, 1978; Carter, 1985). 이 연구결과는 이러한 계급경험의 차이가 지배담론에 대한 해석과 수용에서도 차이를 낳고 있음을 보여주고 있다. 바꾸어 말하면 지배담론은 생산직보다는 사무직에게 더 효과적으로 작동되고 있으며, 곧 기업공간의 언어질서가 사무직 종사자들을 통해 더 강하게 재생산됨을 보여주는 것이라 할 수 있다.

(3) 노동조합과 일탈해독

노동조합은 노동자들의 의식과 정서를 결정하는 중요한 역할을 수행하는 기구다. 노동조합이 얼마나 활동적인가, 노동자 개인이 노동조합에 속해 있는가, 또 노동조합 활동에 개인이 얼마나 열성적인가 등은 노동자 의식을 결정하는 매우 중요한 요소 중의 하나임이 보고되고 있다.[18) 이런 기존의 연구결과의 연장선상에서 노동조합 변수는 또한 노동자들의 수용태도를 결정하는 중요한 요인이라고 가정해볼 수 있다. 노동자 개인이 노동조합에 속해 있는가의 여부에 따라 일탈해독이 어떻게 나타나는가를 살펴본 결과, 5개의 텍스트에서 유의미한 차이가 발견되었다.

인간주의적 외양 속에 생산성을 위한 인사제도의 필요성을 말하고 있는 1번 텍스트에서는 노조 소속이 그 해독방식에 영향을 주지 않는 것으로 나타난다. 노조원의 일탈해독이 41.6%, 비노조원의 일탈해독이 46.9%로 비노조원의 비율이 약간 높긴 하지만 통계적으로 유의하지는 않다.

직장을 자아실현의 장으로 서술한 2번 텍스트에 대한 해독은 노동조합 소속 여부에 따라 유의미한 차이를 보이고 있다. 노조원의 일탈해독은 40.3%, 비노조원의 일탈해독은 29.6%로, 전반적으로 지배적 해독이 우세하게 나타나지만 노동조합이 경영담론에 대한 해독방식에 유의미한 차이를 가져오고 있음을 보여준다.

세계화를 지시하며 도태를 환기시키는 3번 텍스트에서도 조합 소속 여부에 따른 해독방식의 차이가 나타난다. 노조원의 일탈해독이 44.3%, 비노조원의 일탈해독이 30.9%로, 노조원의 일탈해독이 높게 나타났다.

또 세계경쟁과 도태를 대비시키면서 상상된 위기를 지시하고 있는 6번

---

18) 이에 대해서는 한상진(1989); 박준식(1996) 등을 참조할 수 있다.

<표 6-18> 노조원 여부별 지배적 해독과 일탈해독의 분포

텍스트	직위	지배적 해독	일탈해독
1	노조원	87 (58.4)	62 (41.6)
	비노조원	86 (53.1)	76 (46.9)
2*	노조원	89 (59.7)	60 (40.3)
	비노조원	114 (70.4)	48 (29.6)
3*	노조원	83 (55.7)	66 (44.3)
	비노조원	112 (69.1)	50 (30.9)
4	노조원	84 (56.4)	65 (43.6)
	비노조원	105 (64.8)	57 (35.2)
5	노조원	105 (70.5)	44 (29.5)
	비노조원	116 (71.6)	46 (28.4)
6***	노조원	84 (56.4)	65 (43.6)
	비노조원	125 (77.2)	37 (22.8)
7	노조원	79 (53.0)	70 (47.0)
	비노조원	99 (61.1)	63 (38.9)
8*	노조원	105 (70.5)	44 (29.5)
	비노조원	132 (81.5)	30 (18.5)
9	노조원	102 (68.5)	47 (31.5)
	비노조원	121 (74.7)	41 (25.3)
10**	노조원	76 (51.0)	73 (49.0)
	비노조원	108 (66.7)	54 (33.3)

* p<.05   ** p<.01   *** p<.001

텍스트에서도 비노조원의 일탈해독이 22.8%에 불과한 반면, 노조원의 일탈해독은 43.6%로, 노동조합이 일탈해독과 강한 연관을 가짐을 보여주고 있다.

8번의 세계화 담론 텍스트에서는 지배적 해독이 비노조원 81.5%, 노조원 70.5%로, 지배적 해독이 매우 압도적으로 나타나고 있다. 그럼에도 불구하고 비노조원의 일탈해독은 18.5%에 그친 반면, 노조원의 일탈해독은 29.5%로, 이 역시 노동조합이 유의미한 차이를 유발하고 있음을 보여주고 있다.

경쟁업체와의 싸움을 환기시키면서 결속을 강조하는 10번 공동체주의 담론 텍스트에서도 노동조합이 일탈해독을 규정하는 중요한 변수임이 드러난다. 비노조원의 일탈해독 비율이 33.3%인 반면, 노조원에서는 일탈해독이 49.0%로 상당히 높게 나타남을 보여준다.

이상의 결과를 통해 노조원 여부에 따라 해독방식에 차이가 일정하게 존재함을 확인할 수 있다. 즉 노동조합에의 소속은 노동자 개인의 경험과 의식을 규정하는 중요한 요인임을 보여준다. 또한 이 결과는 노동조합을 통한 여러 담론, 즉 노동조합 신문이나 노동조합 교육 등 저항담론으로 개념화될 수 있는 담론에의 접촉을 통해 경영담론에 대한 수용의 정도가 상대적으로 낮아질 수 있다는 사실을 짐작케 한다.

5. 맺는 말

이 장에서 필자는 지배담론과 노동자 사이의 관계에 존재할 수 있는 몇 가지 현실적인 '드러남'을 노동자들의 태도와 주어진 텍스트에 대해 어휘 선택이 이루어지는 방식을 중심으로 검토해보았다. 여기서 사용된, 지배담론의 텍스트를 변형의 방법을 통해 의미구조를 재구성하고, 이것을 중심으로 지배적 해독과 일탈해독을 구분하는 방법론은 매우 시험적인 것이다. 이런 이유 때문에 일탈해독의 개념을 다소간 느슨하게 정의하고, 지배적 독해와 구별되는 열려진 가능성으로 간주하고자 했다.

그럼에도 불구하고 이러한 지배적 해독/일탈해독의 구분을 통해 유의미한 결과들을 얻어낼 수 있었다. 일탈해독이 텍스트의 성격에 따라 차별적으로 분포한다는 사실은 메시지의 해독에 있어 청자의 위치에 따라 서로 다른 약호체계에 의존하고 있을 가능성을 보여주는 것이다. 그리고 이것은 위세형 언어가설의 연령효과에 대한 검토, 계급 및 노동조합 효과에 대한 검토를 통해 부분적으로 확인되었다. 이 중 일탈해독에 대한 위세형 언어 가설은 라보프의 연구결과와는 반대로 분포하는, 저연령층에서 지배적 해독이 우세하게 나타나는 결과를 보여주었다. 이것은 언어능력의 습득에 있어 연령별 차이, 상대적으로 짧은 작업장 경험에 따른 노동자 주체성의 미형성 등 청자의 사회적 위치의 특성을 반영하는 것으로 해석해

볼 수 있다. 반면 계급과 노동조합은 경영담론에 대한 체계적 일탈해독을 야기하는 요인으로 작용하고 있음을 보여주었다. 이것은 기업공간이 지배적 약호에 의해 지배되고 있음에도 불구하고, 노동의 내용과 경험을 통한 정체성의 구성이라는 계급 효과, 그리고 저항적 실천의 학습과 노동담론의 내면화라는 노동조합 효과에 의해 일탈해독의 가능성을 확보할 수 있음을 보여주는 것이다.

일탈해독의 가능성은 곧 지배담론의 작용에 대한 반작용의 가능성을 함축한다. 필자는 이 책을 통해 지속적으로, 말한다는 것은 의미하는 것이며 이것은 곧 현실을 정의내리는 권력작용에 다름아님을 지적하였다. 지배담론 속에서 작동하는 지배적 약호는 권력이 정의내리는 방식에 대한 순응을 요구하는 반면, 일탈해독은 권력에 대한 거리 두기의 가능성을 제공한다. 기업공간 속에서 의미의 정치가 지속적으로 작동하고 있다면, 이러한 의미의 정치가 어떤 지점에서 충돌을 일으키고 있고, 지배와 저항이 어떤 계기를 통해 표출되고 있는가를, 이러한 일탈해독이라는 개념을 통해 확인할 수 있다.

이것은 곧 기업공간 내의 의미의 정치에서, 어떤 것이 토론의 영역(opinion)으로 들어올 수 있는가를 보여준다. 이 분석에서 연령, 계급 및 노조원 여부에 따라 지배적/일탈해독의 집단 차이가 모두 존재하는 텍스트는 "씨 뿌리는 사람으로 가득한 직장은 자아실현의 성소가 된다." "지금 세계의 경제 사회적 환경은 하루가 다르게 변화하고 있으며, 이 변화를 수용하지 못하는 사람은 곧바로 도태되는 시대입니다." "세계 1위의 제품을 만들어내지 못하면 도태되는 시대가 곧 옵니다." "세계가 보호막 없는 단일시장으로 바뀌고 세계 각 기업들이 무한경쟁에 돌입합니다. 우리는 이러한 시대를 앞서 예측하고 이에 대응하는 세계화 전략을 추구해야 합니다." 등의 4개 텍스트다. 첫번째 텍스트를 제외한 나머지 3개 텍스트는 모두 '경쟁'과 '도태'를 강하게 대비시키면서 수용자의 환기를 요구하는 노골적인 이데올로기적 텍스트에 해당된다. 너무 명백한 의미의 지시, 그리고 강한 이데올로기적 요청은 상대적으로 일탈적인 해독의 가능성을

높인다. 적어도 현재의 기업공간에서 경쟁과 도태라는 기업어휘는 계급이
나 노동조합 등의 매개를 통해 토론되고 재해석되고 전복될 수 있는 의미
지형을 구성하고 있는 것이다. 경쟁과 도태의 위협을 통해 노동자를 주체
로 호명하고자 하는 경영담론은 이제 토론에 부쳐지고 있는 것으로 보인
다.

제7장 지배담론의 효과

노동자 담론과 계급적 태도

1. 화용분석의 의의

화용론(Pragmatics)은 언어학보다는 담론분석에 더 가까이 위치한다. 언어학은 순수 언어적 현상에 주목하는 반면 담론분석은 발화되는 상황, 발화된 내용과 발화자의 관계, 그리고 공유되는 맥락에 보다 주목하기 때문이다. 이 때문에 언어들의 필수적 연결은 발화된 내용 사이에서 발견되는 것이 아니라 수행되는 행위 사이에서 발견된다고도 할 수 있다(Labov & Fnashel, 1977: 70). 이 연구에서는 지배담론 내에 특정한 화용형식과 의미내용이 선택적으로 결합되는 관계가 존재한다는 가정에 근거하여 화용형식의 효과를 살펴보고자 한다. 이는 담론의 기호이론에 대한 검토를 통해 랑그/파롤 관계와 유사하게 랑그 혹은 약호/담론의 결합관계가 성립될 수 있다는 가정에 근거한다. 즉 문장단위이건 문장을 넘어선 텍스트이건, 담론의 사용을 조건짓는 특정한 체계가 존재한다는 것이며, 이것이 담론의 기호학적 분석을 가능하게 하는 가장 기본적인 전제가 된다.

이 연구에서는 화용의 형식 중 오스틴의 진술문/수행문 구분에 주목한다. 즉 진술문과 수행문으로 구분되는 경영담론의 화용형식은 이 형식의 차이에 따라 서로 다른 의미내용과 결합관계를 이룬다. 나아가, 수행문이 언어의 권력적 차원, 즉 발화자의 권력적 위치와 발화내용의 행위유발에 관련되어 있다면, 수행문은 진술문에 비해 보다 권력적이고 이데올로기적이며 경영담론의 지배적 의미작용 방식에 근접해 있을 것으로 가정할 수 있다.[1] 이런 사실에 근거할 때, 노동자들에게서 발견되는 수행문은 그 자체로서 권력적 작용의 결과로 이해될 수 있다. 이것은 자신의 개인적 권력을 표현하는 것도 아니며, 자신이 행위의 주체가 되는 것도 아니면서 동시에 수행문을 발화하는 경우를 말하며, 이 대부분의 경우는 경영담론의 수행문 형식이 노동자들에게서 모방되는 경우를 가리키고 있다고 할 수 있다. 즉 노동자들이 표현하는 수행문은 경영담론 수행문, 그 권력적 언표의 모방이며, 이런 점에서 이데올로기적 사고의 한 표현이라 볼 수 있는 것이다.[2]

텍스트의 생산성은 텍스트 내적 차별성에 따른 상이한 효과를 함축한다. 그러나 이런 텍스트의 생산성은 텍스트의 수준에서는 분석되지 않는다. 텍스트는 다양한 해독의 가능성을 내포하며, 이 중 특정한 해석이 현실화되는 것은 발화자와 수취인의 관계, 그리고 맥락에 의존한다. 그래서 이러한 관계에서 텍스트의 생산성은 수취인의 수준에서만 분석될 수 있다. 따라서 특정하게 실현되는 수용자 태도는 텍스트의 생산성을 반영한다. 즉 수용자들이 구성한 문장들은 경영담론이 보여주는 전형적인 의미작용 내용과 형식을 반영한다는 점에서 일종의 계열체[3] 구조를 형성한다. 그리고 이러한 결과에는 텍스트의 성격, 수용자의 사회적 특성 등이 동시에 고려되어야 한다.

경영담론의 배열적 형식성을, 수행문의 존재, 그리고 전체 담론형식 구

---

1) 이것은 수행문 자체가 권력의 표현이라는 사실, 그리고 수행문을 통해 행위가 발생하거나 혹은 행위를 유발하고자 한다는 사실에서 비롯된다.
2) "이데올로기적 언표란 객관적 사고가 아니라, 나의 사고에 앞서 존재하며 나의 사고 자체를 일정한 방식에 따라 이루어지게끔 구속하는, 이미 굳은 사고이다" (Reboul, 1994: 119).
3) 계열체란 '동일한 기억의 저장고에 속하는 복수항'을 의미한다. 그러나 이 기억의 저장고는 선택적으로 구성된다. 예를 들면 기업에서 '발전'은 '생산성, 이윤, 판매' 등과는 계열체를 이루지만 '인간화, 분배' 등과는 계열체를 이루지 않는다. 즉 기억의 저장고 구성에는 체계적으로 권력이 작용하고 있다.

조에서 특정한 부분에 체계적으로 수행문이 배치된다는 사실을 통해 검
토한 바 있다.4) 이러한 경영담론의 형식적인 특성은 노동자들에 대해 효
과를 발휘한다. 즉 노동자 수용에서 발견되는 화용의 형식성은 경영담론
의 형식성과 유의미한 연관을 가지게 되며, 이러한 연관성의 존재는 곧
경영담론의 효과성을 반영하는 것이라 할 수 있다.

다음으로, 수용자의 개인적 특성이 텍스트의 수용에 미치는 영향을 고
려해야 한다. 이것은 계급약호의 존재나 경험을 통한 주체의 형성 정도 등
에 따른 수용의 차이가 존재할 수 있음을 함축하며, 수용자 개인들에게서
나타나는 수용의 결과들이 텍스트의 생산성에 근거하는 것인지, 혹은 수
용자 개인의 사회적 특성을 반영하는 것인지를 개략적으로 밝혀줄 수 있
을 것이다.

2. 방법

이러한 화용효과를 노동자들의 수용을 통해 분석하기 위해서는 특별하
게 구성된 텍스트가 필요하다. 이 연구에서는 노동자들로 하여금 언어 텍
스트를 직접 작성토록 하여 분석하는 방법을 이용하였다. 노동자들이 구
성한 언어 텍스트는 어떤 현상을 측정한 결과이자, 동시에 노동자들의 언
어사용 특성을 보여주는 결과물이다. 문장을 구성하기 위해 노동자들에게
제시된 어휘들은 경영담론에서 전형적으로 발견되는 기업어휘들이다. 이
를 통해 구성된 문장은 경영담론의 내용적 특성에 따른 노동자들의 의미
작용 방식을 보여줄 것으로 기대된다. 어휘는 생산성 담론, 공동체주의,
인간주의, 위기론 등 경영담론의 전형적인 내용적 특성을 드러내는 어휘
들을 선택되었다.

---

4) 즉 경영담론이 유포하는 기업어휘는 의미론적으로는 기업의 성과를 지향하는 방
  향으로, 그리고 형식적으로 수행문의 형태로 유포된다.

<표 7-1> 경영담론 어휘들의 구분

경영담론			
생산성	공동체	인간주의	위기론
생산성/이윤	조장/조원 경쟁회사/우리회사	헌신적/승진 품질관리/게으르다	경제위기/임금상승 원가절감/인원감축

따라서 이러한 어휘들을 이용하여 수용자가 구성한 문장은 각각 경영담론 내의 인간주의, 공동체주의, 생산성 담론 등의 전형적인 의미작용 내용 및 형식을 반영하는 것이 된다. 이렇게 제시된 7개의 어휘쌍을 이용하여, 노동자들로 하여금 문장을 자유롭게 구성하도록 하였다. 이렇게 구성된 문장들은 두 가지 중 어느 하나일 수 있다. 즉 기업 내에서 빈번히 유포되어 익숙해져 있거나 당연시되는 기업어휘의 의미 혹은 그것이 표현된 문장을 반영하거나, 아니면 기업어휘 및 의미에 대해 대안적인 재구성을 시도하는 경우다. <표 7-2>는 노동자들이 구성한 문장들을 진술문과 수행문으로 구분하여 한 예로 제시한 것이다.

'경제위기/임금상승'의 어휘 쌍에서는 앞에서 보듯, 경제위기의 한 원인을 임금상승으로 보는 경영 이데올로기를 체현하고 있는 문장, 경제위기 하에서 임금상승을 억제하거나 혹은 인상해야 한다는 주장의 문장이 주된 형태로 나타났다. 이러한 결과는 경제위기와 임금상승의 관계를 어떤 방식으로든 승인함으로써 경제위기라는 이유에서 임금상승을 억제하고자 하는 경영담론의 전략이 노동자들에게 수용되고 있음을 보여주는 것이다. 경제위기와 임금상승의 관계 자체를 부정하는 전복적 문장구성은 거의 드러나지 않았다.

'생산성/이윤'의 문장에서도 생산성과 이윤의 밀접한 관계를 승인하고, 이것을 높이기 위해 노력해야 한다는 문장이 가장 두드러지게 나타났다. 생산성 및 이윤에 대한 부정적인 의미작용은 거의 나타나지 않았다.

'헌신적/승진' 문장에서는 헌신적으로 일하면 승진한다 혹은 헌신적으로 일해도 승진과는 상관없다는 동일한 논리의 양면이 가장 전형적인 문장으로 발견되었다. 이러한 문장들은 긍정적이든 부정적이든 헌신성과 승

<표 7-2> 기업어휘를 이용한 문장 구성 예

어휘	문장형태	내용
경제위기/ 임금상승	진술문	현재의 경제위기는 임금상승에도 그 책임이 있다
	수행문	경제위기를 극복하기 위해서는 임금상승을 억제해야 한다
생산성/ 이윤	진술문	생산성 향상을 위해 노력하면 이윤은 배가된다
	수행문	생산성을 향상시켜 이윤을 많이 남기자
헌신적/ 승진	진술문	자기개발에 헌신적으로 노력하면 승진할 수 있다
	수행문	헌신적으로 일한 자를 승진시켜야 한다
품질관리/ 게으르다	진술문	품질관리에 게으르면 판매에 지장이 있다
	수행문	품질관리를 잘하려면 게으르지 말고 부지런해야 한다
원가절감/ 인원감축	진술문	원가절감은 인원감축보다 생산성 향상에 있다
	수행문	원가절감을 위해서는 인원감축보다 신기술 개발 등 연구에 노력해야 한다
조장/조원	진술문	조장과 조원은 서로 협력하는 관계다
	수행문	조장은 조원을 통솔해야 하며 조원은 조장의 지시에 응해야 한다
경쟁회사/ 우리회사	진술문	우리 회사제품이 경쟁회사보다 뛰어난 품질을 유지하고 있다
	수행문	우리 회사는 경쟁회사보다 나아야 한다

진과의 관계를 승인하는 것이다. '헌신적으로 일한 자를 승진시켜야 한다'는 문장의 경우 표면적으로는 친노동자적 태도를 취하고 있지만, 근본적으로 헌신성이라는 인간주의적 어휘와 승진의 관계를 부정하지는 않고 있다.

'품질관리/게으르다'는 생산품의 품질을 작업자의 게으름이라는 원인과 결부시키는 경영 이데올로기를 표현한다. 이 문장에서는 두 어휘의 결합관계를 인정하는 문장들이 대부분이며, 품질관리의 원인을 개인의 게으름으로 귀속시키는 논리에 대한 비판은 거의 나타나지 않았다.

'원가절감/인원감축' 문장에서는 보다 비판적인 문장들이 발견되었다. 앞에서 보듯 '원가절감을 위해서는 인원감축보다는 신기술 개발 등 연구에 노력해야 한다'와 같은 문장들이 많이 나타났다. 이것은 인원감축이 노동자들의 고용안정성과 관련된 것이기 때문에 강한 반발을 불러일으키는 것으로 해석된다.

'조장/조원'은 둘의 협력, 그리고 조장의 리더십 등을 강조하는 공동체주의적 담론을 대표한다. 여기에 대해서는 이 경영담론 어휘를 승인하는 문장들이 주로 발견되었다. 앞의 예와 비슷한 문장으로 '유능한 조장 밑에 유능한 조원이 있다' '조장은 조원을 통솔해야 하며 조원은 조장의 지시에 응해야 한다' 등이 전형적인 문장으로 나타났다.

마지막으로 '경쟁회사/우리 회사'는 적으로서의 경쟁회사를 환기시키면서 우리 회사라는 공동체를 강조하는 전형적인 공동체주의 어휘다. 노동자들이 구성한 문장은 이런 공동체주의를 충실히 수용하고 있는 것으로 나타난다. 경쟁회사에 비해 우리 회사를 대부분 긍정적인 것으로 묘사하고 있다.

3. 노동자 담론의 화용형식: 진술문과 수행문

노동자들이 구성한 문장들을 우선 진술문과 수행문으로 모두 구분해보았다. 진술문은 의미 그대로 사실을 기술하는 문장이기 때문에 발화를 함으로써 사태를 변화시키거나, 어떤 의도나 희망, 요구나 당위를 드러내지 않는다. 그렇기 때문에 진술문은 비진술문, 즉 발화수반행위나 발화효과행위에 비해 상대적으로 덜 권력적이며, 덜 이데올로기적이다. 이런 전제하에서 기업 내에서 가장 일반적으로 사용되는 기업어휘들이 포함된 문장의 진술문/수행문 구분은 우선 두 가지 점을 시사한다. 첫째, 노동자들이 구성하는 문장은 지배적으로 통용되는 어휘뿐만 아니라, 그 어휘가 포함된 정형화된 문장 형태를 반영할 가능성이 크다. 중요한 지시단어는 그지시가 가장 잘 드러날 수 있는 정형화된 문장 형태와 함께 제시되는 것이 일반적이다. 따라서 문장 자체가 하나의 단위로서—개별어휘들이 그러한 것처럼—노동자들의 '기억의 저장고' 속에 저장된다. 둘째, 요구, 명령,

희망, 약속 등을 포함하는 수행문은 언어 표현을 현실화하고자 하는 의도를 드러낸다. 그러나 이 수행문의 행위유발 주체는 명목상 발화자이지만, 그 의미에 있어서는 제3자가 될 수도 있다. 이것은 발화자가 수행문 문장을 구성함에 있어 자신의 실제적이고 의식적인 원망, 요구, 약속을 담고 있지 않을 가능성을 보여주는 것이다. 그렇다면 발화자의 언표와 행위가 결합되는 수행문의 정의에서 본다면 이 가능성은 무엇을 의미하는가?

먼저 노동자들이 7개의 문장을 어떤 형태로 구성하고 있는지를 진술문/수행문으로 구분하여 살펴본 것이 <표 7-3>이다.

<표 7-3> 문장들의 진술문/수행문 분포

		진술문	수행문	합계 (%)
생산성	생산성/이윤	180 (78.3)	50 (21.7)	230 (100.0)
공동체	조장/조원	106 (53.5)	92 (46.5)	198 (100.0)
	경쟁회사/우리회사	119 (59.2)	82 (40.8)	201 (100.0)
인간주의	헌신적/승진	177 (78.3)	49 (21.7)	226 (100.0)
	품질관리/게으르다	162 (79.8)	41 (20.2)	203 (100.0)
위기론	경제위기/임금상승	145 (63.6)	83 (36.4)	228 (100.0)
	원가절감/인원감축	155 (72.8)	58 (27.2)	213 (100.0)

진술문과 수행문을 구분해본 결과만으로 확인할 수 있는 사실은, 권력적 언어이자 행위의 수행 및 유발을 의미하는 수행문이 노동자들에게서 상당한 정도로 발견되고 있다는 점이다. 기업어휘는 경영담론의 이데올로기적 성격을 반영하는 것으로, 기업어휘를 이용하여 구성된 문장과, 그 발화자의 권력 위치, 즉 노동자라는 위치 사이에는 모순적인 관계가 성립된다. 그럼에도 불구하고 기업어휘들로 구성된 각 문장의 수행문 비율이 20% 이상이나 된다는 사실은, 경영담론의 수행문 형식이 노동자들의 기억의 저장고 속에 이미 들어와 있다는 사실을 의미하는 것으로 볼 수 있다.

또한 구성된 문장을 진술문과 수행문으로 구분하여 텍스트의 차이에 따라 살펴본 결과는 매우 흥미로운 사실들을 보여준다. 우선 문장들간에 수행문의 비율이 뚜렷한 경계를 이루고 있다는 점을 지적할 수 있다. 즉

218 계급, 문화, 언어

공동체주의 담론을 표현하는 조장/조원, 경쟁회사/우리회사 어휘로 구성
된 문장의 수행문 비율이 다른 어휘들에 비해 상대적으로 높음을 보여준
다. 반면 헌신적/승진, 품질관리/게으르다의 인간주의 문장의 수행문 비율
은 가장 낮게 나타나고 있다. 이것은 앞서 살펴보았던 경영담론 특성과
관련하여 중요한 사실을 보여주고 있다. 즉 경영담론의 특성에서 '우리'
라는 공동체적 주어를 사용하여 발화자를 청자의 위치로 포섭함으로써
행위 유발을 의도하는 경영담론의 언어전략, 경영담론의 수행문에서 공동
체적 주어를 사용하는 수행문 형식이 가장 많이 나타난다는 사실, 그리고
어휘분석에서 드러나는 공동체주의 어휘들의 높은 빈도 등은 모두 노동
자들이 구성하는 문장에서 공동체주의적 문장의 수행문 형식이 상대적으
로 높다는 사실과 상관적이다. 이것은 경영담론의 문장형식 자체가 하나
의 계열체 구조를 이루면서 노동자들의 기억의 저장고에 머문다는 이 연
구의 가정이 현실적일 수 있음을 보여주는 한 지표라 할 수 있다.

또한 경영담론의 어휘분석에서 보듯, 상대적으로 낮은 빈도를 보였던
인간주의 어휘는 이 수용자의 문장형식에서 가장 낮은 수행문 비율을 드
러내는 것과 연관적이다. 이 두 결과는 모두, 경영담론의 특성과 수용자가
구성한 문장의 특성간에 일정한 연결관계가 존재함을 보여주는 것이다.

4. 계급적 태도

앞서 살펴본 진술문/수행문의 분포는 노동자라는 비권력적인 수용자
위치와, 권력표현의 형식인 수행문간의 모순적 결합이 이루어지고 있음을
보여준다. 그러나 이렇게 수용자에게 드러나는 화용적 형식성의 효과는
그 의미론적 검토를 통해 보완되어야 한다. 즉 수용자가 구성한 문장이
어떤 의미를 담고 있는가를 살펴보고자 하는데, 여기서는 이를 '계급적
태도'로 개념화한다.

1) 계급적 태도의 정의 및 분포

라이트(Wright)는 '모순적 계급위치'라는 개념을 통해 자본가와 노동자 중간에 존재하는 다양한 중간집단의 이질적 성격을 이론화하고자 했다. 라이트에 의하면 노동자와 자본가 사이의 중간집단은 생산수단을 소유하지 않는다는 점에서 노동자와 유사할 뿐 조직에서의 위치, 숙련의 정도, 지식의 정도, 노동의 내용 등에서 노동자와는 다른 계급을 구성할 뿐만 아니라, 내부적으로도 또한 동질적인 단일계급이 아니다. 이런 이유에서 이 중간집단이 스스로를 노동자 혹은 자본가에 동일시하는 측면이 계급을 구분하는 중요한 지표가 될 수 있다.

이런 태도변수는 일종의 정체성 구성전략으로서의 의미를 가진다. 즉 어디에 준거를 두고 자신의 정체성을 안정화시키느냐는, 조직 내에서 개인이 생존하기 위한 중요한 전략 중 하나다. 콜린슨(Collinson)은 기업의 경영혁신 전략의 도입으로 인해 변화된 작업장 상황에서, 노동자들이 경영자들에게 어떤 담론적 실천을 보임으로써 자신의 정체성을 안정화하고자 하는지를 보여준다. 농담하기(joking), 거리 두기(distancing)와 같은 노동자들의 일상적 실천은 결국 상대와의 관계 설정을 통해 자신의 정체성을 구성하고 보존하려는 노력을 의미한다(Collinson, 1992: 31-33).

경영담론 속에서 경영 이데올로기를 상징하고 있는 기업어휘를 통해 노동자들이 구성한 문장은, 이 어휘의 상징성 혹은 나아가 경영담론의 실천에 대한 정체성의 한 표현 형태를 보여준다. 즉 유포되고 있는 기업어휘를 그대로 수용하여 기업에 대한 우호적인 태도로 드러내는가, 아니면 어휘를 재구성하여 이를 저항적이고 친노동자적인 형태로 표현하는가, 혹은 친경영자도 친노동자도 아닌 중립적인 태도를 취하는가는 경영담론이 수용되는 정도와 형태, 그리고 개인들이 정체성을 보존하는 전략을 보여주는 핵심적인 지표가 될 수 있다. 이렇게 나타나는 태도를 '계급적 태도'로 개념화하였다. 계급적 태도 변수는 문장을 의미론적으로 해석하여, '친경영자적 태도' '친노동자적 태도' 그리고 '중립적 태도'로 구분, 재부호화하였다.

　먼저 전형적인 생산성 담론의 어휘인 '생산성/이윤' 어휘 문장의 경우를 살펴보자. 생산성과 이윤이라는 어휘는 단순히 기업 내에서 통용되는 기업어휘의 차원을 넘어, 자본주의 사회를 특징짓는 가장 핵심적인 어휘라 해도 과언이 아니다. 생산성을 높이고 이윤을 늘이는 일은 자본주의 사회의 주된 목적이자 그 추진력이다. 이런 점에서 생산성과 이윤이라는 어휘는 자본주의 사회의 정당성의 원천이며, 그 존재 자체로서 정당성을 획득한 이데올로기라 할 수 있다.

　그러나 여기서는 문장에 나타난 그대로의 일차적 의미를 그 판단의 기준으로 삼아, 계급적 태도를 구분하였다. 그 기준은 대체로 이윤분배의 문제, 즉 이윤이 기업가로 귀속되는 것을 당연시하는 것은 친경영자적 태도로, 이윤을 노동자에게 분배해야 한다는 태도는 친노동자적 태도로, 그리고 단순히 생산성과 이윤의 관계를 '진술'한 문장은 중립적인 태도로 분류하였다. 그 결과 <표 7-4>와 같은 분포가 드러났다.

<표 7-4> '생산성/이윤' 문장의 계급적 태도

	빈도(%)
친경영자적	35 (15.2)
친노동자적	33 (14.3)
중립적	162 (70.4)
합계	230 (100)

　명백히 친경영자적인 태도는 전체와 15.2%로 그 빈도가 그다지 높지 않았다. 친노동자적 태도는 14.3%로 역시 낮게 나타났다. 전체의 대다수인 70.4%는 중립적 태도를 보여주었다.

　그러나 이 결과는 명시적인 태도의 구분에 불과하다. 예를 들면, '생산성이 높아져 이윤이 생기면 노동자에게도 분배해야 한다'는 문장은 노동자에게 귀속되는 이윤과 경영자에게 귀속되는 이윤을 배타적인 것으로 설정하지 않는다. 이 문장은 노동자에게 이윤을 분배할 것을 주장함에도 불구하고 경영자에게 대부분의 이윤이 귀속되는 것이 당연한 것으로 전제되고 있다.

더 나아가, 이윤의 원천을 생산성 향상으로 가정하는 것 역시 자본주의 이데올로기에 지나지 않는다. 투입/산출비로 규정되는 생산성이라는 개념은 곧 가치창조의 원천인 노동력을 보다 밀도 있게 동원하려는 의도를 명백히 드러낸다. 생산성은 중립적인 개념처럼 보이지만, 그 개념 자체가 노동력의 동원을 요구하는 이데올로기인 것이다.5) 따라서 이 이윤분배의 기준에서 구분한 수용태도는 의식적으로 노동자라는 자신의 상황에서 이윤귀속을 어디로 둘 것인가라는 명백한 찬반의 의사표시로 이해할 수 있다.

다음으로, 경영담론의 공동체주의를 표현하는 '조장/조원' 어휘와 '경쟁회사/우리회사' 어휘의 문장을 살펴보자. '조장/조원' 어휘는 최일선 생산현장에서의 지시-통제체계에 대한 노동자들의 경영담론 수용을 살펴보기 위해 제시된 것이다. 주지하듯이 자동차 생산과정은 일관조립공정을 따라 노동자들이 배치되고, 이를 감독하는 최일선 감독자가 존재한다. 이 최일선 감독자인 조장은 5~10명의 조원들로 구성된 작업 소집단을 책임지게 된다. 대개 조장은 작업경험이 풍부하고 회사로부터 '인정받은' 조원들 중 하나를 회사에서 임명한다. 그래서 조장은 노동자이면서 동시에 노동자들을 지휘하고 감독하는 이중의 위치규정을 받게 되며, 조장이 회사의 입장을 많이 대변할수록 조장과 조원의 관계는 대체로 갈등상황으로 빠질 가능성이 커진다. 또 현장 작업팀은 성과를 집단적으로 관리하고, 동시에 내부 조원들간의 경쟁을 통한 성과관리가 이루어진다. 그래서 조장과 조원은 협력적이어야 하고 동시에 조원에 대한 조장의 리더십이 요

---

5) 극단적으로 '생산성이 높은 노동'과 '인간다워질 수 있는 노동'이라는 두 개념을 비교해보라. 생산성은 노동이 이루어지는 몇 가지 이유 중의 하나, 정확하게는 시장을 위한 자본주의적 생산에서 이윤부분을 높이기 위한 주된 수단일 뿐이다. 이와 달리 헤겔에 있어 노동은 인간의 존재적 본질과 관련된 실천일 뿐이며, 마르크스에 있어서는 나아가 인간의 본성을 실현하기 위한 주된 실천이다. 이런 노동 개념에는 생산성이라는 개념은 들어 있지 않다.

구된다. 경영담론은 이 조장과 조원의 협력적 관계를 지속적으로 강조하는데, 이것은 조장과 조원 간에 존재하는 근원적인 갈등을 반영하는 것에 다름아니다.[6] 이런 이유에서 경영담론은 조장과 조원의 조화와 협력을 강조하는 수사들을 빈번하게 사용한다. 여기서는 조장과 조원의 협력을 강조하는 문장이나 조장에 대한 긍정적인 태도를 친경영자적 태도로, 그리고 조장에 대한 부정적 평가를 친노동자적 태도로, 그리고 그 이외의 형태를 중립적 태도로 구분하였다.

<표 7-5> '조장/조원' 문장의 계급적 태도

	빈도(%)
친경영자적	45 (22.7)
친노동자적	7 (3.5)
중립적	146 (73.7)
합계	198 (100)

그 결과 친경영자적 태도가 전체의 22.7%인 반면, 친노동자적 태도는 3.5%에 불과하였다. 대다수인 73.7%는 중립적 태도를 보여주었다. 물론 이 결과는 실제 노동자들이 속한 작업 소집단의 상황에 따라 상당한 편차를 가지겠지만, 작업집단의 조화를 강조하는 경영담론이 상당히 영향을 미친 결과로 해석해도 무리가 없을 것으로 생각된다.

노동자들의 계급의식과 관련해서 중요하게 다루어져야 할 부분 중의 하나가 배타적 공동체의식이다. 이것은 상당부분 경영 이데올로기와 노동자들의 정체성 확보전략이 공모한 결과라 할 수 있는데, 이는 전형적으로

---

6) 조장이 회사의 이익을 대변하는 현상이 일반적인 이유는 작업집단 자체가 경쟁의 압력을 받기 때문이다. 자동차산업의 생산과정이 작업 소집단으로 편성되는 중요한 이유 중의 하나는 소집단별 작업책임을 부과하기 위한 것이다. 실적과 작업의 질에 따라 대개 차등적인 인센티브가 부여되며, 이것은 집단의 실적으로 인사고과에 반영된다. 따라서 조장은 작업집단 전체의 실적을 위해 회사의 요구에 순응할 수밖에 없는 입장을 띠게 되는 것이다. 일본에서 나타나는 이른바 '헌신적 노동자 증후군(the committed worker syndrome)'은 이 작업집단의 역학에 기초한 것으로 얘기된다(京谷榮二, 1995: 102).

노동자들의 동류의식이 외부적으로, 특히 다른 집단이나 경쟁회사에 대해
서는 배타적인 태도로 드러난다. 이러한 공동체의식은 내부적 결속을 강
조하고 경쟁회사에 대해 우위를 확보하려는 경영 이데올로기를 반영하는
것이지만, 실제로 노동자들이 경쟁회사에 대해 가지는 의식은 상상된 관
계에 다름아니다. 즉 노동자들이 가지는 '우리 회사'라는 의식(we-feeling)
은 경쟁회사와의 관계 속에서 정당화되고 강화된다. 그래서 우리 회사는
경쟁회사와 비교되어 항상 '좋은 것' 혹은 '애정을 가져야 할 대상'으로
지시되고, 반대로 경쟁회사는 우리 회사를 위협하는 외부의 적으로 간주
된다. 이것은 알튀세르가 지적하는 전형적인 '상상된 관계'다. 사실 노동
자들이 경쟁회사에 대비시켜 우리 회사에 선호적 태도를 보이는 것은 애
사심이나 헌신 등의 개인적 의식 상태와는 별로 상관이 없는 것이다. 경
영담론이 유포하는 '경쟁회사-우리 회사' 통합체는 양자택일적인 사고의
기준을 제공하며, 노동자들은 둘 중 하나를 선택할 것을 강요하는 이야기
구조를 갖는다.

　결과는 전체의 반이 넘는 54.7%가 경쟁회사에 대비되는 우리 회사를
우호적으로 언표하는 친경영자적 태도를 보이고 있으며, 친노동자적 태도
는 5.0%에 불과하였다. 중립적 태도는 40.3%로 나타났다. 이것은 배타적
공동체주의, 그리고 상상된 우리 의식에 대한 노동자들의 동의가 매우 강
하게 존재함을 보여주는 지표라 할 수 있다.

<표 7-6> '경쟁회사/우리회사' 문장의 계급적 태도

	빈도(%)
친경영자적	110 (54.7)
친노동자적	10 (5.0)
중립적	81 (40.3)
합계	201 (100)

　기업이 가진 자원으로서의 인간을 강조하는 인간주의 담론은 결국 변
형된 생산성 담론에 지나지 않음을 4장에서 지적한 바 있다. 인간주의를

표현하는 '헌신적/승진' '품질관리/게으르다' 어휘를 이용하여 구성된 문장의 계급적 태도를 살펴본 것이 다음의 표들이다.

'헌신적인 사람은 승진할 수 있다'는 담론은 노동자들에 대한 보상의 기대를 심어주는 유인의 담론이다. 승진은 실제로 인사고과의 규칙에 의해 이루어지는 제도화된 과정이지만, 헌신적으로 일을 하는 사람은 승진이 잘 된다는 담론은 기업에서 널리 유포되는 담론 중의 하나다. 앞서 만들어진 영웅 이야기에서 보았듯이 헌신이나 희생 등의 개인적 자질과 조직 내 성과를 연관시키는 논리는 조직성원을 자극하고 동원하기 위한 중요한 장치로 기능한다. 그러나 보다 엄밀히 말한다면 헌신성은 실제 승진에 영향을 미치는 요인이라기보다는, 승진과 관련한 포섭과 배제의 근거로 활용된다고 할 수 있다. 즉 승진에서 배제된 사람에 대해 낮은 헌신성이라는 책임을 물을 수 있고, 승진된 사람을 통해 다른 성원들에게 헌신을 촉구할 수 있다. '헌신적/승진' 어휘를 통한 문장 구성 결과는 이 헌신성과 승진에 관련된 담론이 설득력 있게 유포되고 있음을 보여준다. 전체의 31.9%가 친경영자적 태도를 보여주고 있다. 헌신성과 승진의 관계에 대해 비판적 태도를 보이는 친노동자적 태도는 26.5%였으며, 중립적인 태도는 전체의 41.6%를 차지하였다.

<표 7-7> '헌신적/승진' 문장의 계급적 태도

	빈도(%)
친경영자적	72 (31.9)
친노동자적	60 (26.5)
중립적	94 (41.6)
합계	226 (100)

'품질관리'와 '게으르다'는 작업자의 게으름을 경계하고 제품의 불량률을 낮추기 위해 통용되는 어휘들이다. 이것은 주로 품질관리를 위해 게으르지 말 것, 그리고 게으름이 불량을 발생시키는 주된 요인이라는 의미를 내포한다. 물론 작업자 개인의 게으름과 재품불량 발생 간에 유의한 상관

관계가 존재하기는 하지만, 불량의 가장 근본적인 원인을 배타적으로 게
으름으로 지시한다는 점에서 이데올로기로서의 혐의를 받는다. 사실상 품
질관리는 개인 노동자들의 헌신성이나 부지런함에 의해 좌우되는 것이
아니라, 과학적인 방법들이 적용되는 조직의 공식적 과정이다.7) 따라서
품질관리의 책임을 노동자의 게으름 여부와 연관시키는 것은, 품질관리의
실제적인 관건이 개인의 부지런함에 있다기보다는, 품질관리에 대한 이차
적 의미를 부지런함 혹은 게으름이라는 의미로 전화시킴으로써 노동자들
의 선한 자질을 이끌어내고 게으름이라는 부도덕을 통제는 장치의 하나
가 되는 것이다.

   이러한 노골적인 이데올로기적 성격에도 불구하고, 표에서 보듯 '품질
관리-게으르다' 계열체는 노동자들에 있어 높은 수용도를 보인다. 친경영
자적 태도를 보인 사람은 전체의 50.7%나 되며, 친노동자적 태도는 빈도
는 4.9%에 불과하다. 중립적인 태도는 44.3%다. 이렇게 품질관리와 개인
적인 태도인 게으름을 연관시키는 담론이 설득력을 가지는 이유는 자동
차 산업의 특수성에 기인하는 변화들을 반영하는 것으로 여겨진다. 1980
년대 이후 JIT 시스템이 본격적으로 도입되면서, 품질관리는 완성 후 품
질검사보다는, 공정 중 품질관리를 더 강조하는 방향으로 변화하였다. 이
것은 개인 작업자들이 자신의 공정에서 발생하는 품질에 관련된 책임을
모두 떠안게 됨을 의미하며, 그만큼 작업속도와 강도의 증가를 초래한다.
그 결과 게으름에 대한 경계는 이전에는 외부로부터 강압되었지만, 이제
는 노동자들 스스로가 자신에게 부과하는 강제로 내면화하고 있다. 헌신
성이 최대한의 개인적 자질을 요구하는 것이라면, 게으름은 노동자들이

---

7) 1960년대에 우리나라에 미국의 통계적 품질관리(Statistical Quality Control) 기법
   이 도입된 이래, 품질관리는 품질관리 부서나 팀의 형태로 조직 내 공식부분으로
   일반화되어 있다. 따라서 품질관리는 노동자들에게 개인적 자질이나 행태로 요구
   되는 것이 아니다. 게으름-품질관리의 어휘쌍이 기업 내에서 통용되는 것은, 부지
   런함에 대한 요구, 불량에 대한 경계를 포함하는, 개인적 수준에서의 통제장치의
   하나로 이해해야 한다. 이것은 JIT 시스템에서 안돈은 결코 사용되어서는 안 되는
   악몽인 것과 동일한 원리다.

경계해야 할 최소한의 규율로 작용하고 있다. 이 최소한의 요구는 그래서 자연화되고 정당화되는 것이다.

<표 7-8> '품질관리/게으르다' 문장의 계급적 태도

	빈도(%)
친경영자적	103 (50.7)
친노동자적	10 (4.9)
중립적	90 (44.3)
합계	203 (100)

위기론은 공동체로서의 기업을 환기시키는 수사법들을 동원한다. '경제위기/임금상승' 어휘와 '원가절감/인원감축'은 위기론의 특수한 측면을 반영한다.

먼저 '경제위기/임금상승' 어휘는 기업 혹은 국가의 경제위기에 임금상승이 그 요인으로 작용하느냐의 여부를 중심 축으로 구성되고 있다. 그래서 임금상승을 경제위기의 한 원인으로 인정하는 문장은 친경영자적, 그런 논의에 대한 비판의 의미를 담은 문장은 친노동자적, 그리고 그 외의 형태들은 중립적인 태도로 구분하였다. 그 결과 경제위기의 임금상승 책임론을 수용하고 있는 친경영자 집단이 32.0%나 되어, 친노동자 집단 27.6%보다 더 많음을 알 수 있다. 사실 경제위기의 노동자 책임론은 1980년대 이후 지속적으로 유포되어온 대표적인 경영 이데올로기의 하나다. 그러나 이 노동자 책임론은 그 성격상 지극히 직설적이고 그 자신의 정당성을 스스로 창출하지 못한, 정교화 수준이 매우 낮은 이데올로기다. 그럼에도 불구하고 이 조야한 이데올로기가 현재에 이르러 노동자들에 의해 상당한 동의를 획득하고 있는 것은 IMF 경제위기라는 상황적 요인에 크게 영향을 입은 것으로 생각된다.[8] 따라서 이것은 전체 사회 수준에서 작동하는 이데올로기이긴 하지만, 특정한 상황적 요인에 의해 가능해

---

8) 정부에 의해 확산된 이른바 '고비용 저효율 구조론'은 높은 임금비용도 그 한 요소로 지목하고 있다.

진 것으로 보아야 할 것이다.

<표 7-9> '경제위기/임금상승' 문장의 계급적 태도

	빈도(%)
친경영자적	73 (32.0)
친노동자적	63 (27.6)
중립적	92 (40.4)
합계	228 (100)

'원가절감/인원감축' 어휘는 원가절감을 위해 인원감축이 수용될 수 있는가의 여부를 확인하기 위한 것이다. 그래서 허용할 수 있다는 문장은 친경영자적 태도로, 허용해서는 안 된다는 문장은 친노동자적 태도로 구분하였다. 결과는 15.0%가 친경영자적 태도를, 48.8%가 친노동자적 태도를, 그리고 36.2%가 중립적 태도를 드러냈다. 1997년 말 IMF 충격 이후 대량의 해고와 고용조정이 진행되면서, 인원감축은 기업이 행하는 불가피한 조치로 받아들여지게 되었다. 그러나 이 과정은 사회적 정당성을 획득하면서 진행된 것이 아니라, 정부의 권위와 상황적 압력에 힘입어 강제적으로 진행된 것이었으며, 노동자들은 이 과정의 명백한 피해자로 자리매김되었다. 이런 이유 때문에 원가절감을 위한 인원감축의 당위성은 대대수 노동자들에게 동의를 별로 얻지 못하고 있다. 그러나 응답하는 자신이 인원감축의 대상이 되었음에도 불구하고 이런 경영담론을 긍정적으로 수용하는 노동자들이 15%나 된다는 것은 오히려 이례적인 현상으로 받아들일 필요가 있다. 이것은 인원감축이라는 부정적 지시어가 원가절감이라는 보다 상위의 기업어휘에 의해 봉쇄되고 있음을 드러내주는 것이다. 그 근거로, 원가절감이라는 담론 자체에 대한 부정적 태도가 전혀 발견되지 않음을 지적할 수 있다.[9]

---

9) '열 사람의 원가절감이 한 사람의 인원감축보다 낫다' '원가절감으로 인한 인원감축은 있을 수 없는 일이다' '원가절감의 방법 중 인원감축의 방법은 옳지 않다고 본다' 등 원가절감-인원감축의 관계에 대해 친노동자적인 수용태도를 보이는 경우

<표 7-10> '원가절감/인원감축' 문장의 계급적 태도

	빈도(%)
친경영자적	32 (15.0)
친노동자적	104 (48.8)
중립적	77 (36.2)
합계	213 (100)

수용자들이 구성한 문장의 의미론적 분포, 즉 계급적 태도의 분포는 어휘특성에 따라 상당히 차별적임이 드러난다. 친경영자적 태도가 가장 높게 분포한 어휘는 역시 공동체주의적 어휘였으며, 반대로 친노동자적 태도가 높은 비율을 보인 것은 '원가절감/인원감축' 어휘였다. '원가절감/인원감축' 어휘는 위기론의 전형적인 수사임에도 불구하고, 노동자들의 정체성을 위협하는 인원감축이라는 강한 의미작용으로 인해 친노동자적 태도가 높게 나타난 것으로 해석된다.

이 결과는 경영담론의 텍스트적 특성에 따른 의미론적 차이, 즉 텍스트에 대한 동의 혹은 계급적 태도도가 차별적임을 보여준다. 여기서도 역시 공동체주의적 어휘가 가장 높은 친경영자적 태도를 보이는 것은, 이 역시 경영담론의 공동체주의적 특성과 무관한 것으로 보기는 어려운 것 같다.

2) 계급적 태도의 사회언어학적 분석

앞서 밝힌 대로 이 소절에서는 계급적 태도의 분포가 수용자의 개인적 특성에 따라 얼마나 차별적으로 분포하는지를 살펴보기 위해 사회언어학적 분석을 시도한다.

(1) 연령 및 근속과 계급적 태도

연령은 앞서 밝혔듯이 개인이 지배적 언어질서로 편입되어가는 과정을 반영하는 지표다. 한편 개인이 기업 속에서 한 성원으로 존재할 때, 그 기

에도 원가절감 자체에 대한 거부는 드러나지 않고 있다.

<표 7-11> 연령별 계급적 태도의 분포

문장	연령	친경영적	친노동적	중립적
생산성/이윤	저연령집단	14 (11.2)	16 (12.8)	95 (76.0)
	고연령집단	21 (21.6)	16 (16.5)	60 (61.9)
조장/조원	저연령집단	20 (18.2)	3 (2.7)	87 (79.1)
	고연령집단	25 (29.4)	4 (4.7)	56 (65.9)
경쟁회사/ 우리회사	저연령집단	61 (55.0)	5 (4.5)	45 (40.5)
	고연령집단	47 (54.7)	5 (5.8)	34 (39.5)
헌신적 승진	저연령집단	36 (28.3)	35 (27.6)	56 (44.1)
	고연령집단	36 (38.3)	23 (24.5)	35 (37.2)
품질관리/ 게으르다	저연령집단	52 (44.8)	4 (3.4)	60 (51.7)
	고연령집단	49 (59.0)	5 (6.0)	29 (34.9)
경제위기/ 임금상승	저연령집단	44 (35.2)	28 (22.4)	53 (42.4)
	고연령집단	28 (29.5)	32 (33.7)	35 (36.8)
원가절감/ 인원감축	저연령집단	14 (11.5)	63 (51.6)	45 (36.9)
	고연령집단	18 (20.7)	39 (44.8)	30 (34.5)

업 내의 질서에 편입되어가는 과정은 근속의 증가로 표현된다. 그래서 여기서는 연령과 근속년수를 고려하여, 계급적 태도의 차별적 분포를 확인하고자 한다. 연령 및 근속년수와 수용태도를 교차시켜보면, 노동경험과 사회적 통념에의 노출 정도가 경영담론에 대한 수용태도를 어떻게 규정하는가를 엿볼 수 있을 것이다. 여기에는 두 가지 가능성이 모두 존재한다. 먼저 연령이 높고 근속이 높은 사람들은 지배 이데올로기에의 노출 정도가 높아서, 지배적 인식을 그대로 수용할 가능성이 연령 및 근속이 낮은 집단에 비해 상대적으로 높다고 할 수 있다. 동시에 높은 근속은 노동자적 경험의 축적을 의미하므로, 강한 노동자적 정체성의 형성을 통해 지배 이데올로기를 저항적으로 수용할 가능성도 있다. 이 두 가지 가능성 중 어떤 것이 더 지배적으로 나타나는지를 살펴볼 것이다. 연령은 앞서와 마찬가지로 30세 이하와 30세 이상의 두 집단으로 구분하였고, 근속은 10년 이하인 사람을 낮은 근속 집단, 10년 이상인 사람을 높은 근속 집단으로 구분하였다.

'생산성/이윤' 문장에서 저연령집단에서는 친경영자적 태도와 친노동자적 태도가 각각 11.2%와 12.8%로 비슷하게 분포하면서 대다수인

76.0%가 중립적 태도를 보이고 있다. 반면 고연령집단에서는 친경영자적 태도가 21.6%, 친노동자적 태도가 16.5%로 친경영자적 태도가 우세하게 나타난다. 또 중립적 태도가 61.9%로 상대적으로 저연령집단보다 낮아, 연령의 증가에 따른 계급적 태도는 친경영적 경향을 보임을 알 수 있다.

'조장/조원' 어휘를 통한 문장구성에서도 노동자들은 대다수가 중립적 태도를 취하고 있고, 친경영자적 태도와 친노동자적 태도를 비교할 때 친경영자적 태도의 비율이 고연령집단에서 다소 높게 나타나고 있다.

반면 '경쟁회사/우리회사' 문장에서는 연령집단에 상관없이 거의 동일한 분포를 보여준다. 다른 문장과 비교할 때 친경영적 태도가 50% 이상을 차지하여 친경영적 태도가 가장 높게 나타나는 특징을 보인다. 이것은 경쟁회사와 비교할 때 우리 회사에 대해 높은 애착과 공동체적 의식을 가지는 기업별 노사관계의 특징을 반영하는 것으로 여겨진다. 경쟁회사라는 상상된 관계는 우리의 결속을 강화하고, 소속된 기업에 대한 헌신을 유발하는 이데올로기적 효과를 가진다. 이런 이유 때문에 경영담론에서 경쟁회사와의 비교는 매우 일반화된 언어전략의 하나로 자리하고 있다.

'헌신적/승진' 문장에서도 고연령집단의 친경영적 태도가 다소 높음을 보여준다. 저연령집단의 친경영적 태도가 28.3%인 반면, 고연령집단의 친경영적 태도는 38.3%로 나타났다. 친노동적 태도는 각각 27.6%와 24.5%로 비슷하게 나타났다.

'품질관리/게으르다' 문장 역시 고연령집단의 친경영적 태도가 약간 높게 나타났다. 저연령집단의 친경영적 태도는 44.8%였으며, 고연령집단의 친경영적 태도는 59.0%였다.

반면 '경제위기/임금상승' 문장에서는 저연령집단의 친경영적 태도가 약간 높았다. 저연령집단이 35.2%인 반면, 고연령집단은 29.5%였다. 반면 친노동적 태도에서는 저연령집단이 22.4%, 고연령집단이 33.7%로 고연령집단의 친노동적 태도가 더 높음을 보여준다.

마지막으로 '원가절감/인원감축' 문장에서는 저연령집단의 친경영적 태도가 11.5%, 고연령집단의 친경영적 태도가 20.7%로 고연령집단이 약

<표 7-12> 근속년수별 계급적 태도의 분포

문장	근속	친경영적	친노동적	중립적
생산성/이윤*	저근속집단	12 (10.0)	16 (13.3)	92 (76.7)
	고근속집단	23 (21.3)	17 (15.7)	68 (63.0)
조장/조원	저근속집단	19 (18.8)	3 (3.0)	79 (78.2)
	고근속집단	26 (27.4)	4 (4.2)	65 (68.4)
경쟁회사/ 우리회사*	저근속집단	48 (45.7)	6 (5.7)	51 (48.6)
	고근속집단	62 (66.0)	4 (4.3)	28 (29.8)
헌신적 승진	저근속집단	31 (26.5)	32 (27.4)	54 (46.2)
	고근속집단	41 (38.7)	27 (25.5)	38 (35.8)
품질관리/ 게으르다	저근속집단	48 (45.7)	6 (5.7)	51 (48.6)
	고근속집단	55 (57.3)	3 (3.1)	38 (39.6)
경제위기/ 임금상승	저근속집단	31 (26.1)	35 (29.4)	53 (44.5)
	고근속집단	42 (39.6)	28 (26.4)	36 (34.0)
원가절감/ 인원감축	저근속집단	12 (10.8)	59 (53.2)	40 (36.0)
	고근속집단	20 (20.2)	43 (43.4)	36 (36.4)

* $p < .05$ ** $p < .01$ *** $p < .001$

간 높았다. 이 문장은 7개의 문장 중 가장 높은 친노동적 태도를 보인다
는 특징을 가진다. 저연령집단의 친노동적 태도가 51.6%, 고연령집단의
친노동적 태도가 44.8%였다. 이것은 인원감축에 대한 노동자들의 강한
저항과 반대를 반영하는 것이라 할 수 있다.

연령집단별 계급적 태도의 차이는 고연령집단이 저연령집단보다 약간
친경영적 태도가 높다는 특징을 보인다. 그러나 이 차이는 통계적으로 유
의미한 차이는 아니어서, 연령에 따른 계급적 태도의 차이는 거의 존재하
지 않는 것으로 해석하는 것이 타당할 것이다.

근속별 계급적 태도의 차이 역시 고근속집단이 저근속집단보다 친경영
적 태도가 더 높게 나타나는, 연령과 비슷한 분포를 보인다. 이 중 특히
'생산성/이윤' 문장과 '경쟁회사/우리회사' 문장에서 통계적으로 유의미한
차이가 발견되었다.

'생산성/이윤' 문장을 보면 저근속 집단에서는 친경영자적 태도와 친노
동자적 태도의 비율이 낮고 중립적 태도가 76.7%로 대다수를 차지하는
반면, 고근속 집단에서는 친경영자적 태도가 21.3%, 친노동자적 태도가

15.7%, 그리고 중립적 태도가 63.0%로 분포하고 있다. 연령과 마찬가지로 기업에서의 경험기간이 길수록 생산성과 이윤의 기업어휘로 구성되는 경영담론의 효과를 받고 있음을 보여준다.

'경쟁회사/우리회사' 문장은, 낮은 근속집단에서는 45.7%가 친경영자적 태도, 5.7%가 친노동자적 태도, 그리고 48.6%가 중립적 태도를 보인 반면, 높은 근속집단에서는 66.0%가 친경영자적 태도, 4.3%가 친노동자적 태도, 그리고 29.8%가 중립적 태도를 보였다. 즉 근속년수가 높아질수록 중립적 태도가 현저히 줄고 친경영자적 태도로 선회하는 경향이 있음을 알 수 있다. 앞서 보았듯이 경쟁회사-우리회사는 가상의 운명공동체를 창출하는 상상된 관계로서의 이데올로기의 전형이다. 지속적으로 반복되는 경영담론의 경쟁, 승리, 적 등 경쟁회사에 관련된 수사들은 노동자들을 이 가상의 관계로 유도하여, 우리회사에 정서적으로 몰입하게 만드는 효과를 발휘한다.

연령 및 근속에 따른 계급태도의 차이는 그다지 뚜렷하게 드러나지는 않았다. 이것은 앞서 가정했던 지배질서에의 편입 정도, 그리고 경험을 통한 정체성 구성의 차이가 계급적 태도를 결정하는 유의미한 변수가 되지 못함을 의미한다. 그러나 고연령집단 및 고근속집단에서 친경영적 태도의 비율이 상대적으로 높다는 사실은 경영담론에 노출되는 정도의 차이가 경영담론에 대한 순응의 차이를 가져올 가능성을 지적하고 있다.

(2) 계급과 계급적 태도

자신의 계급적 지위에 따라 경영자 및 노동자에 대한 태도의 차이가 의식을 통해 드러나는 것은 매우 당연한 일이다. 의식은 상당 부분 계급적 경험의 차이, 준거의 차이, 그리고 사회경제적 조건의 차이를 반영하기 때문이다. 하지만 동시에 계급은 자신의 고유한 계급적 경험과 무관한 의식을 지닐 수도 있다. 이러한 문제를, 여기서는 기업어휘를 통해 구성한 문장의 수용태도가 계급적 경계를 가지는가를 검토하고자 한다. 이는 계급이라는 사회적 성층화가 경영담론에 대한 수용태도의 차별화를 가져

<표 7-13> 직위별 계급적 태도의 분포

문장	직위	친경영적	친노동적	중립적
생산성/이윤*	평사원	15 (12.4)	22 (18.2)	84 (69.4)
	대리 이상	20 (18.5)	11 (10.2)	77 (71.3)
조장/조원	평사원	25 (23.8)	5 (4.8)	75 (71.4)
	대리 이상	20 (21.7)	2 (2.2)	70 (76.1)
경쟁회사/ 우리회사	평사원	58 (55.2)	8 (7.6)	39 (37.1)
	대리 이상	52 (54.7)	2 (2.1)	41 (43.2)
헌신적 승진	평사원	38 (31.7)	34 (28.3)	48 (40.0)
	대리 이상	34 (32.7)	25 (24.0)	45 (43.3)
품질관리/ 게으르다	평사원	47 (44.3)	5 (4.7)	54 (50.9)
	대리 이상	56 (58.3)	5 (5.2)	35 (36.5)
경제위기/ 임금상승	평사원	29 (24.8)	36 (30.8)	52 (44.4)
	대리 이상	44 (40.4)	27 (24.8)	38 (34.9)
원가절감/ 인원감축	평사원	12 (10.9)	56 (50.9)	42 (38.2)
	대리 이상	20 (19.8)	47 (46.5)	34 (33.7)

* p<.05   ** p<.01   *** p<.001

오는가, 아니면 경영담론의 이데올로기 작용이 피지배계급들에 대해 동일한 효과를 미치는가의 문제와, 특정한 기업어휘들에 따른 계급별 수용의 차이를 보이는가라는 두 가지 쟁점을 확인하는 것이 될 것이다. 계급의 지표로는 직업 계층과 직위의 두 가지 변수를 모두 고려하였다.[10]

직위별 계급적 태도의 차이는 '생산성/이윤' 문장만이 통계적으로 유의미하였다. 평사원보다 대리 이상의 직위에서 친경영적 태도가 상대적으로 높고, 반대로 친노동적 태도는 평사원이 대리보다 상대적으로 높게 나타났다. 이러한 경향성은 다른 모든 문장들에서도 비슷하게 나타나고 있다.

직업계층별 차이 역시 직위와 유사한 분포를 보인다. 즉 생산직보다 사무직의 친경영적 태도가 상대적으로 높고, 반대로 친노동적 태도는 생산직이 사무직보다 상대적으로 높은 경향을 나타냈다. 이 중 특히 '경쟁회사/우리회사' 문장과 '경제위기/임금상승' 문장이 통계적으로 유의한 것으로 나타났다.

---

10) 직업계층은 생산직과 사무직으로 구분하였고, 직위는 평사원과 대리 이상으로 구분하였다.

<표 7-14> 직업계층별 계급적 태도의 분포

문장	직업계층	친경영적	친노동적	중립적
생산성/이윤	생산직	22 (16.1)	22 (16.1)	93 (67.9)
	사무직	13 (14.1)	11 (12.0)	68 (73.9)
조장/조원	생산직	31 (25.6)	6 (5.0)	84 (69.4)
	사무직	14 (18.4)	1 (1.3)	61 (80.3)
경쟁회사/ 우리회사**	생산직	56 (45.9)	8 (6.6)	58 (47.5)
	사무직	54 (69.2)	2 (2.6)	22 (28.2)
헌신적 승진	생산직	40 (29.6)	37 (27.4)	58 (43.0)
	사무직	32 (35.6)	23 (25.6)	35 (38.9)
품질관리/ 게으르다	생산직	63 (51.6)	9 (7.4)	50 (41.0)
	사무직	40 (50.0)	1 (1.3)	39 (48.8)
경제위기/ 임금상승***	생산직	32 (23.7)	49 (36.3)	54 (40.0)
	사무직	41 (44.6)	14 (15.2)	37 (40.2)
원가절감/ 인원감축	생산직	18 (14.4)	64 (51.2)	43 (34.4)
	사무직	14 (16.1)	40 (46.0)	33 (37.9)

* p<.05   ** p<.01   *** p<.001

'경쟁회사/우리회사' 문장에서는 생산직의 경우 친경영적 태도가 45.9%, 친노동적 태도가 6.6%, 중립적 태도가 47.5%인 반면, 사무직은 친경영적 태도가 69.2%, 친노동적 태도가 2.6%, 그리고 중립적 태도가 28.2%로 나타났다. 사무직의 친경영적 태도가 월등히 높은 특징을 보이며, 또한 생산직은 친경영적 태도가 높게 나타나기는 하지만, 상대적으로 중립적 태도도 47.5%로 사무직에 비해 매우 높은 특징을 보인다. 이 결과는 노동자들에게 '경쟁회사/우리회사'라는 경영어휘가 일반적으로 수용되고는 있지만, 생산직에 있어서는 상대적으로 중립적 태도가 높게 나타나, 생산직/사무직이라는 노동성격의 차이가 경영담론의 수용에 영향을 미치고 있음을 알 수 있게 한다.

'경제위기/임금상승' 문장은 보다 뚜렷한 계급적 태도의 분화를 보여준다. 생산직의 계급적 태도분포를 보면 친경영적 태도가 23.7%, 친노동적 태도가 36.3%, 그리고 중립적 태도가 40.0%로 나타났다. 반면 사무직은 친경영적 태도가 44.6%, 친노동적 태도가 15.2%, 그리고 중립적 태도가 40.2%였다. 즉 중립적 태도의 분포는 비슷하지만 친경영적 태도는 사무직이, 그리고 친노동적 태도는 생산직이 상대적으로 더 높음을 알 수 있다. 그 외의 문장에서도 생산직보다 사무직에서 친경영적 태도가 더 높게 나타나는 경향이 있음을 보여주고 있다.

객관적인 계급적 위치를 표현하는 직위 및 직업계층의 계급변수와, 수용자가 구성한 문장의 의미론적 계급적 태도간의 관계는 뚜렷하게 드러나지는 않았다. 경향적으로는 생산직보다는 사무직이, 그리고 평사원보다는 대리 이상에서 친경영적 태도가 더 높게 나타나지만, 통계적으로 유의하지는 않다. 이것은 두 가지로 해석이 가능하다. 첫째는 계급에 관계없이 경영담론이 영향을 행사하고 또 노동자들에게 수용되고 있다는 사실을 반영하는 것으로 볼 수 있다. 이것은 대부분의 텍스트에서 친경영적 태도가 친노동적 태도 보다 높게 나타난다는 점에서 가능한 해석이다. 또 하나는, 노동자들이 구성한 문장의 계급적 태도는 개인들의 사회적 특성, 즉 계급이나 연령 등을 반영하는 것이 아닐 가능성도 생각해볼 수 있다. 즉 이 결과들이 텍스트 자체의 특성과 효과를 반영하는 결과로 해석할 수도 있다. 이런 해석이 가능하다면, 노동자들이 응답하여 구성한 문장 자체가 특정한 경영담론의 효과를 반영하는 것으로 이해할 수 있다. 앞서 지적했듯이, 경영담론의 어휘들, 즉 기업어휘들은 하나의 계열체를 구성한다. 이 계열체는 노동자들에게 사용의 한계를 설정하고, 전형적인 발화의 형식을 주입시킨다. 따라서 이러한 계열체의 한계 내에서 노동자들이 만든 문장들은 경영담론의 언표적 형식들을 그대로 옮겨온 것으로 볼 수 있다. 이 해석의 가능성은 언표적 형식, 즉 화용형식과의 연관에서 드러날 것이다. 이 관련성은 다음 절에서 살펴볼 것이다.

(3) 노동조합과 계급적 태도

마지막으로 노동조합이 계급적 태도에 개입하는 효과를 살펴본다. 노동조합은 단순히 노동자들의 권익을 옹호하고 기업에 대해 교섭권을 가지는 제도적 주체에 머물지 않는다. 오히려 노동조합은 적극적인 발화의 주체로서, 기업의 지배적 담론에 대한 해석과 재해석, 비판과 저항을 수

<표 7-15> 노조원 여부별 계급적 태도의 분포

문장	노조원별	친경영적	친노동적	중립적
생산성/이윤*	노조원	19 (17.9)	21 (19.8)	66 (62.3)
	비노조원	16 (13.7)	10 (8.5)	91 (77.8)
조장/조원**	노조원	29 (31.2)	6 (6.5)	58 (62.4)
	비노조원	14 (14.3)	1 (1.0)	83 (84.7)
경쟁회사/ 우리회사**	노조원	44 (46.8)	9 (9.6)	41 (43.6)
	비노조원	65 (64.4)	1 (1.0)	35 (34.7)
헌신적 승진	노조원	35 (33.7)	30 (28.8)	39 (37.5)
	비노조원	34 (29.6)	28 (24.3)	53 (46.1)
품질관리/ 게으르다*	노조원	58 (59.8)	7 (7.2)	32 (33.0)
	비노조원	44 (43.6)	3 (3.0)	54 (53.5)
경제위기/ 임금상승**	노조원	25 (23.8)	39 (37.1)	41 (39.0)
	비노조원	47 (39.8)	23 (19.5)	48 (40.7)
원가절감/ 인원감축	노조원	11 (11.6)	50 (52.6)	34 (35.0)
	비노조원	21 (18.9)	52 (46.8)	38 (34.2)

* p<.05   ** p<.01   *** p<.001

행하는 정치적 주체다. 따라서 이 노동조합에 조합원으로 소속되어 있는 가의 여부는 기업 내 의미의 정치에서 매우 중요한 변수가 된다. 즉 조합원은 비조합원보다 노동조합 담론을 수용함으로써 경영담론에 대해 더 비판적인 태도를 취할 가능성이 있다. 이런 가정을 조합원 여부와 계급적 태도를 교차시켜 확인해보자.

노동조합의 소속 여부는 연령이나 계급에 비해 상대적으로 계급적 태도의 차이에 더 크게 영향을 미치는 것으로 나타났다. '생산성/이윤' '조장/조원' '경쟁회사/우리회사' '품질관리/게으르다' '경제위기/임금상승'의 5개 문장에서 노조원과 비노조원의 차이가 통계적으로 유의미한 것으로 드러났다.

먼저 '생산성/이윤' 문장에서는 조합원과 비조합원 간의 계급적 태도차이를 발견할 수 있었다. 노조원 중 친경영자적 태도와 친노동자적 태도는 각각 17.9%와 19.8%로 친노동자적 태도의 비율이 높은 반면 비조합원의 경우는 친경영자적 태도가 13.7%로 친노동자적 태도 8.5%보다 더 높다. 이것은 노동조합에의 소속을 통한 계급적 자각의 발전이라는 변수가 계급적 태도, 즉 자기의 계급적 이해에 기반한 문장구성에 유의미한 영향을 미침을 보여주는 것이라 할 수 있다.

'조장/조원'의 문장에서도 노조원과 비노조원의 차이가 나타났다. 그러나 가정과 달리 노조원의 친경영자적 태도비율이 31.2%로, 비노조원의 14.3%보다 오히려 더 높게 나타났다.[11]

'경쟁회사/우리회사' 문장의 계급적 태도 역시 노조원과 비노조원의 차이를 보여준다. 친경영자적 태도가 노조원은 46.8%인 반면, 비노조원은 64.4%로 훨씬 더 높게 나타났다. 경쟁회사와 우리회사를 대비시킬 때 소속된 회사에 애착을 부여하는 현상은 기업의 경계 내에 머무르는 노동자로서는 당연시되는 것일 수도 있다. 이런 이유 때문에 친노동자적 태도에 비해 친경영자적 태도가 압도적으로 높게 나타난다. 그러나 노조원과 비노조원의 태도의 현격한 차이는 결국 우리회사에 대한 애착을 의도하는 경영담론이 어떤 방식으로 수용되는가의 차이를 보여주는 것이다. 노동조합의 존재는 이런 경영담론에 대한 일종의 여과장치 기능을 수행하고 있음을 알 수 있다.

'품질관리/게으르다' 문장의 계급적 태도 역시 노조원과 비노조원의 차이가 나타났다. 그러나 오히려 노조원의 경우 친경영자적 태도가 59.8%로, 비노조원의 43.6%보다 훨씬 높게 나타났다.

'경제위기/임금상승' 문장의 조합원 여부별 차이 역시 통계적으로 유의미하게 나타났다. 친경영자적 태도는 노조원보다 비노조원이 더 높았고, 반대로 친노동자적 태도는 노조원이 비노조원보다 더 높았다. 중립적 태도는 두 집단에서 별로 차이가 없었다. 특히 '경제위기/임금상승' 어휘는 기업과 노동조합에서 모두 빈번하게 발견되는 어휘들이다. 즉 경제위기의 임금상승 책임론이 임금억제를 위해 동원되는 기업담론의 중요한 부분을

---

11) 이 결과는 조장과 조원이 한 팀으로 구성되는 구체적인 맥락을 반영하는 것이라 할 수 있다. 조장은 친경영적, 조원은 친노동조합적으로 분포하는 것이 자동차기업의 일반적인 현상이지만, 조장이 조합원일 경우는 전혀 반대의 결과가 나타날 수 있다. 그러나 이 조사에서는 이 부분을 통제하지 못했다.

구성한다면, 노동조합은 이런 책임론에 대한 비판 담론을 유포시킨다. 이런 사정이 조합원과 비조합원 간의 계급적 태도를 뚜렷이 구분짓는 것으로 여겨진다.

노동조합 소속 여부에 따른 계급적 태도의 차이는 다른 변수들보다 상당한 설명력을 가짐을 보여준다. 그럼에도 불구하고 노조원＝친노동적, 비노조원＝친경영적의 등식이 성립하지 않는다는 점에서 이 노동조합 변수는 일관되게 계급적 경계를 나누는 변수는 아님을 보여준다. 이것은 노동조합이 노동자의 정체성을 결정하는 중요한 요인임에도 불구하고, 텍스트 형태로 드러나는 노동자들의 계급적 태도에는 다른 요인들이 개입되어 있음을 보여주는 것이라 할 수 있다.

2) 화용형식과 계급적 태도

앞에서는 화행이론이 주는 함의가, 단지 수행문 혹은 비진술문이 가지는 개인적 권력의 작용에 국한된다고 일단 제한적으로 규정했다. 그러나 이 화행이론이 가지는 함의를, 개인이 문장구성을 통해 드러내는 경영자 및 노동자에 대해 가지는 태도와 결합시켜 보다 흥미로운 분석으로 확장시킬 수 있다. 이것은, 기업어휘를 활용하여 드러내는 개인의 계급적 태도가 그 문장형식과 어떤 관련을 가지는가라는 새로운 논점을 구성한다. 오스틴의 진술문/수행문 구분은 이 가능성을 매우 암묵적인 형태로 드러낼 뿐이다. 나아가 설 역시 화행의 형태를 보다 정교화시키고 있지만, 이 화행의 유형화가 가지는 사회적 혹은 이데올로기적 함의와 그것이 가져오는 결과에 대해서는 큰 주의를 기울이지는 않는다. 그러나 '어떻게 말하는가'라는 담론의 형식성이 담론의 효과라는 차원과 깊게 결부되어 있다는 사실을 노동자들이 기업어휘에 대해 수행문 형식을 취한다는 사실을 통해 짐작해보았다. 그래서 화용의 형식과 계급적 태도를 연결시켜 파악하는 것은 담론이 가지는 효과성을 파악하기 위한 보다 진전된 논의라 할 수 있다.

화행과 기업어휘를 통한 계급적 태도를 결합시켜 살펴보기 위해 '진술문/수행문' 구분과 '친경영자적 태도/친노동자적 태도/중립적 태도'의 두 변수를 교차분석(crosstab)하였다.

먼저 '생산성/이윤' 문장을 진술문과 수행문 구분으로 교차시킨 결과가 다음의 <표 7-16>에 제시되어 있다. 친경영자적 및 친노동자적 태도에서 수행문의 비율이 진술문보다 훨씬 높게 나타나는 반면, 중립적 태도에서는 대다수인 96.3%가 진술문의 형식을 띠고 있다. 이것은 친경영자적 태도 혹은 친노동자적 태도와 같이 어떤 이데올로기적 입장을 표명 혹은 주장함에 있어 수행문 형식이 강한 연관성을 가짐을 보여주는 것이다. 또한 이것은 진술문dl 상대적으로 이데올로기적 혐의로부터 자유롭다는 정의를 확인시켜주는 결과이기도 하다. 그러나 이 결과는 수행문과 친경영자적 태도 간의 유의미한 관계를 보여주지는 않는다.

<표 7-16> '생산성/이윤' 문장의 화용형식과 계급적 태도의 교차분석

	진술문	수행문	합계
친경영자적	14 (40.0)	21 (60.0)	35 (100.0)
친노동자적	10 (30.3)	23 (69.7)	33 (100.0)
중립적	156 (96.3)	6 (3.7)	162 (100.0)
합계	180 (78.3)	50 (21.7)	230 (100.0)

$x^2 = 105.70$ p= .000

경영담론에서 배타적으로 사용되는 어휘인 '조장/조원' 문장과 진술문/수행문 구분을 교차시킨 결과는 앞서의 결과와는 미묘한 차이를 보여준다. 친노동자적 및 중립적 태도에서는 진술문/수행문 비율이 비슷하게 분포하며 진술문의 비율이 더 높은 반면, 친경영자적 태도에서는 수행문 비율이 진술문 비율보다 더 높다. 이러한 차이는 어휘 자체가 가지는 특성을 반영하는 것이라 여겨진다. 즉 조장/조원은 단순한 일차적 언어로 '팀의 리더/팀원'이라는 객관적 의미를 반영하는 것이 아니라, 이차적 의미로서 화합, 명령과 복종, 경쟁에서 승리 등의 경영담론을 전달하는 상징으로 변모한다. 즉 조장/조원은 전형적인 기업어휘이며, 그 자체가 노동자들에 대해 접근을 제한하는 효과를 발휘한다. 이것은 일종의 접근권 (access) 효과라 할 수 있다(조종혁, 1994: 63-67). 노동자들이 조장/조원이라는 어휘에 접근하는 행위 자체가 경영 이데올로기로 미끄러져 들어가는 근접 효과를 갖게 되는 것이다. 이것은 곧 지배언어로 피지배집단의 이해를 표현하는 것에는 한계가 있다는 비판담론 이론의 일반적 전제를 확인시켜주는 것이기도 하다.

<표 7-17> '조장/조원' 문장의 화용형식과 계급적 태도의 교차분석

	진술문	수행문	합계
친경영자적	16 (35.6)	29 (64.4)	45 (100.0)
친노동자적	4 (57.1)	3 (42.9)	7 (100.0)
중립적	86 (58.9)	60 (41.1)	146 (100.0)
합계	106 (53.5)	92 (46.5)	198 (100.0)

x^2=7.58 p= .023

앞서 '경쟁회사/우리회사' 어휘쌍은 노동자들에 대해 우리라는 공동체를 만드는 상상적 관계의 전형이라는 점을 밝혔다. 이를 진술문/수행문 구분과 교차시켜본 결과가 <표 7-18>에 제시되어 있다. 이 역시 앞서의 결과와 유사한 결과를 보여준다. 중립적 수용태도에서는 진술문과 수행문이 각각 84.0%와 16.0%로 진술문 형식이 대부분을 차지하는 반면, 친경영자적 태도와 친노동자적 태도에서는 수행문이 각각 56.4%와 70.0%로, 수행문이 진술문보다 비율이 높게 나타난다. 그러나 계급적 태도와 화용형식의 교차에서는 오히려, 친노동자적 태도와 수행문의 결합이 가장 높은 것으로 나타났다.

'헌신적/승진' 문장과 진술문/수행문 구분을 교차시킨 것이 <표 7-19>이다. 이 결과는 앞의 두 문장의 경우와는 반대의 결과를 보여준다. 친경영자적 태도를 보인 수용자의 80.6%가 진술문으로 문장을 구성하고 있고, 19.4%만이 수행문 문장을 구성하였다. 반면 친노동자적 태도

<표 7-18> '경쟁회사/우리회사' 문장의 화용형식과 계급적 태도의 교차분석

	진술문	수행문	합계
친경영자적	48 (43.6)	62 (56.4)	110 (100.0)
친노동자적	3 (30.0)	7 (70.0)	10 (100.0)
중립적	68 (84.0)	13 (16.0)	81 (100.0)
합계	119 (59.2)	82 (40.8)	201 (100.0)

x2 = 35.11p = .000

<표 7-19> '헌신적/승진' 문장의 화용형식과 계급적 태도의 교차분석

	진술문	수행문	합계
친경영자적	58 (80.6)	14 (19.4)	72 (100.0)
친노동자적	36 (60.0)	24 (40.0)	60 (100.0)
중립적	83 (88.3)	11 (11.7)	94 (100.0)
합계	177 (78.3)	49 (21.7)	226 (100.0)

x2 = 17.58p = .000

에서는 60.0%가 진술문, 그리고 40.0%가 수행문을 구성하였다. 중립적 태도에서는 88.3%가 진술문, 그리고 11.7%가 수행문을 구성하고 있다. 이것은 중립적 태도보다 이데올로기적 태도를 보이는 친경영자적 및 친노동자적 태도에서 수행문의 비율이 높다는 앞서의 결과와 동일한 것이기는 하지만, 진술문의 구성비율이 압도적으로 높다. 이 결과는 '헌신'을 환기하는 경영담론이 그 노골적인 이데올로기적 성격으로 인해 노동자들의 저항에 직면해 있는 상황을 보여주는 것이라 생각된다. 르불이 지적하듯이, 노골적인 언어는 이데올로기로서의 효과를 가지지 못한다 (Reboul, 1994: 33).

'품질관리/게으르다' 어휘는 앞서 보았듯이 품질관리라는 제도적 과정을 개인의 자질로 전화시켜 노동자에게 책임을 부과하는 전형적인 경영 이데올로기를 반영하는 어휘다. 이를 진술문/수행문 구분과 교차시킨 결과, 이 경영 이데올로기가 노동자들에 있어 도덕적 금지의 형태로 수용되고 있음을 보여준다. 즉 친노동자적 태도와 중립적 태도에서는 수행문이 10.0%에 불과한 반면, 친경영자적 태도에서는 30.1%가 수행문 문장을

<표 7-20> '품질관리/게으르다' 문장의 화용형식과 계급적 태도의 교차분석

	진술문	수행문	합계
친경영자적	72 (69.9)	32 (30.1)	103 (100.0)
친노동자적	9 (90.0)	1 (10.0)	10 (100.0)
중립적	81 (90.0)	9 (10.0)	90 (100.0)
합계	162 (79.8)	41 (20.2)	203 (100.0)

$x2 = 12.72 \quad p = .002$

구성하고 있다. 즉 '게을러서는 안된다'는 강압이 상당히 긍정되고 있음을 알 수 있다. 이것은 바꾸어 말하면 금지의 형태로 유포되는 수행문의 권력적 언어가 노동자들에게 힘을 행사하고 있음을 의미하는 것이기도 하다.

<표 7-21>에서 보듯 경제위기/임금상승 문장의 계급적 태도분포는 친경영자적 태도가 32.0%, 친노동자적 태도가 27.6%, 그리고 중립적 태도가 40.4%로, 친경영자적 태도가 다소 높게 나타나긴 하지만 친노동자적 태도와의 차이는 그다지 크지 않다. 그러나 진술문 및 수행문 구분과 교차시키면 매우 특별한 형태의 분포가 드러난다. 친노동자적 태도 문장의 진술문/수행문의 비율은 66.7%/33.3%인 반면, 친경영자적 태도에서는 그 비율이 32.9%/ 67.1%로 수행문의 비율이 매우 높아, 친경영자적 태도와 수행문 간의 뚜렷한 수렴 경향을 보여주고 있다. 중립적 태도나 친노동자적 태도에서는 진술문이 주된 형태로 드러나는 것과 대조적이다. 이것은 경제위기와 임금상승이라는 기업어휘가 주로 금지나 설득(즉 경제위기 극복을 위한 임금상승의 억제)의 형태로 유포되고 있음을 반영하는 것이다.

'원가절감/인원감축' 어휘는 앞서 보았듯이 상황적 요인 때문에 노동자들의 동의를 얻기 어려운 기업어휘다. 그래서 친경영자적 태도의 수용 자체가 매우 낮은 비율을 보였다. 그럼에도 불구하고 진술문/수행문 교차에서는 앞서 보았던 결과와 유사한 패턴을 보여준다. 즉 중립적 태도의 진술문/수행문 비율은 85.7%와 14.3%인 반면, 친경영자적 태도에서는 71.9%와 28.1%, 그리고 친노동자적 태도에서는 63.5%와 36.5%로, 친경영자적 태

<표 7-21> '경제위기/임금상승' 문장의 화용형식과 계급적 태도의 교차분석

	진술문	수행문	합계
친경영자적	24 (32.9)	49 (67.1)	73 (100.0)
친노동자적	42 (66.7)	21 (33.3)	63 (100.0)
중립적	79 (85.9)	13 (14.1)	92 (100.0)
합계	145 (63.6)	83 (36.4)	228 (100.0)

$x^2 = 49.73$p $= .000$

<표 7-22> '원가절감/인원감축' 문장의 화용형식과 계급적 태도의 교차분석

	진술문	수행문	합계
친경영자적	23 (71.9)	9 (28.1)	32 (100.0)
친노동자적	66 (63.5)	38 (36.5)	104 (100.0)
중립적	66 (85.7)	11 (14.3)	77 (100.0)
합계	155 (72.8)	58 (27.2)	213 (100.0)

$x^2 = 11.07$p $= .004$

도와 친노동자적 태도의 수행문 비율이 중립적 태도보다 훨씬 높음을 알 수 있다. 특히 친노동자적 태도의 수행문 비율이 친경영자적 태도의 수행문 비율보다 높게 나타나는데, 이것은 원가절감/인원감축과 관련된 노동자들의 주장이 다른 어휘들에서보다 더 강하게 드러남을 보여주는 것이다.

5. 일탈해독과 화용형식

일탈해독은 앞서 보았듯이 지배담론의 약호에 대해 수용자가 지배적 약호와는 다른 약호에 기반하여 텍스트를 해독할 가능성을 암시한다. 이런 점에서 일탈해독의 존재는 또한 화용형식에서 경영담론의 화용형식을 거부하거나 혹은 그것을 수용하지 않을 가능성으로 연결될 수 있다. 이를 확인해보기 위해 간단한 상관관계 분석을 실시하였다. 지배적 해독/일탈해독 정도를 살펴보았던 10개의 텍스트의 결과를 재부호화한 후 이들을 모두 합산하여 한 개인의 일탈해독 정도를 변수화하였다. 또한 화용 형식

<표 7-23> 일탈해독 빈도 변수의 분포

	빈도	퍼센트
0	32	9.9
1	67	20.7
2	63	19.5
3	55	17.0
4	25	7.7
5	18	5.6
6	7	2.2
7	2	0.6
8	4	1.2
9	50	15.5
합계	323	100.0

* 평균: 3.52개

<표 7-24> 수행문 빈도 변수의 분포

	빈도	퍼센트
0	119	36.8
1	79	24.5
2	48	14.9
3	45	13.9
4	18	5.6
5	11	3.4
6	3	0.9
합계	323	100.0

* 평균: 1.41개

성의 수용 역시 마찬가지로 합산하여 한 개인의 수행문 빈도를 변수화하였다. 두 변수의 분포는 <표 7-23> 및 <표 7-24>와 같다.

일탈해독 변수의 분포는 10개의 텍스트 중 평균 3.5개 정도의 경영담론 텍스트에 대해 일탈해독을 함을 보여주며, 전적으로 지배적 해독을 하는 사람이 전체의 9.9%, 그리고 전적으로 일탈해독을 하는 사람이 15.5%임을 또한 보여준다.

수행문 빈도 변수의 분포는 전체 7개의 어휘쌍을 모두 수행문으로 구성하는 사람은 한 명도 없는 반면, 7개를 모두 진술문으로 구성하는 사람은 전체의 36.8%임을 보여준다. 한 개인이 7개의 어휘를 이용하여 구성

<표 7-25> 일탈해독 빈도와 수행문 빈도의 상관관계

	일탈해독	수행문 빈도
일탈해독	1.0000 . N=323	-.162*** .004 N=323
수행문 빈도	-.162*** .004 N=323	1.0000 . N=323

* p < .05   ** p < .01   *** p < .001

하는 문장 중 수행문은 평균 1.4개인 것으로 나타났다. 이 결과는 일반적으로 수행문이 권력의 표현이자 행위유발을 의도하는 문장이라는 점에서, 진술문이 노동자들의 문장표현에 더 일반적일 것이라는 가정을 충족시키는 결과라고 해석할 수 있다.

이렇게 하여 구성된 두 변수를 상관관계 분석한 결과가 <표 7-25>이다. 분석결과는 두 변수간의 유의미한 상관관계를 보여준다. 즉 노동자 개인의 일탈해독이 높을수록 수행문의 빈도는 줄어드는 경향을 보인다. 이것은 바꾸어 말하면, 경영담론 텍스트에 대해 지배적 해독을 하는 사람일수록 스스로 문장구성을 할 때에도 수행문 형식으로 문장을 구성하는 경향이 있음을 보여주는 것이다. 이것은 곧 개인이 경영담론의 화용형식 모방을 얼마나 달성했는가가 지배적 해독을 강화하는 방향으로 작용하는 것이라 할 수 있다.

이 결과 역시 화용형식과 경영담론의 상관성, 그리고 경영담론의 효과성의 현존을 지지하는 결과로 해석할 수 있다.

6. 맺는 말

이 장에서 나는 경영담론이 노동자들에게 어떻게 수용되는가의 문제보다는, 지배담론으로서의 경영담론이 노동자들에게 어떤 효과를 미치는가에 보다 주목하여 수용의 문제를 다루었다. 경영담론은 그 표출의 의미 수준과, 표출되는 맥락과 관련된 화용적 형식 수준의 두 가지 수준에서 분석이 가능하다. 그리고 이러한 특성이 수용에 영향을 미친다면, 그것이 보다 명확히 확인될 수 있는 수준은 화용적 형식의 수준이라 할 수 있다. 이런 점에 주목하여, 경영담론의 화용형식이 노동자 수용의 형식과 체계적으로 연관되는지를 살펴봄으로써 그 효과를 가늠해보고자 했다.

경영담론의 텍스트에 대한 해독방식은, 노동자들의 수용이 지배적 해독에 포섭되는가, 혹은 대안적 해독의 가능성을 보여주는가를 분석한 것으로, 지배적 해독이 우세하게 나타남에도 불구하고 노동조합 및 계급, 연령에 따른 일탈해독의 편차를 보여주었다. 이것은 기업 내의 의미를 둘러싼 투쟁이 특정한 텍스트 혹은 의미에서 뚜렷하게 나타나고 있음을 보여주는 결과라 할 수 있다. 그러나 이것이 체계적으로 서로 다른 약호체계에 기반하여 이루어지고 있는가는 분석되지 못했다.

이 연구가 발견한 또다른 중요한 결과는 화용형식과 태도간의 연관이 발견된다는 점이다. 수행문이라는 권력적 언어 작용은 르불이 지적하듯이 이데올로기적 작용과 친화성을 가진다. 경영담론은 이 수행문이 체계적으로 분포되어 있는 담론이며, 이 수행문들은 경영 이데올로기를 포함한 채 기업공간을 부유한다. 따라서 경영담론의 수행문들은 기업공간을 지배하는 이데올로기의 저장고가 된다. 이런 가정 하에서 노동자들로 하여금 기업어휘를 이용한 문장을 구성하게 한 결과는 이 이데올로기의 저장물이 노동자들에게 내면화되어 있음을 보여주었다. 우선 진술문과 중립적 태도가 체계적인 연관을 보여주며, 아울러 노동자들이 구성한 문장들에서 수행문과 그 내용의 친경영적 태도의 연관이 있음을 또한 보여주고 있다. 이 결과는 노동자들의 언어사용이 경영 담론이라는 지배적 언어 속에 한계지어져 있으며, 자발적으로 표출되는 의식이 경영담론의 형식성에 조건지어져 있다는 사실, 나아가 이런 의미작용의 결과가 노동자들의 의식을 지배하고 있다는 사실을 함축한다. 이것은 기존의 연구에서 제대로 다루지 못했던 텍스트의 효과 및 담론의 효과라는 부분을 확인시켜주는 중요한 결과라 할 수 있다.

그럼에도 불구하고 특정한 어휘와 수행문 형식과의 연관은 일관되게 결합되지는 않았다. 이것은 텍스트에 따른 그 생산성의 차이, 그리고 그것의 수용의 편차가 존재함을 반영하는 것으로 생각된다. '조장/조원' '품질관리/게으르다' '경제위기/임금상승' 등의 어휘를 이용한 문장에서는 화용형식과 친경영자적 태도 간의 강한 결합관계를 보여준 반면, '원가절감/인원감축' 문장은 수행문과 친노동자적 태도와의 연관을 보여준다. 이러한 차이는 경영담론의 화용형식성이 노동자들에게 저장되어 있는 현재적 지점을 보여주는 것이라 생각된다. 즉 경영담론은 전일적으로, 혹은 일관된 수준으로 노동자들에게 수용되는 것이 아니라, 그 담론의 특성에 따라 차별적으로 수용된다. 이러한 차별적 수용은 경영담론의 내용적 특성 및 발화자와 수용자의 관계의 맥락, 그리고 그 관계를 규정하는 사회적 상황 등에 따라 편차를 가질 수밖에 없다.

일탈해독과 수행문의 빈도 간에 드러나는 유의미한 상관성 역시 경영담론의 화용적 특성이 수용자에게 유의미한 영향을 미친다는 사실을 보여주는 결과로 해석된다. 한 사람이 지배적 텍스트에 대해 어떤 방식으로 해독을 하는가에 따라, 즉 지배적 약호에 근거하는가 아닌가에 따라 특정한 화용 형식을 선택하거나 배제하는 유의미한 관련성이 있음이 드러난다.

이러한 결과는 상당한 정도로 화용적 형식성과 수용태도 간에 관련성이 드러난다는 사실, 경영담론이 노동자들에게 담론적 효과를 발휘하고 있다는 사실, 그리고 이 경영담론의 수용을 통해 계급적 태도를 규정당하고 있다는 사실을 보여주는 것이다. 그렇다면 이러한 결론이 함축하는 사실은 무엇일까? 애초 나는 이 연구의 큰 목적을 기업공간에서의 의미의 정치를 이해하는 데 두었다. 그리고 이것은 의미생산과 유포, 그리고 수용이라는 큰 순환의 틀에서 각각의 계기들이 가지는 특수성을 이해하고자 하였다. 경영담론은 분명 하나의 메시지로 의미작용의 실천을 포함하고 있고, 또 그것을 통해 지배적 의미를 재생산하고 있다. 그러나 문제는 이러한 의미작용 실천의 효과를 측정할 수 있는 방법이 그다지 많지 않다는 사실 때문에 화용형식이라는 일종의 우회로를 경유하여 그 효과를 알아보고자 했다. 그럼에도 불구하고 이러한 텍스트의 효과성은 노동자 담론 속에서 현존하고 있음을 확인할 수 있었다. 이것은 텍스트의 의미론적 이해나 구조분석과는 또다른, 텍스트의 형식효과라는 논점을 제기하고 있다. 물론 이 형식은 전적으로 언어적 형식이 아닌, 이데올로기적 발화가 고착된 형태로 존재함을 보여주는, 일종의 계열체적 문장들이다. 이런 이유에서 오히려 이러한 계열체들의 저장고를 확인할 수 있으며, 이데올로기들의 집합체를 확인시켜준다는 점에서 의미의 정치가 작동하는 지형을 드러내고 있는 것이다.

제8장 저항담론과 의미의 정치에 대하여

　다소간 분석적인 관심을 드러냈던 이 연구가 실천적으로 지향하는 바가 있다면, 그것은 문화와 언어를 둘러싼 사회적 대립을 명료화하고, 사회적 의미지형, 즉 담론공간 내에서의 정치의 문제를 다시 한번 사고하고자 하는 것이다. 정치가 존재하는 곳에는 항상 정당화의 논리가 존재한다. 그리고 우리는 정당화의 논리가 언어적 수사들을 통해 구현되고 유포됨을 또한 알고 있다. 그러나 의미의 정치는 텍스트 내부로만 침잠해 들어감으로써 이해될 수 있는 것은 아니다. 담론 자체, 담론과 사회적 현실, 지배담론과 저항담론을 둘러싼 담론공간 등의 논점들이 더 해명되어야 한다. 이런 점에서 이 연구는 많은 한계를 가지는 것이다. 이 장에서는 짚어야 할 몇 가지 쟁점들을 간단히 다루고, 이를 후속연구의 출발점으로 삼고자 한다.

1. 저항담론을 사고하기

　홀(Hall)은 그의 논문 "encoding/decoding"에서 메시지에 대한 해독의 위치는 이념형적으로 선호된 해독(preferred decoding), 교섭적 해독(negotiated decoding), 저항적 해독(resistant decoding)의 세 가지 형태가 있을 수 있음을 지적하였다. 홀의 이 글은 기념비적인데, 그것은 문화주의적 연구의 흐름을 완전히 새로운 방향으로 지시하였다는 점에서 그러하다. 이른바 신수정주의적 경향과 수용자 연구가 그것인데, 이것은 대중 개인의 주체성에 대한 옹호라는 미명 아래 실제로는 문화연구 속에 내재해 있던 마르크스주의적 문제의식을 완전히 해소해버리고 만다.[1] 홀의 부호화/해독 모델을 가장 중립적으로 이해할 때, 그것은 수학적 메시지 전달모델에 대한 사회적 이론화로 받아들여질 수 있다. 예컨대 세논과 위버(Shanon & Weaber)의 정보전달 모델이 갖는 무기질적 성격은 홀의 모델을 통해 보완된다면 보다 엄밀하면서도 사회학적인 정보전달 모델이 될 수 있다.

그러나 문제가 되는 것은 이러한 홀의 사회적 전달모델이 갖는 정치적인 문제들이다. 그것은 홀의 모델이 이미 발신자와 수신자의 사회적 위치의 문제를 틀 속에 포함시키기 때문에 야기되는 피할 수 없는 문제다. 그의 틀이 갖는 문제들을 몇 가지 살펴보자. 우선 홀의 모델에서 발신자와 수신자는 동일한 사회적 위치를 점하고 있다. 지배적, 교섭적, 저항적이라는 해독의 약호는 그 의미의 위계적 성격에도 불구하고 동일한 차원의 것으로 병렬되어버리고 만다. 홀은 자신이 여전히 이데올로기와 재현의 문제를 사고하고 있다고 주장하지만, 그의 모델은 다양한 해독의 가능성을 개방하면서 그들간의 위계성을 해체해버린다는 점에서 포스트모던적 경향과 친화성을 가진다. 또한 수신자는 '주체적으로' 선호, 교섭, 저항의 해독을 '선택'할 수 있는 것으로 여기지만, 이것은 지배나 저항의 문제를 개인의 전략적 선택 정도로 파악하는 기능주의적 오류를 드러내는 것에 다름아니다. 전략적 선택의 지점을 논하기 위해서는 먼저 지배담론 속에서 작용하는 지배적 약호를 이해해야 한다. 저항은 이러한 지배적 약호의 작용 속에 존재하는 탈구의 지점을 포착하는 것이며, 이를 통해 저항적 담론화의 공간을 확보하는 것이다.

이런 이유에서 저항담론을 논하는 것은 지배담론을 분석하는 것보다

---

1) 영국의 이러한 신수정주의 경향에 대해서는 R. Miliband, 1985를 참조할 수 있다.

훨씬 더 복잡한 과정을 필요로 한다. 나는 노동담론의 성격을 밝히면서, 이것이 지배담론인 경영담론과 깊게 결합되어 상관적으로 존재하는 특징을 지적하였다. 따라서 일차적으로 저항담론은 이러한 지배약호 하에서 이루어지는 노동담론의 저항적 의미작용 가능성을 탐색하는 것이 되어야 한다. 그것은 역으로 노동담론 속에 존재하는 지배담론의 흔적을 찾아내고, 그것의 효과성을 파악하는 작업일 수밖에 없다.

그렇지만 기업공간에 존재하는 의미들은 복수적일 가능성을 가진다. 나는 이 책 전체를 통해 일관적 의미체계를 가진 경영담론의 특성을 분석하고자 했지만, 경영담론은 복수로 존재할 수 있으며 마찬가지로 다양한 저항담론의 가능성도 배제할 수 없다. 이 연구가 경영담론을 일관된 것으로 묘사한 것은, 그것이 지배적인 효과를 미치는 한에서 그 특성을 밝히는 데 보다 관심이 있었기 때문이다. 홀의 세 가지 해독위치 구분을 주관적인 선택이 아닌 노동자 담론의 존재 형태로 이해한다면, 그러한 상이한 담론화의 가능성은 수용될 여지가 있다. 그리고 이러한 다양한 노동자 담론의 존재형태 역시 기업공간의 상관성 속에서 구해져야 할 것이다. 노동자들의 주관적 경험을 의미작용하고, 경영담론에 대한 대안적 의미작용을 꾀하는 실천들은 노동자 담론의 저항성을 보여주는 대표적인 경우라 할 수 있다. 이것은 일종의 조직적 실천으로 정의될 수 있는데, 노보나 특정한 작업장 관행들, 예컨대 파업관행 등이 여기에 해당된다. 또한 교섭과 타협의 언어들 역시 일상적 관행 속에서 재생산된다.

이런 점에서 이 연구는 기업공간에서의 의미의 정치를 이해하기 위한 초입에 발을 들여놓은 것일 뿐이다. 콜린슨은 노동자들의 일상적인 담론적 실천은 통제와 저항의 상호구성 과정임을 지적한다. 또한 저항의 과정은 다양하고 이질적이며, 이것이 개인의 일상적인 경험을 통해 재구성될 때 복잡한 정체성 과정이 발생함을 지적한다. 예컨대 남성성(masculinity), 비판적 자기중심주의(critical narcissism), 이상화된 대체(idealized substitution), 부정(denial)과 같은 개인의 정체성 전략은 지배의미와 저항적 실천이 복잡하게 얽힌 가운데 지배담론의 효과가 관철되는 과정이다.[2] 저항담론을 지배담론과 동일한 차원에 존재하는 대립물로 간주하는 사고의 위험을 우리는 전형적으로 수용자 연구에서 확인할 수 있다. 수용자 연구는 의미 해독의 주체성을 강조한 나머지 메시지를 통해 작동하고 있는 지배담론의 약호마저 부정하기에 이른다. 이것은 홀이 올바르게 지적하고 있듯이 '관계의 구조를 어떻게 체험되고 경험되는가의 관점에서 해석하는 경향'으로 인해 수용자 개개인을 경험적인 주체로 파악하는 데서 야기된다 (Hall, 1996: 218). 이것은 결국 개인의 발화를 저항성 자체로 이해하려는 욕구로 이어진다.

개인들의 발화가 저항적일 수 있는가? 그렇다면 그 저항성은 어떻게 찾아질 수 있는가? 수용자 이론의 문제점은 개인의 발화를 개인적 경험이나 정체성 작용의 산물로 쉽게 동일시한다는 점에 있다. 개인의 언어사용은 복잡한 지배문화와 이데올로기의 지형 속에 존재하는 것이며, '해석적 공동체'가 아닌 '상상된 공동체' 속의 개인 정체성으로 존재할 뿐이다. 그렇기 때문에 개인의 발화 속에서 저항성을 찾는 것은 지배적 문화 이데올로기의 지형이라는 제약 속에서 정체성 표현으로서의 발화라는 관점을 견지할 필요가 있다. 따로 주어져 있는 저항담론은 존재하지 않는다. 경험은 우리가 가진 이해의 의미규칙과 해석틀의 산물이다. 따라서 재현이나 이데올로기의 범주 바깥에 있는 경험은 없는 것이다.

2. 담론의 물질성

담론이란 개념은 그 자체가 하나의 정치적 실천이 될 수도 있다. 푸코

---

2) 자아를 고양하기 위한 대표적인 정체성 과정이 바로 남성성을 추구하는 전략이다. 이것은 윌리스(Willis)도 지적한 바 있는데, 남성성은 곧 개인적으로 체험되는 왜곡된 계급성이기도 하다. 비판적 자기중심주의는 의미있는 타자와의 비교를 통해 자아의 존엄성을 추구하는 전략이며, 이상화된 대체는 경영진과 노동조합의 권위적 관행을 비판하는 것으로 나타나지만, 이것은 결국 경영자의 엘리트주의를 강화하는 방향으로 나타난다. 윌리스의 제약과 유사한 개념이다.

처럼 기표는 부유하며 의미는 끊임없이 가변적이어서 고정된 의미는 존재할 수 없다는 인식론적 전제를 담론개념 속에 내장시킬 때, 이것은 결국 포스트모더니즘적인 정치적 실천이 되어버린다. 실제로 담론공간을 의미실천의 장으로 이해할 때 나타날 수 있는 극단적인 편향의 하나로, 모든 사회적 실천을 담론적 혹은 의미작용 실천으로 이해함으로써 사회적인 것의 실정성을 부정하는 경향이 출현하고 있다. 라클라우와 무페(Laclau & Mouffe)의 경우가 전형적으로 그러하다.

> 사회적인 것의 다양성은 매개의 체계를 통해서도, 토대적 원칙으로 이해된 '사회질서'를 통해서도 파악할 수 없다. 사회에 특유한 봉합된 공간이란 전혀 존재하지 않는다. 왜냐하면 사회적인 것 자체는 아무런 본질도 가지고 있지 않기 때문이다(Laclau & Mouffe, 1990: 120).

이런 주장을 통해 저자들은 사회를 '담론구조', 즉 상징적 질서로 대체해버린다. 그리고 다음과 같이 주장한다.

> 담론구조는 단순히 '인지적' 또는 '관조적' 실체가 아니다. 그것은 사회관계들을 구성하고 조직화하는 접합적 실천이다(Ibid, p. 121).

이들은 담론구조 혹은 담론구성체(discursive formation) 개념을 푸코에게서 빌려온다. 즉 사회를 대체하는 담론구성체는 분산의 체계이며, 그 분산 자체가 통일의 원칙이다(Laclau & Mouffe, 1990: 132). 하지만 이 차이의 체계로서의 담론구조는 언어학적 유비에 지나지 않는다. 예컨대 소쉬르는 언어의 가치를 언어간의 구별됨을 통해 확인한다. 하지만 이 언어의 체계에만 주목하는 내적 언어학 외에, 소쉬르는 언어와 사회의 연관을 그 핵심으로 하는 외적 언어학 영역의 가능성을 마찬가지로 열어놓고 있다(Saussure, 1990: 32-34). 따라서 관심이 언어 자체가 아니라, 언어를 통해 구현된 이데올로기나 의미, 그리고 이를 통해 작동하는 의미의 정치에 있다면 사회적인 것(the social)은 언어로부터 배제되어야 할 것이 아니라 그 양자의 연관이 더 직접적으로 고민되어야 할 부분인 것이다. 그리고 이것은 사회적으로, 사회적 기구나 실천을 통해 표출된 언어에 대한 관심이 되어야 한다.[3]

담론은 또한 사회적 공간의 한 측면을 이해하는 유용한 관심이 될 수 있다. 즉 실제적인 권력의 정치가 한쪽에 존재한다면, 다른 한쪽에는 이를 둘러싼 의미의 정치가 존재한다. 양자는 상호 밀접하게 연결되어 문화 및 이데올로기적 지형을 구성한다. 이렇게 본다면 담론이라는 개념이 사회적 다양성과 가변성을 정당화하는 핵심개념이 될 필요는 없다. 오히려 담론을 사회적 실정성 속에 어떻게 위치짓는가에 의해 매우 실천적인 관심으로 전환될 수 있는데, 나는 그 핵심이 담론의 물질성을 옹호하는 데 있다고 본다.

알튀세르는 이데올로기에 대해 다음과 같이 말한다.

> 노동력 재생산은 노동력의 기술재생산을 필요로 할 뿐만 아니라, 그와 동시에 기존의 규칙들에 대한 노동력의 복종심 재생산도 필요로 한다. 즉 노동자들의 지배 이데올로기에 대한 복종심 재생산 및 억압과 착취 행위자들의 지배 이데올로기에 대한 올바른 조작능력의 재생산도 필요로 한다는 뜻이다. 그 결과 노동자들 역시 '말 그대로' 지배계급의 지배를 마련하게 된다(Althusser, 1991: 140).

이데올로기는 자본주의적 제관계의 재생산을 위해 요구되는 사회적 필요 혹은 기능이다. 따라서 이 이데올로기는 단순한 의식형태로 존재하는 것이 아니라 국가기구로서, 물질성의 형태로 존재한다. 이것이 바로 이데올로기적 국가기구다. 이런 얘기를 반복하는 것은, 이데올로기와 담론의 관계로부터 유추되는 담론의 물질성을 보다 명확히 정의하기 위해서다. 이데올로기는 일차적으로 언어적 형태로 존재한다. 알튀세르가 지적하는 학교, 문화제도, 종교 등의 이데올로기적 국가기구는 언어를 생산하는 사회적 제도들이다. 즉 의미와 사상을 담은 언어들은 다름아닌 이데올로기

3) "이데올로기란 언제나 하나의 기구 및 그 실행 혹은 그 실행들 속에서 존재한다" (Althusser, 1991: 170).

들인 것이며, 따라서 담론의 물질성은 이러한 이데올로기적 국가기구들에
의해 보증되는 것이다.

　이런 전제를 받아들인다면, 언어의 중립성은 단순한 외양에 지나지 않
는 것이다. 담론은 의미실천의 결과로 만들어지는 것이며, 이것은 사회적
사실과의 연관 하에서만 이루어진다. 담론과 사회적 실정성을 대비시키는
것은 따라서 환원론적 논리구조를 통하지 않고서는 불가능해진다.

　나는 이 책의 2장에서 이데올로기는 의례나 관념, 기구 등 다양한 형태
로 존재할 수 있음을 지적하였고, 아울러 언어가 이데올로기와 맺는 친화
성이 무엇에 근거하는지를 지적하였다. 또한 알튀세르를 빌려 언어형태의
이데올로기가 갖는 물질성을 이데올로기적 국가기구의 예를 들어 주장하
였다.

　하지만 언어, 즉 담론이 가지는 물질성은 또한 이데올로기의 물질성과
구분된다. 알튀세르에 따르면 이데올로기는 사회관계의 재생산을 위해 요
구되는 기능이다. 그러나 담론은 오히려 언어사용 일반을 통해 존재하는
것이며, 언어장이라는 독특한 공간의 규칙을 가지는 사회적 실재다. 알튀
세르의 이데올로기 개념은 오히려 언어보다는 무의식에 더 가까우며, 따
라서 이데올로기 분석과 언어분석의 방식이 반드시 일치하지는 않는다.
이데올로기가 언어와 친화성을 가지는 것은, 언어사용이 가지는 성격이
이데올로기와 잘 부합한다는 사실에 기인하는 것일 뿐이다.[4]

　담론의 물질성의 근거는 명백히 사회적인 것에 의해 주어진다. 언어는
고유한 질서를 가진 장이지만, 폐쇄된 공간이 아니라 사회 속에 존재하는
개방된 공간이다. 언어는 현실을 정의내리고 의미를 부여하는 효과를 가
지지만, 항상 사회적인 것과의 연관 속에서만 가능하다. 설령 언어가 사
회적인 것의 상층을 부유하며 실재(시뮬라크르)처럼 존재할 경우에도, 이
가상들은 등가들의 체계가 아닌 위계적 체계이며, 이 위계는 사회적 위계
와의 연관 속에서 존재한다.[5] 따라서 담론의 물질성은 사회적인 것과의

---

[4] "이데올로기의 효과 중 하나가 이데올로기로써 이데올로기의 관념성을 실질적으
　로 부정하는 것이다(Althusser, 1991: 179)."

연관을 보다 명확히 확립하는 것이어야 하며, 담론과 담론 외부의 관계를 적절히 이론화함으로써 옹호되어야 하는 것이다. 이 연구는 대상을 기업이라는 공간에 한정하였기 때문에 계급이나 작업장 경험 등의 '사회적인 것'을 담론과 연관지었다. 이 연관이 현실적인 것으로 드러났다면, 이제보다 거시적인 '사회적인 것'으로의 관심의 확대가 필요하다. 예컨대 사회적 이데올로기와 담론구성체, 문화지형과 사회구조 등의 연관을 적극적으로 사고해야 할 것이다. 이것은 필자의 이후의 연구과제로 남겨둔다.

---

5) 단적으로 부르디외는 언어장과 계급관계의 직접적인 상응성을 주장한다(Bourdieu, 1995: 121).

최고경영자 담화문 목록

<부록 표 1> H자동차 최고경영자 담화: 1980년대

호	제목
83. 5.	화합과 발전의 장으로 정진해야
83. 7.	상반기 결산 훈시(스텔라 계약 러시……)
83. 8.	중역 칼럼(가볍게, 그리고 신중히……)
83. 10.	체육대회 치사(도약의 제전으로)
84. 1.	신년사(떠오르는 해처럼 힘찬 의지로 나아가자)
84. 5.	연설('한국 자동차산업의 오늘과 내일)
84. 6.	연설(상호협력으로 공동의 발전이룩)
84. 8.	신입사원 하계수련회 격려사(세계로 뻗어가는 현대자동차)
84. 9.	판매본부장 조례사(판매와 생산간 협력강화로 시장점유……)
84. 10.	체육대회 치사(단결된 힘 통해 도약의 발판 구축)
85. 1.	권두언(X-카의 출범과 함께 힘찬 도약을)
85. 2.	권두언(한국 자동차공업에 새로운 전기 마련)
85. 4.	대구신사옥 준공식 식사(국가 기간산업의 주도적 역할을……)
85. 5.	협력업체 세미나 인사말(협력업체의 계열화 검토단계에)
85. 7.	권두언(총력판매로 「위대한 여름」을 성취하자)
85. 8.	권두언(선진국 대열에 서기위해 열심히 공부하는 자세를)
85. 9.	권두언(한국 자동차산업의 오늘과 내일)
85. 10.	체육대회 치사(단합된 힘으로 세계로 달려나가자)
85. 12.	권두언(서로 힘을 합쳐 미국시장에서 성공을)
86. 1.	신년사(미국시장의 성공적 진출로 국민적 기대와 여망……)
86. 6.	권두언('불가능을 가능으로' 적극적 의지와 추진력을……)
86. 7.	권두언(서로 노력하여 좋은 차를 만들도록)
86. 8.	신입사원하계연수 특강(맡은바 분야 공부를 열심히 해야)
86. 9.	협력업체 간담회 인사말(일류회사가 되기 위한 노력을)
86. 10.	체육대회 치사(우의와 협동정신을 느끼는 기회가 되길)
86. 12.	협력업체 간담회(생산성 향상으로 가격경쟁에 대처해야)

<부록 표 1> H자동차 최고경영자 담화: 1980년대 (계속)

호	제목
87. 1.	신년사(투철한 원가의식을 갖고 업무에 임해야)
87. 2.	권두언(적정한 가격으로 좋은 차를 생산할터)
87. 4.	권두언(공동의 번영 위해 서로 합심하여 노력을)
87. 7.	점소장회의 연설(내수기반 확충으로 경쟁력 강화를)
87.8·9	권두언(공영의 질서수립을 위한 노사의 자세) (외부)
87. 12.	창립20주년 기념사(새로운 도약의 계기를 만들자)
88. 1.	신년사(생산 판매계획 한치의 차질도 없어야)
88. 5.	권두언(어려운 고비 넘겨야 발전할 수 있어)
88. 8.	기념사(국산화의 최종목표 달성)
88. 9.	예비경영자 특강(대화의 시간 많이 가져야)
88. 12.	특강(조금만 더 땀흘리면 세계 10위권 진입 확실)
89. 1.	신년사(공산권 교역 등 시장다변화에 대처)
89. 3.	연설(태평양 발전 위해 최대지원 노력)
89. 4.	인력개발원 특강(상대입장 고려, 내 입장 내세워야)
89. 5.	자동차부품협의회 연설(현황이해, 실정에 맞는 관계……)
89. 7.	브로몽공장준공식 연설(한국과 캐나다는 진정한 진보……)
89. 8.	훈시(정신력 강화로 어려움 극복해야)
89. 11.	권두언(각자의 주장을 조금씩 양보해야)

<부록 표 2> H자동차 최고경영자 담화: 1990년대

호	제목
90. 1.	신년사(합심단결하여 어려움을 이기자)
90. 4.	권두언('고객제일주의'를 실현하자)
90. 7.	권두언(갈등해소하고 단결해야)
90. 10.	권두언(한국 자동차산업의 현재와 미래에 대한 전망)
91. 1.	신년사(품질향상은 정성으로 'GT-10'은 도전과 믿음으로)
91. 1.	신년사(기업의 발전은 환경변화를 주도하는 의지력과……)
92. 1·2	신년사(사무·공장 자동화를 생산성과 경쟁력 향상에……)
92. 1·2	신년사(품질·생산성향상에 최선을 다할 때)
92. 6.	권두언(바로운동으로 새로운 사풍 정립하자)
93. 1.	신년사(도약의 기틀을 다집시다)
93. 6.	연설(국가간 상호협력으로 공동발전을 모색할 때)
93. 9.	특강(뜨거운 가슴 굳은 의지로 최선을 다하자)
94. 1.	신년사(획기적인 변신만이 도약을 약속할 것)
94. 1.	신년사(전부문의 혁신으로 세계시장에 우뚝서자)
94. 3.	BPR 칼럼(BPR 추진에 즈음하여)
95. 1.	신년사(우리가 시련을 겪을 때도 세계는 전진한다)
95. 1.	신년사(고품질의 자동차를 저가격에 생산해내자)

<부록 표 3> D자동차 최고경영자 담화: 1980년대

호	제목
83. 1.	신년사
83. 4.	공장새마을운동 전진대회사(공장새마을 정신으로 ……)
83. 6.	창립 11주년 기념사(내가 주체라는 생각을 갖고……)
83. 9.	제2 창업운동 촉진대회사(자기 분수지켜……)
83.11.	분임조 경진대회사(분임조 활동 ……)
83.12.	협력업체 초청간담회(상호보완과 협력의 ……)
84. 1.	신년사(완벽한 품질은 우리의 생명)
84. 4.	협력업체 협의회 창립총회(이미 규모의 국제화로……)
84. 5.	신임대리 교육 강의(찾아서 일하는 적극적 자세 필요)
84. 6.	창립12주년 기념사(도약의 미래를 설계하는……)
84. 7.	분임조 경진대회사(완벽한 품질은 우리의 생명)
85. 1.	신년사(영광과 번영의 미래를 향해 힘차게 전진합시다)
85. 6.	취임 및 13주년 기념사(우리는 자동차산업의 새시대를 ……)
85.12.	조회사(올해의 경험을 교훈삼아……)
85.12.	노동조합 정기대의원대회 축사(종업원 의사를 대변하고……)
86. 1.	신년사(월드카 생산을 계기로 세계를 향한……)
86. 4.	산업안전보건 대회사(적극적인 참여와 솔선수범으로……)
86. 8.	조회사(질서확립과 환경 총정리로 정신자세를 가다듬어……)
86.12.	조회사(내년은 TQC 활동을 적극 활성화시켜……)
87. 1.	신년사(투철한 경쟁의식과 적극적인 자세로 자유경쟁……)
87. 4.	조회사
87. 6.	창립 15주년 담화문
87.11.	사장 이·취임사
87.12.	분임조 경진대회사(충실한 품질관리 분임조 활동은……)
88. 1.	신년사(노사화합, 원가절감, 완벽한 품질 삼위일체의 해로)
88. 4.	담화('88 노사임금협상을 마치고)
88. 6.	창립 16주년 기념사
88. 7.	신임 수석부사장 취임사

<부록 표 4> D자동차 최고경영자 담화: 1990년대

호	제목
90. 1.	신년사
90. 5.	조회사(흑자실현은 전직원 합심의 결과)
90. 7.	관리혁명실천 결의대회사
92. 1.	신년사
92. 1.	주력사 사장단 기고(자신감을 회복하고 새롭게 출발하는 한 해)
92. 6.	창립 20주년 기념사
93. 1.	신년사(새로운 도약을 성취하는 한 해로)
93.10.	조회사(끊임없는 개선과 대화합으로 변화, 발전하는 직장을……)
94. 1.	신년사(40만 대 생산판매를 통한 흑자원년 실현의 해로)
94. 3.	아카디아 출고 기념사(최상의 자신감과 자부심으로 선보입니다)
95. 1.	신년사(품질, 생산성 향상으로 50만 대 생산판매 이룩하자)
95.12.	취임사(현장경험 살려 신노사문화 정착과 기술우위……)

참고문헌

1. 자료

대우자동차(주) 홍보실. 1983~96, ≪대우자동차≫.
_____. 1993~96, ≪한마음회보≫.
문화부. 1992, 『기업문화 추진사례 모음』.
문화체육부. 1993, 『기업문화 추진사례 모음』.
_____. 1994, 『기업문화백서』,
전국경제인연합회. 각년도, 『한국기업재단총람』.
_____. 1993, 『기업문화백서』.
한국경총. 1990, 『한국경총이십년사』.
현대자동차(주) 홍보실. 1983~96, ≪현대자동차≫.
_____. 1997, 『도전 30년 비전 21세기』.

2. 국내문헌

강명구·박상훈. 1997, 「정치적 상징과 담론의 정치: '신한국'에서 '세계화'
    까지」, ≪한국사회학≫ 제31집,
강승구. 1994, 「기업문화 형성에 미치는 사보의 기능에 관한 커뮤니케이션적
    고찰」, 성균관대 언론홍보학과 석사학위논문.
강진숙. 1993, 「담론분석을 통한 뉴스의 이데올로기적 작용에 관한 연구:
    M. Pecheux의 담론이론을 중심으로」, 중앙대 정치학과 석사학위논
    문.
강현두·정진향. 1985, 「공공광고의 주제와 내용에 대한 평가 연구—수용자
    의 실태와 행동에 미치는 영향을 중심으로」, 한국방송공사, 서강대
    언론연구소.
공용배. 1993, 「산업화 과정에서의 노동문제와 언론에 관한 연구: 1962-
    1989, 한국신문의 사설분석을 중심으로」, 연세대학교 신문방송학과
    박사학위논문.

권오훈. 1993, 「한국의 기업이데올로기」, 임희섭·박길성 공편, 『오늘의 한
　　국사회』, 나남.

김대성. 1996, 「한국신문의 세계화 담론 구조에 대한 연구: 서울신문·조선
　　일보·중앙일보·한겨례신문의 비교분석」, 전남대 신문방송학과 석사
　　학위논문.

김도근. 1995, 「자동차산업의 관리전략 변화와 노사관계」, 연세대학교 경영
　　학과 박사학위논문.

김도근·윤영삼. 1995, 「노사관계 전략으로서의 기업문화」, ≪산업노동연구≫
　　1권 1호.

김동규. 1991, 「대중매체의 활동양식에 관한 연구: 노사갈등의 사회적 구성
　　메커니즘을 중심으로」, 서강대 신문방송학과 박사학위논문.

김명숙. 1999, 「기업광고 담론의 기호학적 분석」, 한국광고학회, ≪광고학
　　연구: 일반≫ 제10권 1호.

김명언·박명 편. 1997, 『한국 기업문화의 이해』, 오롬.

김문조·박선웅·박해광. 1999, 「기업문화에 대한 노동자의 수용과 헌신」, 성
　　곡문화재단, ≪성곡논총≫ 29집.

김문조·박해광. 2001, 「화용의 정치: 기업문화, 수용자담론, 헌신」, 한국산
　　업노동학회, ≪산업과 노동≫ 제2집.

김승현. 1990, 「대중매체와 지배 이데올로기 재생산」, ≪커뮤니케이션 과학≫
　　10호.

김용학. 1992, 『사회구조와 행위』, 나남.

김용학·전효관. 1994, 「사회과학 패러다임의 위기와 그 쟁점: '근대적 과학
　　성'의 문제를 중심으로」, 경남대 극동문제연구소 편, 『위기의 세계
　　와 한국』, 나남.

김정기·박동. 1999, 외 지음, 『매스미디어와 수용자』, 커뮤니케이션북스.

김찬년. 1994, 「메시지 유형과 수용자 특성에 따른 공익광고의 효과연구」,
　　서울대학교 신문학과 석사학위논문.

김형기. 1989, 『한국의 독점자본과 임노동』, 한울.

다이 멕도웰, 임상훈 역. 1992, 『담론이란 무엇인가』, 한울.

문지원. 1993, 「대중매체 담화의 형성과 접합에 관한 연구」, 서강대 신문방
　　송학과 석사학위논문.

박기순·백선기. 1994, 「보도·담론·함축의미: '부산기관장모임' 담론의 의미
　　구조 분석」, 한국언어학회, ≪한국언어학보≫ 제31호.

박명. 1989, 편역, 『비판 커뮤니케이션과 문화이론』, 나남.

박명진. 1995, 「기호학과 커뮤니케이션 연구」, 한국기호학회 엮음, 『문화와 기호』, 문학과 지성사.

박상언. 1992, 「한국 대기업에 있어서 인사·노무관리전략의 역사적 변화에 관한 연구」, 연세대학교 경영학과 박사학위논문.

박영원. 1995, 「기업의 문화적 특성과 성과와의 관련성에 대한 연구: 내용분석의 복수방법론을 통한 사례의 질적 연구와 실증연구」, 외국어대 경영학과 석사학위논문.

박정준. 1994, 「담화의 텍스트 언어학적 분석연구: 토론담화를 중심으로」, 서울대 언어학과 석사학위논문.

박준식. 1996, 『생산의 정치와 작업장 민주주의』, 한울.

박태순. 1993, 「미디어 담론의 이데올로기적 실천에 관한 고찰: 주체문제를 중심으로 한 매스미디어 담론의 이론적 고찰」, 중앙대 정치학과 석사학위논문.

박해광. 1999, 「경영담론의 특성과 노동자 수용에 관한 연구」, 연세대학교 사회학과 박사학위논문.

_____. 2000, 「지배담론의 구조 연구: 경영담론을 중심으로」, ≪사회발전연구≫ 7호.

_____. 2001, 「담론의 정치: 경영 이데올로기와 노동자 수용」, 한국노동이론정책연구소, ≪현장과 이론≫ 3.

박해광·유길종. 1995, 「대우자동차의 신경영전략: 일본적 생산방식 모방운동」, 서울노동정책연구소, 『일본적 생산방식과 작업장체제』, 새길.

배규한. 1986, 「한국의 경제성장과 경영 이데올로기」, ≪한국사회학≫ 제20집, 겨울호.

백선기. 1993, 「한국신문의 노사분규에 대한 보도태도와 그 이념적 의미」, ≪한국언론학보≫ 29호.

서병연·김익중. 1994, 「조직문화관리에 관한 연구」, ≪경영경제연구≫, 부산대학교 산업개발연구소.

서울노동정책연구 편. 1995, 『일본적 생산방식과 작업장체제』, 새길.

서정철. 1998, 『기호에서 텍스트로』, 민음사.

소두영. 1993, 『상징의 과학 기호학』, 인간사랑.

송복. 1993, 「한국 상층의 사회적 구성과 특성에 관한 연구」, 『제1회 학술연구논문집』, 양영회.

_____. 1994, 『한국사회의 갈등구조』, 현대문학.

시(是)와과학 출판부 편. 1992, 『담론과 사회의식』, 대전: 시와과학.

신광영. 1991, 「경제와 노동이데올로기」, 한국산업사회연구회 편, 『한국사회와 지배 이데올로기: 지식사회학적 이해』, 녹두.

신병현·김도근. 1993, 「자본합리화운동의 신경향: 기업문화전략을 중심으로」, ≪동향과 전망≫ 1993년 가을호.

신병현. 1995, 『문화, 조직 그리고 관리』, 한울.

_____. 1997, 「한국 주요 완성차 공장의 작업장 문화」, ≪홍익대학교 논문집≫ 22.

_____. 1998, 「작업장을 둘러싼 사회적 관계와 노동자의 사회적 정체성: H 중공업 노동자와 활동가들에 대한 사례 연구」, 한국산업노동학회, ≪산업노동연구≫ 제4권 제1호.

_____. 1998, 「'탈근대적 조직론'의 기호학적 실천이 지닌 역설」, ≪홍익대학교 논문집≫ 23.

신유근. 1995, 『대우 기업문화 연구』.

신한종합연구소. 1991, 『기업시민시대의 문화전략』, 신한종합연구소.

신현만. 1991, 「대기업 문화재단의 비리 백태」, ≪말≫ 1991년 3월호.

안관옥. 1984, 「한국언론의 이데올로기적 기능에 관한 연구—노동운동에 대한 신문논조를 중심으로」, 연세대학교 사회학과 석사학위논문.

올리비에 르불. 1994, 『언어와 이데올로기』, 역사비평사.

유석춘. 1988, 「동양과 서양, 그리고 자본주의」, ≪사상≫ 1998년 봄호.

이기을. 1995, 『기업문화연구』, 박영사.

이기현. 1994, 「사회과학 방법론으로서의 담론이론과 담론분석」, ≪현대비평과 이론≫ 7호, 한신문화사.

이정춘. 1997, 『매스미디어 효과이론』, 나남.

이병혁 편. 1986, 『언어사회학 서설』, 까치.

이성철·임호. 1994, 「노동자 문화현실」, ≪동향과 전망≫ 1994년 여름호.

이익섭. 1994, 『사회언어학』, 민음사.

이정모. 1989, 「글 이해의 심리적 과정의 한 모델」, 이정모 외 편, 『인지과학』, 민음사.

이학종. 1994, 『한국의 기업문화』, 박영사.

임영호 편역. 1996, 『스튜어트 홀의 문화 이론』, 한나래.

장호준. 1995, 「공동체적 기업문화 담론의 활용과 과거의 재구성」, 서울대 사회학과 석사학위논문.

전효관. 1997, 「남북한 정치 담론 비교 연구: 의사소통 구조와 언어전략을 중심으로」, 연세대학교 사회학과 박사학위논문.

조돈문 외. 1999, 『구조조정의 정치: 세계 자동차산업의 합리화와 노동』, 문화과학사.

조종혁. 1994, 『커뮤니케이션과 상징조작: 현대사회의 신화』, 성균관대학교 출판부.

진필수. 1994, 「봉제기업 작업장문화에 관한 연구」, 서울대 인류학과 석사학위논문.

최윤경. 1995, 「기업문화전략에 관한 연구: 공간적 함의를 중심으로」, 서울대 환경대학원 석사학위논문.

최종수. 1981, 「사설무용론의 원인 내용분석」, 『인석 박유봉 박사 회갑기념 논집』.

한경구. 1994, 『공동체로서의 회사: 일본기업의 인류학적 연구』, 서울대 출판부.

한국 기호학회 편. 1995, 『문화와 기호』, 문학과지성사.

한국문화예술진흥원 문화발전연구소. 1989, 『기업의 문화활동 실태 및 참여 적극화 방안』.

한상진. 1989, 「노동조합의 성격과 개인배경이 생산직 노동자의 의식에 미치는 영향」, 연세대학교 경영학과 석사학위논문.

3. 외국 문헌

Adams, G. B. & V. H. Ingersoll. 1989, "Painting Over Old Works: The Culture of Organization in an Age of Technical Rationality," Barry A. Turner ed..

Allen, J. 1992, "Post-Industrialism and Post-Fordism," S. Hall, D. Held and T. McGrew ed.

Althusser, L. 1991, 『레닌과 철학』(이진수 역), 백의.

Alvesson, M. 1990, "Organization: From Substance to Image?," *Organization Studies*, Vol.11, No.3.

Ang, Ien. 1998, *Desperately Seeking the Audience*, 김용호 역, 『방송 수용자의 이해』, 한나래.

Appelbaum, Herbert. 1992, *The Concept of Work*, New York: SUNY Press.

Armstrong, P. J., J. F. B. Goodman & J. D. Hyman. 1981, *Ideology and Shop-floor Industrial Relations*, Croom Helm London.

Aronowitz, Stanley. 1992, *The Politics of Identity*, Routledge.

Asa Berger, A. 1982, *Media Analysis Techniques*, SAGE, 한국사회언론연구회 매체비평분과 옮김, 1997, 『대중매체비평의 기초』, 이론과실천.

Austin, J. L. 1962, *How to Do Things with Words*, Oxford: Oxford Univ. Press.

_____. 1970, *Philosophical Papers*, Oxford: Oxford Univ. Press.

Bakhtin, M. *Marxism and the Philosophy of Language*, 송기한 역, 1989, 『마르크스주의와 언어철학』, 흔겨레.

_____. *Formal'nyi metod v literaturovedenii*, 이득재 역, 1993, 『문예학의 형식적 방법』, 문예출판사.

Barker, S. F. *The Elements of Logic*, 최세만·이재희 역, 1986, 『논리학의 기초』, 서광사.

Barthes, R. 1986, 「구조주의적 활동」, 김현 편역, 『현대비평의 혁명』, 홍성사.

_____. 1994, 『기호학의 원리』(조종권 역), 영한문화사.

_____. *Mythologies*, 정현 역, 1995, 『신화론』, 현대미학사.

_____. 1997, 『텍스트의 즐거움』(김희영 역), 동문선.

_____. 1998a, 「옛날의 수사학」, 김현 편, 『수사학』, 문학과지성사.

_____. 1998b, 『모드의 체계』(이화여자대학교 기호학연구소 역), 동문선.

Barwise, P. & A. Ehrenberg, *Television and Its Audience*, 한균태 역, 1994, 『텔레비전과 수용자』, 한울.

Beniger, James R. 1986, *The Control Revolution*, Cambridge, Mass.: Harvard University Press.

Bennett, T., *Formalism and Marxism*, 임철규 역, 1980, 『형식주의와 마르크스주의』, 현상과인식.

Berlanstein, L. R. ed. 1993, *Rethinking labor history: essays on discourse and class analysis*, Univ. of Illinois Press.

Bernstein, Basil. 1975, *Class, Codes and Control: Toward a Theory of Educational Transmission*, Routledge & Kegan Paul.

_____. "Class, Codes and Control," *Theoretical Studies towards a Sociology of*

Language, 이병혁 역, 1993, 「계급과 언어」, 『언어사회학 서설』, 까치.

Billig, M., S. Condor, D. Edwards, M. Gane and D. Middleton. 1988, *Ideological Dilemmas*, London: Sage.

Blauner, R. 1964, *Alienation and Freedom: The Factory Worker and His Industry*, Chicago: University of Chicago Press.

Block, Fred. 1990, *Postindustrial Possibilities: A Critique of Economic Discourse*, Berkerly, California: University of California Press.

Blum-Kulka, Shoshana. 1997, "Discourse Pragmatics," van Dijk, T. ed., *Discourse as Social Interaction*, Sage.

Bourdieu, Pierre. 1980, "The Production of Belief: contribution to an economy of symbolic goods," *Media, Culture and Society*, 2.

_____. 1992, *Language and Symbolic Power*, Polity Press(정일준 역, 1995, 『상징폭력과 문화재생산』, 새물결에 부분 번역)

Bourdieu, Pierre & Jean-Claude Passeron. 1977, *Reproduction in Education*, Society and Culture, Sage.

Brown, Richard H. 1987, *Society as Text*, Univ. of Chicago Press.

Burawoy, M. 1985, *The Politics of Production*, London: Verso, 정범진 역, 1999, 『생산의 정치』, 박종철출판사.

Callinicos, A., *Althusser's Marxism*, 이진수 역, 1992, 『바로 읽는 알뛰세』, 백의.

Calori, R. & P. Sarnin. 1991. 12., "Corporate Culture and Economic Performance: A French Study," *Organization Studies*.

Carchedi, G. 1978, *On the Economic Identification of Social Classes*, Routledge & Kegan Paul.

Carter, B. 1985, *Capitalism, Class Conflict and the New Middle Class*, Routledge & Kegan Paul.

Casey, Catherine. 1995, *Work, Self and Society*, Routledge.

_____. 1999. 2., "'Come, join our family': Discipline and Intergration in corporate organizational culture," *Human Relations*.

CCCS. 1980, *Culture, Media, Language: Working Papers in Cultural Studies, 1972-79*, Hutchinson.

Chatman, S., *Story and Discourse*, 한용환 역, 1990, 『이야기와 담론』, 고려

원.

Clarke, J. et al. ed. 1980, *Working Class Culture: Studies in History and Theory*, Hutchinson.

Clarke, J., S. Hall, T. Jefferson and B. Roberts, "Subculture, Cultures and Class," *Resistance through Rituals*, 김연종 역, 1996, 「하위문화, 문화 그리고 계급」, 박명진 외 편역, 『문화, 일상, 대중』, 한나래.

Cohan, S. & L. M. Shires, *Telling Stories: A theoretical analysis of narrative fiction*, 임병권·이호 역, 1997, 『이야기하기의 이론』, 한나래.

Collinson, David L. 1992, *Managing the Shopfloor: Subjectivity, Masculinity and Workplace Culture*, Walter de Gruyter & Co.

_____. 1994, "Strategies of Resistance: Power, Knowledge and Subjectivity in the Workplace," J. M. Jermier et al. ed., *Resistance and Power in Organizations*, Routledge.

Collinson, D. L., Paul Edwards & G. Della Rocca. 1995, "Workplace Resistance in Western Europe: A Preliminary Overview and a Research Agenda," *European Journal of Industrial Relations*, Vol. 1, No. 3.

Connoly, William E. 1993, *Terms of Political Discourse*, Princeton Univ. Press.

Coulthard, C. R. C. & M. Coulthard ed. 1996, *Texts and Practices*, Routledge.

Crowley, Tony. 1989, *Politics of Discourse: the Standard Language question in British Cultural Debates*, St. Martin's Press.

Dant, Tim. 1991, *Knowledge, Ideology and Discourse*, London: Routledge.

Daudi, P. 1986, *Power in the Organization: the Discourse of Power in Managerial Praxis*, Polity Press.

Deal, T. E. & A. A. Kennedy. 1982, *Corporate Culture: the Rites and Rituals of Corporate Culture*, Addison-Wesley, 최병진 역, 1992, 『기업문화』, 21세기북스.

Denison, D. R. 1984, "Bringing Corporate Culture to the Bottom Line," *Organizational Dynamics*.

Eagleton, T. 1991, *Ideology: An Introduction*, Verso, 여홍상 역, 1994, 『이데 올로기 개론』, 한신문화사.

Eco, U. 1972, "Towards a semiotic inquiry into the television message," *Working Papers in Cultural Studies* 3(Autumn).

_____. *A Theory of Semiotics*, 서우석 역, 1996, 『기호학 이론』, 문학과지성사.

_____. 서우석·전지호 역, 1997, 『기호학과 언어철학』, 청하.

Edwards, P. K. 1986, *Conflict at Work*, Blackwell.

_____. 1987, *Managing the Factory: A Survey of General Managers*, Blackwell.

Edwards, R. 1979, *Contested Terrain*, New York: Basic Books.

Erikson, Kai & Steven Peter Vallas ed. 1990, *The Nature of Work*, New Haven: Yale Univ. Press.

Fairclough, Norman. 1989, "Language and Ideology," *English Language Research Journal*, 3, University of Bermingham.

_____. 1996, "Technologisation of discourse," Coulthard, C. R. C. & M. Coulthard ed.

Firth, Alan. 1995, *The Discourse of Negotiation: Studies of Language in the Workplace*, Oxford.

Fiske, S. T. & S. E. 1991, *Taylor, Social Cognition*, New York: McGraw-Hill.

Fitts, P. M. & M. I. Posner, *Human Performance*, 이연숙 역, 1991, 『작업심리』, 동국출판사.

Fotion, Nicholas, 김동식 역, 1995, 「언어놀이에 대한 비트겐슈타인과 썰의 견해」, 『언어철학연구』 II, 현암사.

Foucault, M., *L'archeologie du savoir*, 이정우 역, 1992, 『지식의 고고학』, 민음사.

_____. *L'Ordre du discours*, 이정우 역, 1993, 『담론의 질서』, 새길.

_____. *Surveiller et punir: naissance de la prison*, 박홍규 역, 1993, 『감시와 처벌: 감옥의 탄생』, 강원대학교 출판부.

Fowler, R. 1996, "On critical linguistics," Caldas-Coulthard, C. R. & M. Coulthard ed., *Texts and Practices*, Routledge.

Fowler, R. et. al. 1979, *Language and Control*, London: R.K.P.

Friedman, A. 1977, *Industry and Labour*, London: Macmillan.

Gergen, Kenneth. 1991, *The Saturated Self: Dilemmas of Identity in Contemporary Life*, New York: Basic Books.

Giddens, A. 1991, *Modernity and Self Identity: Self and Society in the Late Modern Age*, Polity Press.

Gramsci, A., 이상훈 역, 1991, 『옥중수고』1, 거름.

Greimas, A. J., 김성도 역, 1997, 『의미에 관하여: 기호학적 시론』, 인간사랑.

Habermas, J. 1970, *Towards A Rational Society*, Boston.

Hall, S. 1980, "Encoding/Decoding," *CCCS, Culture, Media, Language*, Hutchinson.

_____. 1979, "Culture, the Media and 'Ideological Effect'", J. Curran et al. ed., *Mass Communication and Society*, Beverly Hills: Sage, 이상희 편역, 1983, 「문화·미디어·이데올로기」, 『커뮤니케이션과 이데올로기』, 한길사.

_____. 1985. "Signification, Representation, Ideology: Althusser and the Post-Structurlaist Debates," *Critical Studies in Mass Communication*, Vol.2, No.2, 임영호 역, 1996, 「의미화, 재현, 이데올로기」, 임영호 편역.

Hall, S. & T. Jefferson(eds.). 1976, *Resistance through Rituals: youth subculture in post-war Britain*, Hutchinson.

Hall, S., D. Held and T. McGrew ed. 1992, M*odernity and its Futures*, Polity Press.

Halliday, M. A. K. 1978, *Language as Social Semiotic*, London: Edward Arnold.

Held, D. 1984, *Power and Legitimacy in Contemporary Britain*, Milton Keynes: The Open Univ. Press.

Heller, T. 1985, "Changing authority patterns: a cultural perspective," *Academy of Management Review*, Vol. 10, No. 4.

Henriques, J., W. Holloway, C. Unwin, C. Venn, and V. Walkerdine. 1984, *Changing the Subject*, Methuen.

Herman, E. S. & N. Chomsky. 1988, *Manufacturing Consent: The Political Economy of the Mass Media*, New York: Pantheon.

Hirschhorn, Larry. 1988, *The Workplace Within: Psychodynamics of Organizational Life*, Cambridge, Mass.: MIT Press.

Hochschild, Arlie. 1983, *The Managed Heart: Commercialization of Human*

Feeling, Berkerly, California: University of California Press.

Hofstede, G. & B. Neuijen & D. D. Ohayv & G. Sanders. 1990. 7., "Measuring Organizational Cultures," *ASQ*.

Hoggart, R. 1958, *The Uses of Literacy*, Penguin.

Holmer-Nadesan, Majia. 1996, "Organizational Identity and Space of Action," *Organizational Studies*, Vol. 17, No. 1.

Holmes, J. 1992, *An Introduction to Sociolinguistics*, London: Longman.

Horkheimer, M & T. W. Adorno, 김유동·주경식·이상훈 역, 1995, 『계몽의 변증법』, 문예출판사.

Jameson, F. 1972, *The Prison-House of Language: A Critical Account of Structuralism and Russian Formalism*, Princeton Univ. Press.

JanMohamed, A. R. & David Lloyd ed. 1990, *Nature of Minority Doscourse*, Oxford Univ. Press.

Jeremire, J. M. & J. W. Slocum & L. W. Fry & J. Gaunes. 1991, "Organizational Subculture in a Soft Bureaucracy: Resistance behind the Myth and Facade of an Official Culture," *Organizational Studies*, Vol. 2, No. 2.

Joffe, H., *Risk and 'the Other'*, 박종연·박해광 역, 2002, 『위험사회와 타자의 논리』, 한울.

Joyce, Patrick. 1987, *The Historical Meanings of Work*, Cambridge University Press.

_____. 1995, *Class*, Oxford University Press.

Kaye, Harvey J. & Keith McClelland ed. 1990, *E. P. Thompson: Critical Perspective*, Polity Press.

Killman, R. H. et al. ed. 1985, *Gaining Control of The Corporate Culture*, Jassey-Bass Pub.

Knowles, Caroline. 1992, *Race, Discourse and Labourism*, Routledge.

Kohn, Melvin L. & Carmi Schooler. 1983, *Work and Personality: An Inquiry into the Impact of Social Stratification*, New Jersey: Ablex Publishing Co.

Kondo, Dorinne K. 1990, *Crafting Selves: Power, Gender and Doscourse of Identity in a Japanese Workplace*, Chicago: University of Chicago Press.

Kress, G. 1993, "Against arbitrariness: the social production of the sign as a foundational issue in Critical Discourse Analysis," *Discourse and Society*, Vol. 4, No. 2.

Kress, G. 1996, "Representation and subjectivity," Coulthard, C. R. C. & M. Coulthard ed.

Kunda, Gideon. 1992, *Engineering Culture: Control and Commitment in a High Tech Corporation*, Philadelphia: Temple Univ. Press.

LaBier, Douglas. 1986, *Modern Madness: The Hidden Link Between Work and Emotional Conflict*, New York: Simon and Schuster.

Labov, W. 1972, *Sociolinguistic Patterns*, Philadelphia: Univ. of Pennsylvania Press.

Laclau, E. 1990, *New Reflections on the Revolution of Our Time*, Verso.

Laclau, E. & C. Mouffe, *Hegemony and Socialist Strategy*, 김성기 외 역, 1990, 『사회변혁과 헤게모니』, 터.

Lasch, Christopher. 1984, *The Minimal Self: Psychic Survival in Troubled Times*, New York: W. W. Norton.

Lash, Scott and Jonathan Friedman eds. 1992, *Modernity and Identity*, Oxford: Basil Blackwell.

Levinson, Stephen C. *Pragmatics*, 이익환·권경원 역, 1991, 『화용론』, 한신문화사.

Lincoln, James R. & Arne L. Kalleberg. 1990, *Culture, Control, and Commitment*, Cambridge Univ. Press.

Macdonell, D. *Theories of Discourse*, 임상훈 역, 1992, 『담론이란 무엇인가』, 한울.

Maclean, M. *Narrative as Performance: the Boudelairean Experiment*, 임병권 역, 1997, 『텍스트의 역학: 연행으로서의 서사』, 한나래.

Marcuse, H. *One-dimensional Man: Studies in the Ideology Of Advanced Industrial Society*, 차인석 역, 1976, 『일차원적 인간』, 삼성출판사.

Marx, K. *Das Kapital*, 김영민 역, 1990, 『자본』, 이론과실천.

Marx, K. & F. Engels. 박재희 역, 1988, 『독일 이데올로기』 I, 이론과실천.

Mechanic, D. 1962, "Sources of power of lower participants in complex organization," *ASQ* 7.

Meek, V. L. 1988, "Organzatioal Culture: Origin and Weakness,"

Organizational Studies, vol. 10, No. 3.

Melucci, Alberto. 1989, *Nomads of the Present*, Philadelphia: Temple University Press.

Meriquior, J. C. 1979, *The Veil and the Mask*, London.

Miliband, R. 1985, "The New Revisionism in Britain," *NLR* No. 150.

Morgan, G. 1986, *Images of Organization*, London: Sage, 오세철·박상언 역, 1990, 『조직사회학』, 현상과인식사.

Nelson, C. & L. Grossberg ed. 1988, *Marxism and Interpretation of Culture*, The Univ. of Illinois Press.

Nirenberg, John. 1993, *The Living Organization: Transforming Teams Into Workplace Community*, Homewood.

Offe, C. 1992, *Beyond Employment: Time, Work and the Informal Economy*, Cambridge: Polity Press.

Pahl, R. E. 1988, *On Work: Historical, Comparative and Theoretical Approaches*, Oxford: Basil Blackwell.

Pecheux, M. 1982, *Language, Semantics and Ideology*, St. Martin's Press.

_____. 1988, "Discourse: Structure or Event?," Nelson, C. & L. Grossberg eds.

Perrow, C. 1986, *Complex Organization*, London: Random House.

Peters, T. J. & R. H. Waterman. 1982, *In Search of Excellence*, Harper & Row.

Pfeffer, J. 1981, "Management as Symbolic Action: The Creation and Maintenance of Organizational Paradigms," Cummings, L.L. & B.M. Staw ed., *Research in Organizational Behavior*, Vol. 3.

Poulantzas, N., *L'etat, Le Pouboir, Le Socialisme*, 박병영 역, 1994, 『국가·권력·사회주의』, 백의.

Propp, V. Y. *Les Racines historiques du conte merveilleux*, 최애리 역, 1996, 『민담의 역사적 기원』, 문학과지성사.

Reboul, Olivier. *Langage et Idéologie*, 홍재성·권오룡 역, 1994, 『언어와 이데올로기』, 역사비평사.

Reich, Robert. 1991, *The Work of Nations: Preparing Ourselves for 21st Century Capitalism*, New York: Alfred Knopf.

Robbins, S. P. 1983, *Organizational Behavior-Concepts: Controversies and*

Applications, NY: Prentice-Hall.

Roethlisberger, F. G. & W. J. Dickson. 1939, *Management and the Worker*, Harvard Univ. Press.

Rorty, R. 1979, *Philosophy and the Mirror of Nature*, Princeton Univ. Press.

Rorty, R. ed. 1967, *The Linguistic Turn*, Univ. of Chicago Press.

Rotter, J. B. 1954, *Social Learning and Clinical Pyschology*, Englewood Cliffs, New Jersey: Prentice Hall.

Rutherford, J. ed. 1990, *Identity, Community, Culture, Difference*, Lawrence & Wishart.

Sakolsky, Ron. 1992, "'Disciplinary Power', the Labor Process and the Constitution of the Labouring Subject," *Rethinking Marxism*, Vol. 5, No. 4, 이호창 역, 1994, 「'규율적 권력', 노동과정, 노동주체의 구성」, ≪문화과학≫ Vol. 6.

Saffold, G. S. 1988, "Culture Traits, Strength and Organizational Performance: Moving Beyond 'Strong' Culture," *Academy of Management Review*, Vol. 13, No. 4.

Sarangi, Srikant & Stefan Slembrouck. 1996, *Language, Bureaucracy and Social Control*, Longman.

Schelling, T. 1960, *The Strategy of Conflict*, Harvard Univ. Press.

Schein, E. H. 1985, *Organizational Culture and Leadership*, Jossey-Bass.

Schultz, Duane P., *Psychology and Industry Today*, 이훈구 역, 1998, 『산업 및 조직심리학』, 법문사.

Scott, J. W. 1995, "Language, Gender, and Working-Class History," P. Joyce ed., *Class*, Oxford University Press.

Searle, J. 1969, *Speech Acts*, Cambridge University Press.

_____. 1975, "Indirect speech acts," Cole, P. & J. Morgan eds, *Syntax and Semantics 3: Speech Acts*, New York: Academic Press.

_____. 1979, "The Classification of Illocutionary Acts," *Language in Society*, 5.

_____. 1979, "A Taxonomy of Illocutionary Acts," *Expression and Meaning*, Cambridge Univ. Press.

Seligman, Martin. 1975, *Helplessness: On Depression, Development and Death*, San Francisco: Freeman.

Serpell, R. 1979, *Culture's Influence on Behavior*, Methuan Co.

Shapiro, M. J. 1981, *Language and Political Understanding*, Yale Univ. Press.

Storey, J. 1983, *Managerial Prerogative and the Question of Control*, London: Routledge & Kegan Paul.

Strawson, P. F. 1964, "Intention and convention in speech acts," *Philosophical Review*, 63.

Sumner, C. 1979, *Reading Ideologies*, London: Academic Press.*

Therborn, Göran, *The Ideology of Power and the Power of Ideology*, 최종렬 역, 1994, 『권력의 이데올로기와 이데올로기의 권력』, 백의.

Thompson, E. P. 1968, *The Making fo English Working Class*, Pelican Books.

Thompson, J. B. 1981, *Critical Hermeneutics: A Study in the Thought of Paul Ricoeur and Jürgen Habermas*, Cambridge: Cambridge Univ. Press.

_____. 1991, *Ideology and Modern Culture*, Cambridge: Polity.

_____. 1984, *Studies in the Theory of Ideology*, Polity Press.

Thompson, P. & D. McHugh. 1990, *Work Organizations: A Critical Introduction*, London: Macmillan.

Trabasso, T. 1981, "On the making of inferences during reading and their assessment," J. T. Guthrie ed., *Comprehension and teaching: Research Review*, Newark: International Reading Association.

Turner, Barry A. ed. 1989, *Organizational Symbolism*, Berlin: Walter de Gruyter.

_____. 1986, "Sociological Aspects of Organizational Symbolism," *Organizational Studies*.

van Dijk, Teun A. 1996, "Discourse, power and access," Coulthard, C.R.C. & M. Coulthard ed.

van Dijk, Teun A. ed. 1997, *Discourse studies*(vol. 1.2), Sage.

van Dijk, Teun A. & W. Kintsch. 1983, *Strategies of Discourse Comprehension*, New York: Academic Press.

Weber, M. 임영일·차명수·이상률 역, 1991, 「계급, 신분, 정당」, 『막스 베버 선집』, 까치.

Wexler, Philip. 1983, *Critical Social Psychology*, Boston and London: Routledge & Kegan Paul.

_____. 1992, *Becoming Somebody: Toward a Social Psychology of School*, London and New York: Falmer Press.

Wild, Ray. 1975, *Work Organization: A Study of Manual Work and Mass Production*, Bristol: Wiley

Wiley, Norbert. 1994, *The Semiotic Self*, The Univ. of Chicago Press.

Williams, R., 설준규·송승철 역, 1984, 『문화사회학』, 까치.

Willis, P., *Learning to Labor*, 김찬호·조영훈 역, 1989, 『교육현장과 계급재생산』, 민맥.

Willmott, Hugh. 1993, "Strength is ignorance, slavery is freedom: Managing Culture in Modern Organization," *Journal of Management Studies*, Vol. 30, No. 4.

Winters, Lewis C. 1986, "The Effect of Brand Advertising on Company Image: Implications for Corporate Advertising," *Journal of Advertising Research*, Vol. 24, No. 4.

Wright, E. O. 1985, *Classes*, Verso.

_____. 1989, *The Debate on Classes*, Verso.

Yvan, Allari & M.E. Fisiroutu. 1984, "Theories of Organizational Culture," *Organizational Studies*, Vol. 5, No. 3.

Zima, P., *Ideologie und Theorie*, 허창운·김태환 역, 1996, 『이데올로기와 이론』, 문학과지성사.

Zuboff, Shoshana. 1988, *In the Age of the Smart Machine: The Future of Work and Power*, New York: Basic Books.

찾아보기

■ 지은이

박해광

연세대학교 사회학과 박사
현재 성공회대 사회문화연구소 연구교수
주요 논저: 『위험사회와 타자의 논리』(공역), 『모더니티의 미래』(공역), 「자본의
유연화 전략과 노동자 건강」, 「경영담론의 특성과 노동자 수용에
대한 연구」, 「지배담론의 구조 연구: 경영담론을 중심으로」, 「화용
의 정치: 기업문화, 수용자담론, 헌신」 외 다수

아카데미번호 **518**

계급, 문화, 언어
기업공간에서의 의미의 정치

ⓒ 박해광, 2003

지은이 | 박해광
펴낸이 | 김종수
펴낸곳 | 도서출판 한울

편집책임 | 장우봉

초판 1쇄 인쇄 | 2003년 1월 25일
초판 1쇄 발행 | 2003년 2월 15일

주소 | 121-801 서울시 마포구 공덕1동 105-90 서울빌딩 3층
전화 | 영업 326-0095(대표) 편집 336-6183(대표)
팩스 | 333-7543
전자우편 | newhanul@nuri.net
등록 | 1980년 3월 13일, 제14-19호

Printed in Korea.
ISBN 89-460-3070-4 93330

* 책값은 겉표지에 표시되어 있습니다.